suhrkamp taschenbuch 5102

Unerschrocken befragt Sibylle Lewitscharoff unsere Gottes- und Seins-
vorstellung, unsere Wahrnehmung von Ich und Welt, von Leben und
Sterben. Ihr unbehauster Erzähler driftet durch den Himmel über
Berlin, erscheint mal hier, mal dort, ein stiller Beobachter, Zeuge von
Schönem und Schrecklichem, mit übernatürlicher Hör- und Sehkraft
begabt, doch zur Handlungsunfähigkeit verdammt. Seine Erinnerun-
gen sind lückenhaft, seine Zukunft ungewiß. Am Ende dieser kühnen
Seelenreise durch das Berlin der Gegenwart, in das Zwischenreich der
Lebenden und Toten löst sich jede Ordnung auf: Sie mündet in eine
fiebrige Apotheose, die eine überraschende Selbsterkenntnis bereithält.
»Sibylle Lewitscharoff arbeitet an einer neuen Verzauberung der Welt,
an einer Poetik der Hoffnung in einer von Dauerkrisen erschütterten
Spätmoderne.« *Die Presse*

Sibylle Lewitscharoff, geboren 1954 in Stuttgart, studierte Religions-
wissenschaften in Berlin, wo sie nach längeren Aufenthalten in Buenos
Aires und Paris heute lebt. Für ihr literarisches Werk wurde sie mit
zahlreichen Preisen ausgezeichnet, unter anderem mit dem Preis der
Leipziger Buchmesse und dem Kleist-Preis sowie dem Georg-Büch-
ner-Preis.

Im suhrkamp taschenbuch erschienen zuletzt *Abraham trifft Ibrahim.
Streifzüge durch Bibel und Koran* (zusammen mit Najem Wali) (st 4973),
Geisterstunde. Essays zu Literatur und Kunst (st 4947), *Das Pfingstwun-
der. Roman* (st 4841).

Sibylle Lewitscharoff
Von oben

Roman

Suhrkamp

S. 72:
Demon Days, Words & Music by Robert Forster & Grant McLennan,
© Copyright 2008 Domino Songs Ltd.
S. 135-136:
Across the border, Musik & Text: Bruce Springsteen,
© Springsteen Bruce Music/Subverlag:
Universal Music Publishing GmbH.
S. 145-146:
Christian Lehnert, *Mitternacht*, in: Ders., *Cherubinischer Staub*.
Gedichte, Suhrkamp Verlag Berlin 2018, S. 72.

Erste Auflage 2020
suhrkamp taschenbuch 5102
© Suhrkamp Verlag Berlin 2019
Suhrkamp Taschenbuch Verlag
Alle Rechte vorbehalten, insbesondere das
der Übersetzung, des öffentlichen Vortrags
sowie der Übertragung durch Rundfunk
und Fernsehen, auch einzelner Teile.
Kein Teil des Werkes darf in irgendeiner Form
(durch Fotografie, Mikrofilm oder andere Verfahren)
ohne schriftliche Genehmigung des Verlages reproduziert
oder unter Verwendung elektronischer Systeme verarbeitet,
vervielfältigt oder verbreitet werden.
Umschlaggestaltung: Rothfos & Gabler, Hamburg,
unter Verwendung einer Collage von Sibylle Lewitscharoff
Druck und Bindung: CPI books GmbH, Leck
Printed in Germany
ISBN 978-3-518-47102-9

Von oben

Aber was für ein Unterschied, wenn man tot ist!
Was für ein Aufatmen!

Joaquim Maria Machado de Assis,
Die nachträglichen Memoiren des Bras Cubas

Jürgen Trinkewitz
herzlich zugeeignet

Im Gewölk

Vor dem Tod. Nach dem Tod. Das sind zwei grundverschiedene Arten, die eigene Existenz zu erfahren und auf sie zu blicken. Ich weiß, wovon ich spreche, denn ich bin oben. Seit kurzem. Marode Teile von mir sind unter der Erde, mein versammlungsfähiges Ich, auf das es ankommt, befindet sich oben, wiewohl das Wort *Ich* hierfür kein korrekter Begriff ist. Man kann eine nicht greifbare und nicht sichtbare Wesenheit schwerlich mit einem Wort bezeichnen, das ein körperliches Triumphzeichen aufpflanzt. Das *Ich bin, der ich bin* ist Gott allein in Seiner geballten Seinsgewißheit vorbehalten. Für menschliche, tierische und pflanzliche Geschöpfe kommt es nicht in Frage – erst recht nicht, nachdem sie gestorben oder verwelkt sind.

Mein derzeitiges Schwankgebild mag zwar der Definition enthoben sein, dennoch kann es aus Gründen eingeschliffener Konvention nicht darauf verzichten, von sich als einem Ich zu sprechen. Es geht leider nicht anders. Ich bin immer noch irgendwas oder irgendwer, das oder der zumindest ein klein wenig *ist*. Wie lange mein Aufenthalt in der Höhe nun schon währt, entzieht sich meiner Kenntnis. Allzu lang kann es nicht gewesen sein, denn was ich auf Erden erblicke, unterscheidet sich zwar von dem, was ich einst erfahren habe, weil meine Umschau größer ist als ehedem, aber das Treiben der Personen, die meine Freunde waren, kommt mir bekannt vor. Die Tatsache, daß sie so weitermachen wie bisher, zeigt mir, daß seit meinem Tod nicht viel Zeit verstrichen sein kann.

Es heißt, man müsse die Toten daran hindern, zurückzukehren. Deshalb werden schwere Grabsteine auf ihre Ruhestätten gewuchtet, oder man verfährt entschiedener, verbrennt sie zu einem Häuflein Asche mit winzigen Knochenstücken, packt den Rest in eine Urne oder verstreut diesen irgendwo, wobei die Japaner mit speziellen Stäbchen in den Resten noch ein bißchen herumstochern und größere Stücke beiseite legen, etwa nach dem Motto: die Guten ins Töpfchen, die Schlechten ins Kröpfchen. Exzentrisch ist natürlich die Tradition, den Leichnam auf einen Felsrücken zu legen, damit die Geier sein Fleisch fressen und die Knochen in den Abgrund fallen.

Was von mir übrig ist, steckt nicht in einer Urne und wird auch nicht von Spezialstäbchen sortiert, sondern rottet still vor sich hin in einem schmalen Kerker, ganz allein in seiner Schweigsamkeit – auf dem Schöneberger Friedhof in einem üblichen Grab mit Buchsbaum, etwas Efeu, einem sehr schlichten aufgerichteten Stein, davor zwei kleine rote Kerzenbehälter, in denen keine Kerzen brennen. Kurioserweise liegt da auch eine Trinkschale für Vögel. Zwei Spatzen aus Ton scheinen sich am Wasser zu laben, das sich manchmal darin sammelt. Wer sie dorthin gelegt haben mag? Keine Ahnung. Gerhard bestimmt nicht. Margit und Rudi kommen für so etwas auch nicht in Frage. Vielleicht meine liebe Nachbarin Edeltraut Schäfer, die sich so gern mit Nippes eindeckt? Was da unten liegt, gehört nicht mehr zu mir, es modert, zersetzt sich, bildet kristalline Partikel aus und ist von allen fühlbaren Schikanen befreit. Darüber mag der Himmel in leuchtender Bläue strahlen oder sich in ein sanftes Nachtdunkel hüllen, wer unten liegt, dem kann es gleichgültig sein.

Die Kränze, die es wohl gab, an die ich jedoch keine Erinnerung aufrufen kann, sind schon seit einiger Zeit abgeräumt. Meine Reste liegen in der Nähe von Marlene Dietrich, die mir allerdings zu Lebzeiten nicht viel bedeutet hat, obwohl ich ein passionierter Kinogeher gewesen bin. Die Diva war mir zu starr, zu hehr, zu kontrolliert und damit zu wenig sexy.

Ich liebte Marilyn Monroe und Lauren Bacall. Ihnen würde ich jetzt nur zu gern begegnen, mit Marilyn herumalbern und mit der Bacall eine Zigarette rauchen. Alles Unfug, ich weiß. Zurück zum Friedhof. Die Knochen und das marode Fleisch liegen nicht weit vom einst in Rumänien geborenen Schriftsteller Oskar Pastior entfernt, dessen Name mir eher Sympathie entlockt als der Name der Dietrich, wiewohl ich ihn nicht persönlich gekannt habe.

Kommen wir auf das Thema Rückkehr zu sprechen: Die Maßnahmen, die gegen unser Wiederauftauchen getroffen werden, sind absoluter Blödsinn. Wir kehren nicht wieder. Weder in Fleisch und Blut noch in Form von Geistgewabere. Gedanklich jedoch schon, zumindest in meinem Fall. Ob das auch auf andere zutrifft, weiß ich nicht, aber es ist anzunehmen, denn ich bin gewiß kein herausragendes Sonderwesen unter den Abermillionen Toten, die sich werweißwo aufhalten.

Nur bis zu einem bestimmten Grad, den ich selbst nicht genau ermesse, kann ich sehen. Vielleicht ist die Umschau begrenzt, weil ich meine neuen Möglichkeiten noch nicht alle ausprobiert habe. Sicher ist nur – was mir vor die Augen kommt, nährt sich aus meiner eigenen Bewegung. Wobei es mir, und natürlich auch den anderen Toten, verwehrt ist, das Geschehen auf der Erde direkt zu beeinflussen. In handgreiflicher Form ohnehin, das versteht sich von selbst. Die blödsinnigen Splatterfilmchen mal beiseite gelassen, die sich gern mit fleischfetzenbehangenen Leichen befassen, denen als Gipfel der Idiotie auch noch eine große physische Macht zugetraut wird. Auf die heikle Frage, ob eine Einflußnahme der Toten auf die Gedanken von Lebenden möglich ist, werde ich später zu sprechen kommen. Was von mir übrig ist, kehrt jedenfalls nicht in Fleisch und Blut wieder und wandert auch nicht in eine ekelhafte Schrumpfhaut gehüllt und mit klappernden Knochen kitschblau beleuchtet umher. Ich röhre nicht, ich kreische nicht, ich hauche keinen todbringenden Atem aus und werfe keinen Schatten an die Wand. Waffen befinden sich nicht in meinen unsichtbaren Händen.

Das alles mag traurig klingen. Im Moment spüre ich jedoch nichts davon. Meine Gefühle sind reduziert. Noch da, aber reduziert. Ein bißchen Neugier ist geblieben. Hie und da treibt sie eine kleine Blüte. Eine umfassende Sättigung durch das Nichts ist demnach nicht eingetreten. Was ich empfinde, was ich denke, ist aus einem hohlen Sein herausgeholt, eine bessere Bezeichnung fällt mir dazu nicht ein. Meiner Neugier sind Grenzen gesetzt. Sie reicht für kurze Beobachtungsintervalle, erschlafft dann allerdings, und ich sinke zurück in eine Art Bewußtlosigkeit, die mich willenlos durchs All driften läßt.

Es ist nur eine alte Gewohnheit, von mir als einem *Ich* zu sprechen, ein besseres Wort habe ich dafür leider nicht zur Verfügung. Um mich ein wenig zu wiederholen: In diesem Schlüsselwort der Selbstbehauptung liegt etwas, dem mein Zustand nicht entspricht. Umständlich ausgedrückt müßte von mir als einer flottierenden Wesenheit mit unklaren Konturen gesprochen werden, die keine Laute ausstoßen und niemanden so berühren kann, daß er es merkt, als einer, die das Bewußtsein rasch verliert, es bisweilen erlangt und wieder verliert.

Gott?

Ein heikles Thema, das ich bisher nicht ergründen konnte. Vielleicht ja, vielleicht nein. Hölle? Himmlisches Paradies? Purgatorium? Keiner der drei klassischen Aufbewahrungsorte für Seelen, die aus toten Leibern entwichen sind, habe ich bisher zu sehen bekommen. Schwer zu sagen, wo ich mich befinde, ob meine einsame Drift nur eine vorläufige ist, bis gewisse, mir unbekannte Entscheidungen von hoher Warte aus getroffen werden. Die Einsamkeit setzt mir allerdings zu, liebend gern würde ich mit anderen Toten sprechen, die sich schon länger im Universum befinden. Eine genaue und vielleicht sogar peinigende Selbstbefragung ist mir leider nicht möglich, weil mein vergangenes Leben seltsam wischig an mir vorübergeglitten zu sein scheint, als hätte nicht ich in dieser Fleischhülle gesteckt, sondern ein naher Verwandter von mir. Ein Haufen Lügen über mich selbst wird sich wohl angesammelt haben. Die Erbschaft wohltuender Lügen, die das eigene Leben in einem günstigen Licht aufscheinen lassen, schleppt jeder Mensch mit sich herum. Sobald ich versuche, mich gewisser Erinnerungen zu bemächtigen, sacke ich weg in einen porösen Zustand, und es beginnt ein alptraumhaftes Gelöschtwerden der Bilder.

Mein Name? Warum kann ich mich nicht an meinen Namen erinnern? Er scheint bedeutungslos zu sein, denn ich grüble ihm nicht hinterher. Obwohl ich immer an die Namenshaft geglaubt habe, in der so etwas wie der kondensierte Kern der Persönlichkeit enthalten ist. Jetzt hat sich der Name verloren. Noch kurioser ist allerdings, daß mir die Zuschreibung, ein Mann oder eine Frau gewesen zu sein, momentan ebenso gleichgültig ist. Wohl eher Mann als Frau, aber das bleibt, wie so vieles andere auch, im Ungefähren. Im vorherigen Leben war es wichtig, da mag ich ein Mann gewesen sein, aber jetzt? Was bedeutet es schon?

Blicke ich auf die Erde hinab und erkenne meine Freunde, ist der Unterschied natürlich klar, aber diese leben ja noch in der ihnen einst zugewiesenen Geschlechtshülle (man verzeihe bitte das umständliche und auch unschöne Wort). Was meinen Namen angeht, könnte ich natürlich den Blick scharfstellen in Richtung der Buchstaben, die auf meinem Grabstein stehen. Warum tue ich es nicht? Warum *will* ich es offenkundig nicht? Schwer zu sagen. Vielleicht erfreue ich mich derzeit an einer gewissen Unbestimmtheit meines Wesens und will die Namenshaft möglichst lange hinauszögern, vielleicht ängstige ich mich davor, mit vollem Namen gerufen zu werden und damit meine Sünden in grellem Licht vorgeführt zu bekommen. Das Ungefähr hat seine Vorteile, aber ich zweifle an dessen Dauer. Das Einhausen in etwas Unbestimmtem kann kein immerwährender Zustand sein. Es wäre zu fade, zu belanglos, vor allem aber zu hoffnungslos.

Vielleicht spricht einzig und allein für mich, daß ich meist redlich versucht habe, mir meine Sünden möglichst lebfrisch vor Augen zu halten. So gut es eben ging. Manch kleinere Sünde mag mir dabei entgangen sein. Die, die zählen, hoffentlich nicht. Gut möglich, daß ich der Selbsttäuschung erliege, ein besonders gründlicher Sündenbohrer gewesen zu sein. Wie auch immer, zu wissen, was man getan hat, heißt jedenfalls noch lange nicht, daß man ähnliches nicht sogleich wieder tut. Diese bittere Erfahrung habe ich mehrmals gemacht.

Woraus bestehen meine Sünden? Aus Geschwätz. Aus so manch übler Nachrede, aus unbezwinglicher Klatschsucht, Selbsterhebung unter dem Deckmantel der Bescheidenheit, mangelnder Hilfeleistung (einzugreifen, wo ich hätte eingreifen können), aus Besserwisserei, ja, auch aus Diebstahl in der Pubertät. Vergessen sei nicht die Mordlust, ausgemalt in bohrender Schwärze in so gut wie allen Lebenslagen. Wie oft habe ich daran gedacht, mir eine Kalaschnikow zu besorgen und damit jemanden, wie es so kraß heißt, eiskalt, effektiv und ohne Reue *umzunieten*. Natürlich nur Leute, die das verdient hatten, denn ich war ein moderner Robin Hood, ein Rächer der Armen und Geschundenen. Unter dem Phantasiemäntelchen der Gerechtigkeit und unbesiegbaren Stärke tobten sich meine wüsten Begierden aus. Doch womöglich ist mein Sündensumpf viel größer, als ich zu erkennen vermag, gefüllt mit einer schwammigen Sättigung aus Selbstsucht, Überdruß und Weinerlichkeit.

Was von mir übrig ist, denkt ziemlich chaotisch vor sich hin, allerdings nicht mehr aggressiv. Keine Ahnung, weshalb mich jetzt schon wieder das Thema Grab am Wickel hat. Zwar wollte ich immer auf einem normalen Friedhof landen, möglichst ohne allzu viel Gewese, doch vor etlichen Jahren sah ich den Film *Dead Man* von Jim Jarmusch mit Johnny Depp alias William Blake in der Hauptrolle. Kurios. Warum erinnere ich mich plötzlich an all diese Namen, obwohl der Rest meines Gedächtnisses Mühe hat, die simpelsten Dinge zu vergegenwärtigen, die mich früher tagtäglich umgeben haben?

Haargenau kann ich mich an die Filmszene erinnern, in der Blakes Leichnam in ein Kanu gepackt und aufs Meer hinausgeschoben wird, um von sanften Wellen davongetragen zu werden. Mir erschien's als die beste aller möglichen Bestattungsformen, vermutlich aber nur, weil es im Film so schön poetisch aussah. Eine exzellente Schwarzweißaufnahme hat das Zeug zur Verklärung. Das Wellengemurmel konnte man sich gut dazu vorstellen, als das Meer das Kanu mit dem Toten empfing und gehorsam seinem Auftrag nachkam, das Schifflein auf die hohe See zu geleiten. Ein Leichnam, der auf schier unendlichem Wasser, das sich über den gesamten Horizont spannt, langsam außer Sicht gerät, zieht mit melancholischer Intensität dahin – sanft, sehr sanft, ohne Mastkorb, Segel, Steuerrad und Wimpel, hinaus in die einsame Weite des Ozeans.

Wenn Erdklumpen auf den Sarg fallen oder der Tote in einen höllischen Ofen gefahren wird, kann keine zarte Trauer aufkommen. Aber ich wußte natürlich nur allzu gut: So schön wie in diesem Film, auf so wundersam poetische Weise sich dem Blick der Betrachter entziehend, würde meine eigene Beerdigung niemals sein können. Weil ich kein Indianer bin und auch kein Filmschauspieler. In einem Halbdunkel, über das sich allmählich die Schwärze senkt, lösen sich die letzten unsichtbaren Verankerungen, die mich gerade noch in der Schwebe hielten, und ich tauche ab.

Flugmanöver

Imponiert hat mir früher der Tod der Vögel, die einfach vom Himmel, von einem Dach, einem Baum herabfallen oder in der Nische einer Klippe sterben, eingelassen in eine geschrundete Wand, die manchmal wie ein großes Menschengesicht aussieht. Solche Felsgesichter, gespickt mit Vogelnestern, habe ich auf Photographien gesehen. Vögel sind zugleich Todes- und Himmelsboten. Wenn sich Krähen auf dem Dach versammeln, naht der Tod. Wenn Schwalben ihre außerordentlichen Flugkünste am hohen Himmel zeigen, legen sie Zeugnis davon ab, daß eine andere Welt existiert als die, die wir kennen. Weniger schön ist allerdings, wenn ein Vogel verletzt am Boden liegt und von einer Katze erwischt wird, die noch ein Weilchen mit ihm spielt, bis sie ihn erledigt. Bekanntlich gibt es für Menschen und Tiere die grausamsten Todesarten, in die ich mich jetzt nicht hineinversetzen will. Obwohl mein eigener Tod sich in einer undeutlichen Erinnerungsschwebe hält, die sich immer wieder zerlöst und nur bruchstückhaft wieder zusammensetzt, vermute ich, daß er gelinde war, ohne daß mein Leib das Endtheater des Aufbäumens und des Widerstandes inszeniert hätte. Eine ruhigere Todesart paßt besser zu mir, weil mir mit zunehmendem Alter jede Form der Aufsässigkeit und des Krakeels zuwider war. Aber vielleicht täusche ich mich, vielleicht sogar gründlich. In wesentlichen Dingen habe ich mich immer getäuscht. Es beschleicht mich sogar …

Ruhige Todesart hin oder her, das Gedicht von Dylan Thomas auf den Tod seines Vaters habe ich immer geliebt. Von *Do not go gentle into that good night* kann ich immer noch etliche Zeilen auswendig hersagen:

Do not go gentle into that good night,
Old age should burn and rave at close of day;
Rage, rage against the dying of the light.

Aber hier spricht nicht der Todgeweihte selbst, sondern sein
Sohn, der sich gegen das Schicksal des offenkundig geliebten
Vaters auflehnt. Natürlich wäre es wunderbar, könnte sich meine Seele unter die Schar der Vögel mischen und mit ihnen
über weit entlegene Landstriche hinwegziehen. Manche von
ihnen haben witzige Namen, der Kakapo etwa, der allerdings
nur in Neuseeland während der Nächte zugange ist. Er kann
nicht vom Boden abheben und behilft sich damit, auf Bäume
zu klettern und herabzusegeln. Ein so schönes moosgrünes Gefieder wie ein Kakapo zu besitzen, wäre nicht schlecht, aber
mein Freund Gerhard Neugereuth, der ein leidenschaftlicher
Hobby-Ornithologe ist, hat mir erzählt, sein Schwanz sei vom
Schleifen am Boden zerschlissen. Eine Seelendrift in den Lüf-
ten wäre also in Kakapoform leider nicht möglich. Als Alba-
tros vielleicht? Womöglich der aus dem berühmten Gedicht
von Samuel Taylor Coleridge, *The Rime of the Ancient Mari-
ner?* Dieser sagenhafte Großvogel, der einem Segelschiff den
Weg weist, vom Seemann jedoch getötet wird, worauf eine
Geisterschiffahrt durch die Gefilde des Todes beginnt?

Ich sollte damit aufhören, mir vorzustellen, als Vogel unterwegs zu sein. Das können nur die Engländer, sie sind ja weltweit die größten Ornithologen, passionierte Beobachter insbesondere von Seevögeln. Im übrigen wird ein Mensch, der
die Einkehr des Todes hinter sich hat, nicht zu einem Tier.
Solche Verwandlungsgeschäfte betreibt die Mythologie, die
dazu eigens Pavillons mit aufziehenden und wieder abflauen-
den Brisen erfand, die durch Fensteröffnungen wehen. Zweifellos tut sie es auf zauberischen Dichterwegen, aber ich fühle
mich der Wahrheit verpflichtet und kann da nicht mithalten.

Die Wahrheit ist spröde, meine ist simpel: Ich bin einsam in nie gekanntem Ausmaß, aber kann nicht schreien oder mich fluchend bemerklich machen. Tränen werden nicht produziert, es wäre auch ganz unsinnig, denn an einem nicht mehr vorhandenen Gesicht rinnt nichts herab. Allerdings kann ich fliegen, aber nicht mit Hilfe von Schwingen und auch nicht aus eigenem Antrieb, sondern eher im Sinne eines Hin- und Hergewehtwerdens, das mich dahin und dorthin treibt, wobei der Anteil, den mein eigener Wille dabei spielen mag, vermutlich gering ist.

Wenn man es leben nennen will, so lebe ich nur mehr in Gemütszuständen und in einer schwer zu beschreibenden diffusen Form, die es mir ermöglicht, hin und wieder Blicke auf die Erde zu werfen. Diese Sicht ist ganz anders beschaffen als der Normalblick eines lebendigen Menschen. Meine Sehweise kann Mauern mühelos durchdringen, wenn ich unbedingt wollte, könnte ich sogar ins Innere eines menschlichen oder tierischen Körpers schauen, könnte ein Herz zucken sehen und den Weg beobachten, den die Nahrung durch Speiseröhre, Magen und Darm nimmt. Aber diesbezüglich ist meine Neugier begrenzt. Der medizinische Scharfblick hat mich nie interessiert.

Obwohl in meinem jetzigen Zustand bisweilen durchaus von einem Scharfblick gesprochen werden kann. In seltenen Momenten bin ich äußerst wach, fast schmerzhaft wach, dann geben sich meine nicht mehr vorhandenen Augen oder vielmehr das, was von ihnen übriggeblieben ist, gefräßig der Vielfalt des Lebens hin, der ich gerade zufällig begegne. Doch sofort stellt sich ein stechender Schmerz ein, weil mir klar wird, keinen Anteil mehr zu haben an den Handlungen eines Menschen, der auf zwei Beinen herumspaziert, seine Arme und seinen Mund bewegen kann. Manchmal kommt es mir so vor, als würden Leute, die ich beobachte, ihr rühriges Zuhandensein mit Absicht zur Schau stellen, um mir zu zeigen, wie munter sie sind und ich es nicht mehr bin.

Es fragt sich, ob ich am wirklichen Dasein so sehr gehangen habe, wie es mir gerade vorkommt. Seit dem Tod von Marie, die mir plötzlich wieder lebhaft vor Augen steht mit ihrer natürlichen Grazie, dem aufmerksamen Blick, wurde ich zunehmend ängstlich, weil mich die Nachrichten über die Katastrophen, die keineswegs in allzu weit entfernter Zeit über die Menschen hereinbrechen würden, mehr und mehr der Tatenlosigkeit und Trübnis auslieferten. Die forsche Leninsche Frage *Was tun?*, die der Revolutionär naturgemäß mit einer eiskalt und bis ins Detail ausgearbeiteten Ideologie beantwortete und dabei kaum einen Stein auf dem anderen ließ, fand in meinem Erwachsenenleben keinen Widerhall mehr. Die Studentenzeiten rauschten so dahin mit aufgekratzten Theorien, von den französischen Philosophen zu uns nach West-Berlin über die Grenzen geworfen, wo sich auf dem kommunistischen Leichnam eine tolldreiste Spielwiese eröffnete, auf der plappernder Unsinn sich mit subtilen freudianischen Theorien stritt, die alles mögliche in den Blick nahmen, allerdings nicht die Gefahr der Auslöschung des Menschen durch den radikalen Raubbau an der Natur.

Wieder einmal wird mir bewußt, wie sehr ich Marie vermisse, deren pragmatische Heiterkeit mich zuverlässig davor bewahrt hat, im Sumpf der tatenlosen Grübelei zu versinken. Bin ich einst tatsächlich Professor gewesen? Im Fachbereich Philosophie an der FU? Hatte ich Studenten, die bloß Witze über mich rissen, oder solche, die mir wirklich zuhörten? War ich Kantianer oder Hegelianer oder ein vermessener Wittgenstein-Faselant, der das Dörrfleisch von dessen kargen Sätzen mit der eigenen Spucke wässerte? Womöglich war ich bloß ein Schwätzer mit Imponiergehabe, der so tat, als wäre er … als könnte er Professor sein, wobei allein der Begriff *Fachbe-*

reich Philosophie in meinen toten Ohren so idiotisch klingt, daß ich an allem zweifle, was ich je gedacht und getan haben mag. Selbst wenn ich ein offiziell bestätigter Professor gewesen sein sollte, was mir inzwischen sehr wahrscheinlich vorkommt, habe ich ihn bloß gespielt, viele Jahre lang auf einer minderwertigen Bühne vor jungen Leuten, die im Grunde ebenso ratlos durch die Welt geisterten wie ich.

Das fruchtlose Gegrübel strengt an. Mein innerer Plapperatismus hat sich inzwischen müd gelaufen, mir scheint gar, ein mausfeines Stimmchen bitte um: *erlöse mich von dem Übel* –, aber von welchem Übel genau weiß das Stimmchen leider nicht, weil es in einem verwirrten Professor oder einfach nur in einem gewesenen Aufschneider rumort, der sich so in sich verwickelt hat, daß er sich selbst nicht mehr kennt und wahrscheinlich nie gekannt hat.

Seinsgüggeli

Halt. Mehr Klarheit bitte. So geht das nicht weiter. Besinnen wir uns: Was weiß ich, was weiß ich nicht. Was der Philosoph Heidegger in stürmischen Tagen ausgeführt hat, kann ich inzwischen nur bestätigen – der Tod sei kein Ereignis des Lebens, sondern die absolute Grenze, vor der sich das Rätsel des Lebens zurückbiege. Ungefähr so habe ich ihn damals verstanden, als ich mit zweiundzwanzig sein großes Buch las. Ob ich dabei falsch- oder richtiglag, ließ sich nicht überprüfen. War mir auch egal. Ich wollte einfach der Meute zeigen, was für ein toller Scheißkerl ich war mit meiner Menge an Heideggerwörtern im Gepäck, mit all dem Seienden inmitten des *In-der-Welt-Seins* und der existenzialen Struktur des Gewissens, inklusive meines höchstpersönlichen *Anrufverstehens* als *Vorrufen zum Schuldigsein*. Mei o mei! Was für ein halbverstandenes Geschwurbel ließ ich auf meine Freunde los! Außerdem kam ich mir maßlos schick vor, weil Heidegger unter den Kommilitonen damals nicht der große Renner war. Die Heroen hießen Michel Foucault, Roland Barthes und Jacques Derrida.

Heidegger wurde kaum gelesen. Seine *Schwarzen Hefte* waren damals noch nicht publiziert, aber sein Flirt mit den Nazis war bekannt, auch deshalb war er ein vom Unheimlichen umwitterter Name. Was uns nicht davon abhielt, eine ausgelassene Sein-und-Zeit-Party mit Papiermützen auf den Köpfen zu feiern, die unsere verschrobene Seinsgebundenheit anzeigen sollten. Gerhard, Wolfi, Köbi, Margit und Rudi, Gertrud, Marie, unsere Gastgeberin Dorothea, genannt Doro, ich und noch zwei, drei andere Leute, an die ich mich nicht mehr erinnern kann, waren mit von der Partie. Köbi, unser Freund aus dem Tessin, hatte ziemlich LSD geladen, er hüpfte herum, verschwand in der Küche, kam mit einer Packung Linsen wieder heraus und begann, während er die Linsen auf den Boden schüttete, entzückt von den *Seinsgüggeli* zu schwafeln. Leider weiß ich nicht mehr, was diesen Seinsgüggeli in philosophischer Hinsicht zuzutrauen war. Freund Martin hätte dieses alberne Treiben vermutlich nicht sonderlich geschätzt. Ich fand's klasse. Und die anderen auch. Vom Hoch- oder vielmehr Höchstgestochenen runter zu den Linsen. Unsere Gastgeberin konnte Köbi nur mit Mühe davon abhalten, das Experiment mit Kaffeebohnen und Erbsen zu wiederholen. Köbi (Autounfall) und Gertrud (Magenkrebs) sind schon etliche Jahre tot, mein *Lebensmensch*, wie Thomas Bernhard immer so schön sagte, will heißen, meine Marie, ist vor wenigen Jahren gestorben. Ob Wolfi noch lebt, weiß ich nicht, jahrzehntelang hatte ich nichts mehr von ihm gehört. Doro hat vor vielen Jahren einen Italiener geheiratet und ist mit ihm nach Mailand gezogen.

In einer Hinsicht verstehe ich den Philosophen jetzt vielleicht besser. Er betonte, daß sich der Tod nicht mitteile. Das Schweigen sei über ihn verhängt. Ein verdächtiges Schweigen, möchte ich hinzufügen, oder ein drohendes. Beileibe nicht das Schweigen eines Schüchternen, der schamhaft die Lider senkt. Andererseits ist das Schweigen in der Absolutheit des Todes einfach nur Schweigen und sonst nichts. Es war also nur konsequent, daß Heidegger sich weigerte, dem Gebirge an Spekulationen, das die Menschheit im Lauf der Jahrtausende über den Sensenmann aufgetürmt hat, eine weitere hinzuzufügen. Der Sinn entfernt sich von allen Aufgeregtheiten, die das Leben mit sich bringt, und strömt in die Lautlosigkeit, um dort Festtag zu feiern. Heidegger sah im Tod einen überaus mächtigen Antreiber des Denkens am Werk, der durch sein beharrliches Schweigen Unmassen von Gedanken produzierte.

Natürlich dachte Heidegger dabei nicht an frei flottierenden Schwachsinn, nicht an das unendliche Gebrabbel aus allen Mündern der Welt, sondern an eine kompakte, alles durchdringende Sinngebung, angezogen vom Erhabenen. Erst jetzt kann ich nachvollziehen, was damit gemeint sein könnte, auch wenn ich es gedanklich nicht genau fassen kann, weil mir die zur Verfügung stehenden Wörter dafür zu banal vorkommen. Ich denke dabei eher an intelligible Teilchen, die im Kosmos verschlungene Strickmuster bilden, in denen sich ein außerordentliches Wissen verbirgt, das sich ständig erneuert und im Gefunkel der göttlichen Erleuchtung aufscheint. Zwar bleibt mir vieles verborgen, aber dadurch, daß eine große kontemplative Ruhe in mir Raum gegriffen hat (kurioserweise in einem Raum, den es handgreiflich nicht mehr gibt), bin ich vom schnatternden Wahnsinn befreit, der die Gefühle der Lebenden anstachelt und sie zu unvernünftigen Handlungen treibt. Weil die radikale Dunkelheit meine Augen leerte, sehe ich jetzt anders.

Empörender- oder tröstlicherweise? frage ich mich inzwischen bezüglich der Loslösung von allem Zuhandenen. Zwar mag über den Tod selbst das Schweigen verhängt sein, über mich, der ihn erlitten hat, aber nicht. Unmerklich bin ich in dieses Schweigen übergewechselt, das ich als fressendes Schweigen bezeichnen möchte, denn es löschte mir vieles, was zuvor lebhaft erinnert und in der Erinnerung im Lauf der Jahre verändert werden konnte. Aber *was* alles weg ist, läßt sich nur vermuten. Mir scheint, die Erinnerung sei zu kleinen blockhaften Stücken zusammengepreßt, die ich weder bewußt aufrufen noch ummodeln kann. Als Entschädigung für den Schwund so mancher Episoden bin ich mit übernatürlicher Seh- und Hörkraft begabt, ungefähr so, als wäre mir das komplette Abhör- und Kamerapotential, das heutigentags zur technischen Verfügung steht, implantiert worden. Allerdings fällt es immer wieder komplett aus, und ich verschwinde in einer Drift, in der alle Verankerungen an das Gedächtnis gelöst sind.

Implantiert ist natürlich wieder ein ganz falsches Wort. Was von mir übrig ist, ist aus der Körperlichkeit entwichen. Sagen wir es lieber mit leicht poetischem Anklang: Mir ist das neue Hören, mir ist das neue Sehen zuteil geworden. Doch verdammt bin ich zu einer passiv lauschenden Haltung. Nicht einmal auf den weichen Flüsterwegen der Träume könnte ich nach Gutdünken die Hirne derer, die noch leben, invadieren. Eingebürgert in den Luftraum, genieße ich zwar die Vorteile, mich vom Wind tragen zu lassen oder mittels eines leichten Gleitens etwas näher an Orte zu gelangen, zu denen ich mich hingezogen fühle. Aber es ist mir definitiv verwehrt, Kontakt zu den Lebenden aufzunehmen.

In körperlichen Tagen hatte ich geglaubt oder gewünscht, der Tod sei *der* überwältigende Sinnstifter, aus dem heraus die messianische Energie in eine neue Seinskomposition einströme, die mit einer anderen Sprache begabt sei, dem bloßen Mitteilen weit überlegen – direkt, präzis, zupackend wie die adamitische Ursprache, zugleich weit über diese hinausreichend. Der Tod als das schockhafte Heilsereignis im plötzlichen Überwältigtwerden von der Wahrheit. In der entsetzlichen Einsamkeit, in der ich mich nun befinde, läßt sich das leider nicht bestätigen. Vielleicht geschieht es noch. Während ich in Berlin auf den Straßen herumspazierte und mir in der Nacht das Kopfkissen zurechtboxte, fand ich die Seinsmöglichkeiten allerdings nicht gar so verstellt, wie Heidegger es von ihnen behauptet hatte. Ganz im Gegenteil, in vielen erotischen Nächten fluteten mir gewisse Seinsbehauptungen nur so zu. Das klingt nach Angeberei, deshalb sei darüber höfliches Schweigen gebreitet.

Vermutlich war ich in meinem früheren Leben ein ziemlich

überspannter Mensch. Die Nüchternheit stand mir jedenfalls selten zu Gebote. Allenfalls, wenn meine Rechenkünste gefragt waren. Da war ich zackzack bei der Sache und haute zur Verblüffung der Anwesenden schnelle Ergebnisse nur so heraus. Einmal verstieg ich mich zu der Idee, die Gesamtzahl der Spinnenbeine auf Erden ad hoc errechnen zu können, wofern man mich mit einer glaubwürdigen Schätzung beliefere, wie viele Spinnentiere, Milben inbegriffen, auf ihren acht Beinen seinerzeit auf der Erde herumkrauchten. Natürlich war das Quatsch. Die Vorschläge, die da in alkoholisierter Runde unterbreitet wurden, schwankten zwischen zehn schlappen Millionen und einigen Trillionen. Fehlte nur noch, daß ich das Experiment mit der berühmten Nadelspitze und den Engeln in Anschlag brachte. Eigentlich schade! Wie viele Engel auf einer Nadelspitze Platz finden könnten, ist nämlich ein erstklassiges Thema, das übernatürliche Rechenkünste erfordert, aber leider leert sich gerade so ziemlich alles, was von meinem Kopf noch übrig sein mag, dessen Restsubstanz ich gern ausleihe, damit die Engel sie bewimmeln und sich selber zählen, denn es kommt nun über mich, wie es schon öfter kam – der Abgesang in aller Stille hat begonnen und läßt sich nicht mehr stoppen.

Chaotische Heerschau

Aus der Stille, aus dem Nebel bin ich wieder mal rausgekrochen. Die Sicht ist gestochen scharf, aber bruchstückhaft. Ich sehe hinauf zur Mondsichel, als gäbe es keinen Himmel, blicke hinab, sehe den mit tausenderlei Lichtern besteckten Berliner Stadtfladen ausgebreitet, als schwebe er über der Erde. Kein harmonisches Ganzes zeigt sich, Himmel und Erde erscheinen auseinandergerissen, als hätte ein gewaltiger Blitz eingeschlagen und alles voneinander abgespalten. Still ist es um mich, totenstill. Eine ratlose Traurigkeit ist über mich gekommen, die viel von dem zunichte macht, was ich bisher über meinen sonderbaren Zustand gedacht habe. Wut bricht aus, böse Rätsel halten mich in ihrem Bann. Warum ich? Warum ich so allein? Warum erfahre ich mich überhaupt noch als etwas, das sich so anfühlt, als sei es noch am Leben? Warum bin ich zwischen Mond und Erde festgehalten, gerade so, als sei ich an einem Nagel im Universum aufgehängt? Und niemand sieht mich, nicht einmal die Nachtvögel, die weit unter mir ihre Kreise ziehen, mit winzigen Rucken der Verzögerung in ihren Flügen, womit sie mir beweisen wollen, daß in meinem Gemütszustand Stillstand und Bewegung sich die Waage halten.

Die Unerkennbarkeit gehört zu Gott, weil Er dadurch um so mächtiger wirkt. Einem Menschen steht sie nicht zu. Auch wenn wir unsere wahren Gedanken noch so sehr verheimlichen, sind wir bis zu einem gewissen Grade durchschaubar – und natürlich sichtbar in allen unseren leiblichen Zuständen, auch in der Verrottung. Einen Menschen, der irgendwie lebt und auch wieder nicht lebt, treibt das Tarnkappengewese zur Verzweiflung. Es hat ja nicht den geringsten erkennbaren Zweck. Ich bin kein Siegfried, der anstelle des Königs Brunhilde niederringt. Ich fliege in keinem militärischen Geschwader umher, das sich vor dem Feind verbirgt. Vielleicht bin ich ein Bote aus einer geschwärzten Welt, ein Gefangener, beladen mit einer ungeheuren Schuld, dem es verwehrt ist, ins Nichts heimzukehren.

Mir geht nichts voraus, mir folgt nichts nach als die Stille. Mein Kerker besteht aus Luft. Dennoch bin ich bepackt mit meinem gefühlten Leben, das Säcke voller Erinnerungen mit sich herumschleppt. Wie im Leib des Märtyrers Sebastian die heiligenden blutbefleckten Pfeile stecken in mir die unheiligen unsichtbaren Zweifel. Sogar der Himmel erscheint mir fragwürdig, mit dem Effekt, daß ich mir meiner selbst nicht sicher bin. Früher befand sich der Himmel einfach über meinem Kopf. Strahlend blau, wölkchendurchsetzt, kometendurchzogen, von Blitzen durchzuckt, sternenbesät, finster.

Inzwischen bin ich ein leichtes Nichts, beschwert von einer bleiernen Melancholie, die wie eine Säure meine bisherigen Gewißheiten zersetzt. Alles in mir scheint sich aufzuzehren. Was von mir übrig ist, empfindet einen nagenden Mangel, der Löcher in die Gedanken frißt. Mal fühle ich mich lahm, dann wieder tobt ein Kampf in mir. Schreien will ich, mörderisch laut, damit alle Bewohner Berlins aus ihren Häusern stürzen und zu mir aufblicken. Auch wenn sie mich nicht sehen können, wäre es doch eine Genugtuung, wenigstens stimmlich einen Aufruhr zu erzeugen.

Daß solche Ideen idiotisch sind, weiß ich längst. Aber was soll ich in meiner verzweifelten Einsamkeit anderes tun, als mir am laufenden Band irgendeinen Unsinn auszudenken? Die Sätze, die dazu in mir geboren werden, scheinen in korrekter Schrift an mir vorbeizuwehen, um in den unendlichen Weiten des Kosmos zu verschwinden. Bewußt, unbewußt, frech vergrößert und im nächsten Moment wieder ins Kleinlaute geschrumpft, wirrsinnig oder klar, empfindlich oder abgebrüht, melancholisch oder triumphierend – in manchen Sekunden fühle ich mich lebendiger als vor dem Tod. Wenn etwas geschieht, geschieht es rascher als früher; wenn meine Aufmerksamkeit erschlafft, dämmere ich schneller weg als zu Lebzeiten.

Finstere Wolken ziehen am Mond vorüber. Schattengebilde aus ungreifbarem schwarzem Flaum. Bin ich vielleicht gar nicht tot und stecke in einem üblen Traum aus schwarzem Gewölle, der nicht enden will? Quatsch. Ich bin tot. Allein der leichenhafte Selbstekel beweist mir, *wie* tot ich bin. Dazu paßt, daß ich mich gerade jetzt an den toten Spatzen erinnern muß, der als verkohlter Batzen im Rinnstein der Mommsenstraße lag, weil ihn der Blitz getroffen hatte. Direkt vor Gerhards Haus mit der Nummer ... was hatte es noch mal für eine Nummer, sein Haus? Dreiundfünfzig? Sechsundfünfzig? Siebenundfünfzig? Aus großer Höhe herabblickend, will sie mir nicht mehr einfallen, anscheinend halten sich die beiden Ziffern in einem verborgenen Winkel meines früheren Lebens versteckt.

Was gäbe ich darum, sichtbar zu sein, für einen Moment nur, danach mag mich der himmlische Kehrbesen wieder ins Nichts fegen. Dann würde ich vielleicht etwas Wichtiges hineinretten in dieses Nichts, und die Drohungen, die unablässig aus diesem Finsterhimmel auf mich herabregnen, könnten mir weniger anhaben.

Als ich noch in ihm steckte, war mein Körper vielleicht niemals bis in die letzte Faser hinein wirklich. *Vera icon, ave verum corpus.* Einen wirklich wirklichen Körper besaß nur Christus, deshalb waren die Schmerzen, die er litt, so stark (glauben manche Leute). Ich bin weder gläubig noch musikalisch, noch wirklich, erst recht nicht wahrhaftig, Lügen gehören vermutlich immer noch zum eisernen Repertoire meiner Selbstbehauptung. Voller Bangen bewegen sich meine Gedanken in einer zittrigen Vergangenheit, während ich in einem Schwebezustand voller Schuld verharre, in den ich mit Fledermausohren hineinhorche, ohne daß ein Echo zu mir zurückkäme. Vielleicht fühlt sich mein Seelenmüll nicht genügend schmutzig an für das Aufkommen einer reinigenden Klarheit, nach der ich mich sehne.

Furchtbar anstrengend ist das alles. Die kleine Metaphysik meines Unglücks ist letztlich doch nicht der Rede wert. Höchste Zeit, daß ich mir wieder abhanden komme.

Besuch beim Freund

Jetzt aber: bin wach, also Augen auf! Was tut sich da unten? Es ist mitten in der Nacht, der Himmel sternenklar, der Mond noch immer ziemlich mager. Bei meinem Freund Gerhard ist noch Licht. Er wohnt allein im vierten Stock eines prächtigen Hauses mit Blick auf einen Neubau gegenüber, der gerade entsteht. Warum wird mir mulmig zumute, wenn ich an Gerhards Fassade emporblicke und auf den Gehweg hinab? Warum ergreift mich fast so etwas wie Schwindel, warum eine rasende Angst aus mir unbekanntem Grund? Keine Ahnung. Genug davon. Dieses Auf und Ab bekommt mir nicht.

Schauen wir mal nach, was oben los ist. Ein Fenster und die Balkontür stehen offen. Lampen brennen überall. Der Fernseher sendet eine alte Serie mit Columbo, der gerade den Kopf schräg hält und sich an die Stirn greift. Gerhard ist auf dem Sofa seines Arbeitszimmers eingeschlafen. Er schnarcht, ziemlich laut. Wie er so schräglings daliegt, ein Bein herabhängend, der Mund offen, aus dem ein Speichelfaden am Kinn herunterläuft, ist das kein schöner Anblick. Eine fast leere Flasche Rotwein steht auf dem Tisch, im Glas ist noch ein Rest. Früher flossen die Gläser Rotwein bei ihm nur so über, er schien unbegrenzte Mengen davon bestens zu vertragen. Zwei Aschenbecher voll mit Zigarettenkippen stehen auf dem Boden. Mich schmerzt der Anblick des Freundes. Er sieht unordentlich aus, um nicht zu sagen: verkommen. Ich kenne ihn tadellos gekleidet, den Schnurrbart exakt gestutzt, das volle Haar etwas gegelt.

Um Gerhard wehte schon in jungen Jahren das Flair eines Snobs, er trug weiße Hemden, niemals ein T-Shirt, und gehörte zu den eleganten Rauchern, die es lieben, den Wölkchen ihrer Zigarette nachzusinnen. Er war immer stolz auf seine feinen Hände, die langen Finger, zwischen denen sich die Zigarette munter hin- und herbewegte. Trotz seines treudeutschen Namens wirkte er wie ein Südamerikaner, was an seiner Mutter lag, die in Buenos Aires aufgewachsen war. Mit zunehmendem Alter entwickelte sich sein Bauch zu einem prallen Ballon, jetzt sehe ich weißes Fleisch mit einem tief versenkten Nabel aus einer geradezu obszön wirkenden Öffnung hervorblitzen, denn sein kariertes Hemd ist nicht ordentlich zugeknöpft.

Meine Neugier kommt mir deplaziert vor. So möchte ich mich an den guten Freund nicht erinnern. Gerhard war mir gegenüber immer äußerst großzügig, meine Ticks und Invektiven hat er mir schnell verziehen; selbst als ich ihm mal eine seiner Freundinnen ausgespannt habe, blieb er gelassen. Vielleicht war da auch ein wenig Überheblichkeit im Spiel, in der Art von: nur zu, auf eine mehr oder weniger kommt es mir nicht an. Wir waren ein brüderliches Gespann, zumindest dachte ich mir unsere Freundschaft so. Ich? Klein und energisch, manchmal beißwütig wie ein Terrier. Er dagegen groß und unaufgeregt, von Frauen umschwirrt wie der in den vierziger Jahren berühmte Typus des Latin Lover, etwa Victor Mature als Polizist in *Schrei der Großstadt*. Mature kam allerdings gar nicht aus Mexiko oder Südamerika, obwohl er so aussah, sondern aus Kentucky.

Gerhard ist wahrhaftig kein schöner Anblick. So habe ich ihn noch nie gesehen, und so soll er sich nicht in mein Gedächtnis graben. Ein letzter Blick läßt mich von außen noch mal auf die Hauswand schauen, richtet sich auf den Boden unter den Balkonen und bleibt da eigentümlich lange hängen, dann lasse ich mich lieber woanders hinfliegen, gerate nach Wilmersdorf und schaue in das Haus in der Nassauischen Straße, in dem ich bis vor kurzem im dritten Stock gewohnt habe. Die Wohnung ist seither nicht vermietet, meine Möbel sind allerdings fortgeschafft, nur der alte Küchentisch steht noch im Flur, vielleicht hat er den Malern als Abstellfläche für Eimer und Pinsel gedient, denn die Wände sind frisch gestrichen, das sehe ich im Licht der Straßenlaternen, das von außen eindringt. Durch die Leere wirkt die Wohnung groß mit ihren hundertfünfzig Quadratmetern, als ich darin wohnte, war sie vollgestellt mit Bücherregalen, Schränken und Stapeln von Zeitungen, die in so manchen Ecken lagerten. Nach außen hin sah es damals einigermaßen ordentlich aus, aber das täuschte. In den Schränken und Regalen herrschte das reine Chaos. Nach Maries Tod, mit der ich fünfundzwanzig Jahre zusammengelebt hatte, verkam die Wohnung allmählich. Jetzt ist alles picobello, das Parkett frisch abgezogen, das Bad renoviert, mit neuen Kacheln und neuer Wanne bestückt, und es gibt eine Dusche mit geräumiger Sitzbank. Man kann davon ausgehen, daß sich der Preis bei Neuvermietung fast verdoppelt, aber das geht mich nun wahrlich nichts mehr an.

Nebenan, bei meiner Nachbarin Schäfer, ist es finster. Edeltraut schläft leise wie eine Maus, in vorbildlicher Position, den rechten Arm angewinkelt über der Bettdecke. Ihr rüschenübersätes Nachthemd ist bis zum Hals geschlossen. Das dünne graue Haar sieht aus wie in Strichen über das Kopfkissen gezogen. Auf dem Nachttisch liegt ein benutztes Papiertaschentuch, auch ein Blister mit Tabletten mit zwei leeren Nestern. Ein halbvolles Glas mit Wasser steht daneben. Kein Buch, nichts sonst außer einem altmodischen Wecker, dessen Ziffern grünlich leuchten. Offenkundig ist es jetzt drei Uhr neunzehn. Leise tickt der Wecker vor sich hin, während sein Sekundenzeiger vorwärts ruckt. Merkwürdig ist es schon, daß ich mich mit Belanglosigkeiten befasse, die für meinen Zustand unerheblich sind.

Warum fasziniert mich der segnende Jesus, der über Edeltrauts Bett hängt? Ich wußte seit langem, daß sie katholisch

33

ist und regelmäßig zur Kirche geht. Fast will es mir so vorkommen, als hätte Jesus gerade den Finger erhoben, um mir etwas zuzuflüstern. Das ist blanker Unsinn. Dieser Erlöser ist in einem Kitschbildchen gefangen, wie man viele seiner Art in der Nähe des Petersdoms in zig Devotionalienläden kaufen kann. Daß vom Kitsch eine sänftigende, gar heiligende Wirkung ausgehen könnte, daran habe ich nie geglaubt und tue es auch jetzt nicht. Außerdem bin ich nicht katholisch. Warum dieser Jesus aber mit seinem Finger, der plötzlich drohend auf mich gerichtet zu sein scheint, von oben nach unten zeigt, und das gleich mehrmals, wieder und wieder von oben nach unten, wobei die Hand förmlich aus dem Bild herauswächst, das beunruhigt mich sehr.

Panik hat mich im Griff. Nichts wie weg von dieser ruhigen Schläferin, die womöglich den Schlaf der Gerechten schläft, in die Hut genommen von diesem schreckenerregenden Fingerdeutejesus. Und weg bin ich tatsächlich, allerdings in heller Aufregung, bilde mir sogar ein, in einem hektischen Zickzackkurs herumgescheucht zu werden, wobei ich im Erdgeschoß meines alten Hauses vor einer geöffneten Balkontür lande. Allmählich beruhige ich mich wieder. Unten dringt aus allen Fenstern Licht, die Flügel sind sperrangelweit geöffnet wie bei einer Feier, zu der viele Gäste geladen sind. Die Balkonbrüstung ist geziert mit Windlichtern, auf dem Tisch stehen die Reste eines Abendessens zu zweit. Dahinter öffnet sich ein modern möblierter Raum, der kühl und unpersönlich wirkt.

Oha! Da tut sich was. Das Bett im Nebenzimmer ist offenbar bevölkert. Teilweise mit Kuscheltieren, von denen die meisten zu Boden gefallen sind. Aber da liegt meine ehemalige Nachbarin Steffi, die linke Hand um einen Tiger gekrampft, dessen Kopf sie rhythmisch auf die Matratze haut. Auf ihr liegt ein ellenlanger Lulatsch mit knochendürren Schulterblättern, nackt bis auf die weißen Socken mit rotem Rand. Steffis Beinchen sind angewinkelt an seinen Seiten aufgesetzt, die Lulatschbeine liegen ausgestreckt da, sie sind mindestens einen Meter länger. Steffis Laute hören sich an wie Gequieke, er röhrt mit verhaltener Brunst vor sich hin. Sie ist winzig, höchstens eins sechzig groß, eine Blondine, die ich kaum kenne, weil sie da unten erst vor wenigen Monaten eingezogen ist, aber ich bin ihr öfter begegnet, wenn sie auf ihren hohen Absätzen dahergestöckelt kam. Ein unverbindliches Grußverhältnis, weiter nichts. Soviel ich weiß, arbeitet sie bei der Deutschen Bank, die sich inzwischen bis ins letzte Schließfach hinein blamiert hat. Das mit den Steifftieren ist allerdings eine Überraschung. Es könnten gut und gern über hundert sein, darunter sind mindestens zwanzig Teddybären, geziert mit blauen Schleifchen, die uns weismachen wollen, die Deutsche Bank sei jetzt wieder ein ganz, ganz liebes Geldhaus zum Schmusen.

Verlassen wir Steifftier-Steffi, ihren Tiger und den Lulatsch. Für meine intimen Einblicke schämen kann ich mich zwar nicht, aber es kommt mir unangemessen vor, Leute beim Beischlaf zu beobachten. Gewollt habe ich es nicht. Es hat sich nur zufällig so ergeben. Ich würde gern noch ein wenig über das nächtliche Berlin hinfliegen, doch nun wird mir leicht, als wäre ich zusammengenäht aus lauter unsichtbaren Luftmaschen, in die Jesus mit langem Finger hineinsticht, und was von mir übrig ist, löst sich auf im Dunkel der Nacht.

Leider untauglich

Bin wieder an Bord. Der Ausdruck ist natürlich daneben. Aber ich fühle mich so. Als würde ich in einer Luftbarke durch die Nacht schiffen, die man im Unterschied zu einer hölzernen Barke weder steuern noch rudern kann. Wie viele Nächte inzwischen verstrichen sind, weiß ich nicht. Das Wetter scheint sich kaum geändert zu haben, es ist warm und klar, aber der Mond leuchtet nun stark, als unvollendete Scheibe beherrscht er den schwarzen Himmel, aus dem nur vereinzelte Sterne wie glühende Stecknadelköpfe hervorblitzen. Gewisse Erinnerungen an meine letzte Dunkelfahrt haben sich zwar erhalten – hinab, hinauf, so viel weiß ich noch, aber die Details sind verschwommen, als wären die Beobachtungen von einem anderen gemacht worden und in meinem Gedächtnis zu einem Gutteil ins Schwimmen geraten.

Die Uhr am Turm des Rathaus Schöneberg zeigt auf elf nach zwei. Wenige Fahrzeuge bewegen sich mit ihren weißen und roten Leuchtpunkten durch die Straßen. Die Stadt wirkt, als habe sich die milde Herrschaft der Nacht über brüderliche Seelen gebreitet, deren Träume mit den langsam dahinziehenden Wolken in ein anderes Gefild reisen. Schön, sehr schön, beschaulich und friedlich.

Halt. Stimmt nicht. In der Wilmersdorfer Straße gibt's Krawall. Am Ausgang des U-Bahnhofs prügeln vier Kerle auf einen Jungen ein, der geht schreiend zu Boden. Sie traktieren ihn mit brutalen Tritten, brüllen auf russisch herum, einer von ihnen, ein breit gebauter junger Mann, trifft mit dem Stiefel immer wieder den Kopf. Der Junge ist inzwischen still, aber sie sind noch nicht mit ihm fertig. Der Stiefeltreter läßt die Hosen runter und pißt ihm aufs Gesicht. Dann beruhigen sie sich allmählich, treten ihn nur noch ein bißchen zum Spaß in die Weichteile und machen sich lachend in Richtung Kantstraße davon. Zwei Passanten haben gesehen, was da los war, der eine hat sich sofort in die Krumme Straße verdrückt, der andere ist in der Mommsenstraße verschwunden.

Natürlich hätte ich nicht eingreifen können, obwohl es lautlos aus mir rief: Hört auf, ihr feigen Säcke, Schluß mit der Sauerei!

Ohne den geringsten Effekt.

Als könnte ich selbst etwas abkriegen, habe ich mich nicht allzu nah an die Szene herangewagt, aber jetzt, da die Schläger abgezogen sind, kann ich mich dem Jungen am Boden nähern. Gekrümmt liegt er da, sieht entsetzlich aus, Blut auf T-Shirt und Hose, er scheint nicht mehr zu atmen. Zwar kann ich es nicht genau beurteilen, aber ich vermute, er ist tot. Wie alt er ungefähr sein mag, läßt sich schwer schätzen, jedenfalls ist der Körper schmächtig. Er trägt blutverschmierte Turnschuhe mit schnittigen Rennstreifen. So schlimm, wie der Kopf zugerichtet ist, läßt sich nicht mal die Haarfarbe klar erkennen.

Polizei ist nicht in Sicht. Es kann also noch eine ganze Weile dauern, bis er gefunden wird. Hätte sich das zu meiner Lebzeit zugetragen, wäre ich dann rechtzeitig eingeschritten? Hätte ich mich mit den Schlägern direkt angelegt? Wohl kaum. Ein Feigling war ich zwar nicht, aber härteren körperlichen Mutproben bin ich immer ausgewichen. Die Polizei und den Notdienst hätte ich allerdings angerufen, da bin ich mir sicher. Ich beschließe, bei dem Jungen zu bleiben, bis ihn jemand entdeckt. Sehr, sehr einsam liegt er da. Seine Arme sind vor die Brust gezogen, als müsse er sich noch immer vor den Tritten schützen. Die Armbanduhr an seinem Handgelenk ist nicht beschmutzt. Offenbar haben die Schläger darauf verzichtet, sie ihm abzunehmen. Ganz billig kommt sie mir nicht vor, um eine Swatch handelt es sich jedenfalls nicht, doch da kann ich mich täuschen, weil ich mich mit Uhren nicht auskenne. Unbeschädigt, wie sie geblieben ist, arbeitet sie unverdrossen weiter, ihre elektronische Ziffernanzeige steht jetzt auf zwei Uhr zweiunddreißig.

Er liegt ganz still da, atmet nicht, regt sich nicht. Inzwischen bin ich mir sicher, er ist tot. Vom Wandern oder Entfleuchen seiner Seele habe ich allerdings nichts mitbekommen. Sonst hätte ich deren Aufflug in die höhere Region begleiten können. Vielleicht wäre es sogar möglich gewesen, zu erfahren, weshalb er nachts unterwegs war und wie es dazu kommen konnte, daß vier brutale Männer ihn totgeschlagen haben. Vielleicht hätte ich ihn auch ein bißchen trösten können, vielleicht mit einer Passage aus dem *Östlichen Taglied* von Rainer Maria Rilke –

Denn diese Nacht, in der so vieles schrie,
in der sich Tiere rufen und zerreißen,
ist sie uns nicht entsetzlich fremd? Und wie:
was draußen langsam anhebt, Tag geheißen,
ist das uns denn verständlicher als sie?

Selbst wenn der arme Junge bisher keine Ahnung von Gedichten hatte, hätte ihn das Lied vielleicht ein klein wenig beruhigen können, denn in Rilkes Zeilen spaziert das Schreckliche im Wortkleid des Schönen einher. Körperliche Schmerzen wird er nicht mehr spüren, das ist der einzige Vorteil, den wir als Tote genießen. Vielleicht gibt es noch andere, aber sie haben sich mir bisher nicht erschlossen.

Wie sehr sehne ich mich nach Kontakt! In einer Fluggemeinschaft mit dem erlösten Jungen würden sich vielleicht Rückschlüsse auf das Leben ergeben, sogar ungeheuerliche Einsichten in ganz andere Dimensionen. Unter seltsamen Vorzeichen könnte sich eine auf Abenteuer gegründete Freundschaft entwickeln, in der wir gemeinsam aufbrächen, um die Rätsel des Kosmos zu ergründen. Vor allem wäre ich nicht mehr so grenzenlos allein und verzagt. Warum darf sich nicht wenigstens ein frisch Gestorbener zu mir gesellen? Einer, dessen Tod ich sogar beigewohnt habe? Warum ist es mir nicht vergönnt, zu beobachten, wie sich seine Seele vom Körper trennt?

Gegen meinen Willen, obwohl ich mir selbst versprochen habe, bei ihm zu bleiben, bis sich jemand um ihn kümmert und ich sehen kann, was mit ihm geschieht, sei's nun erdgebunden oder himmelwärts, verschwimmt alles vor meinen Augen, und eine verantwortungsfreie Drift schickt mich zurück ins Ungefähr.

Einsam

Wieder ist es Nacht, und wieder bin ich da. Ob ich bei Tag oder Nacht erwache, läßt sich von mir nicht beeinflussen. Es kommt, wie's kommt, häufig nachts. Bin da oder bin weg. Meistens weg. Der Mond ist inzwischen sichelhafter, und es regnet in dicken Tropfen, die ich nicht spüre. Weshalb ich nun ausgerechnet vor dem Haus Am Kupfergraben 6 Station mache, in dem Angela Merkel wohnt, geschieht aus unerfindlichen Gründen. Der Graben, in dem das Wasser träge dahinfließt, kann den Regen gebrauchen, den schon vorzeitig herbstlich verfärbten Bäumen tut er gut. Wie die meisten Menschen liebe ich das frisch sprießende Grün. Bäume, deren Blätter zu welken beginnen, stimmen mich traurig, selbst jetzt, wo mir die Jahreszeiten und die Geschicke der Natur eigentlich gleichgültig sein könnten.

Wachleute stehen am Hauseingang ohne Schirme. Neben anderen Wohnungsparteien steht *Prof. Sauer* auf dem Schild. Die Namen sind versehen mit Klingelknöpfen in einer Messingtafel, wie man sie von vielen Eingängen gepflegter Häuser kennt.

Im dritten Stock ist noch Licht. Und ja, Frau Merkel sitzt in einem karierten Bademantel in der Küche. Ein Fenster ist auf der regenabgewandten Seite halb geöffnet. Korrekt bezeichnete Gewürzbehälter stehen in Reih und Glied auf einem Regal. Alles ist blitzsauber, in der Spüle steht kein gebrauchtes Geschirr. Die Bundeskanzlerin ist allein, Papiere, oben rechts geziert mit dem Bundesadler, liegen auf dem Tisch, vor ihr steht ein Becher Tee, von dem sie kleine Schlukke zu sich nimmt. Ich vermute, es handelt sich um Kräutertee, obwohl mein Geruchssinn nicht sonderlich entwickelt ist.

Offenkundig bereitet sie sich auf ein Treffen mit Emmanuel Macron vor, soviel kann ich dem Blatt entnehmen, dem sie sich gerade widmet. Ich habe ein ruhiges nächtliches Bild der Einsamkeit vor Augen, eines Edward Hoppers würdig. Obwohl ich gar nicht stören kann, will ich dieses Idyll nicht weiter mit meiner Anwesenheit belasten und ziehe wieder hinaus in die Regennacht. Im nachhinein kommt es mir kurios vor, daß ich gerade bei einer weltweit bekannten Frau eingedrungen bin und dabei nicht die geringste Aufregung verspürt habe. Wurde ich hierhergeführt, weil sie Anteil an meinem Leben hatte? Für gut und gern zwölf Jahre? Weil sie bisweilen sogar in meinem Schlafzimmer herumgeisterte, wo der Fernseher vor dem Bett stand? Natürlich habe ich sie x-mal in den Nachrichten gesehen, meistens mit Sympathie. Obwohl ich die CDU nie gewählt habe, hat mir ihre ruhige, unneurotische Art immer gefallen. Irgendwie gehörte sie zum Personal, das unaufdringlich in meiner Wohnung lebte in Form von Zeitungsfotos oder bewegten Bildern aus der Kiste. Sie alterte mit mir, unauffällig und diskret, und vielleicht gab sie mir für einige Jahre das Gefühl, daß ich mich um Politik nicht mehr sonderlich zu kümmern brauchte. Den Drang, sie persönlich kennenzulernen, verspürte ich allerdings nie. Leute, die sich damit brüsten, berühmten Personen des öffentlichen Lebens zu begegnen, habe ich immer verachtet. Deshalb bleibt es verwunderlich, warum es mich in ihre Küche verschlagen hat.

Vor der Schuldenuhr beim Bund der Steuerzahler in der Reinhardtstraße mache ich kurz halt. Ich bin gewiß der einzige Beobachter, der jetzt darauf schaut, wie einige der roten Endziffern kontinuierlich rückwärts laufen, gerade stand die Summe bei 1.947.554.008.124, jetzt ist sie schon bei 116. Ein faszinierender Anblick, die drei letzten Ziffern in ständiger Bewegung, und das bei strömendem Regen. Der Geldwert deutscher Schulden ist mir inzwischen gleichgültig, aber trüge jeder Mensch den aktuellen Meßwert seiner geheimen persönlichen Schuld vor Gott in einer leuchtenden Zahl über dem Haupt, wäre das interessant. Ich würde sofort zurückkehren in die Küche von Frau Merkel, um zu sehen, welche Zahl über ihrem Scheitel leuchtet.

Die Frage der Schuld ist bei Politikern kompliziert, weil sie gar nicht anders können, als sich schuldig zu machen, selbst wenn sie auf persönliche Vorteilnahme verzichten und nicht allzu tief in die Vetternwirtschaft verstrickt sind. Komplexe Entscheidungen treffen zu müssen, die grundsätzlich manchen Menschen schaden, ist eine schwere Bürde, und ich würde nur zu gern wissen, wie eine höhere Instanz, die über einen gerechten Blick auf den gesamten Menschen verfügte, dessen intimes Schuldkonto bewerten würde. Hat Frau Merkel womöglich versucht, sich von ihrer Schuld zu befreien, indem sie auf beeindruckend großzügige Weise dafür sorgte, daß viele Flüchtlinge in Deutschland Aufnahme fanden? Und hat sie sich dabei bezüglich der Folgen verschätzt, die das für ihre politische Zukunft haben würde?

Mein eigenes Schuldkonto möchte ich bitte nicht allzu deutlich vorgezählt bekommen. Schon gut, ich weiß, daß ich ein Zauderer war, ein feiger Heini. Hin und her habe ich die Frage gewälzt, ob es nicht an der Zeit wäre, in meine recht komfortable Wohnung einen Flüchtling aufzunehmen. Das Für und Wider nahm jedoch derart monströse Ausmaße an, daß ich nur noch tatenlos herumhockte und in jeden Winkel meiner Wohnung spähte, um mir auszumalen, wie ein solcher Flüchtling mit meinem Geschirr umgehen würde, was ich tun würde, wenn er sich mit Schuhen auf meinem Sofa räkelte, ob er sich meiner Zahnbürste bemächtigen, vielleicht ewig lang auf dem Klo hocken oder sein Gekoch auf dem Herd vergessen würde. Das nahm und nahm kein Ende, wobei ich über all dem Gehäuf an *wenn* und *ob* und *vielleicht* Migräne bekam, während hinter meinen geschlossenen Lidern, zwischen Sterngeblitz und Funkenflug des Anfalls, der mir noch immer unbekannte Flüchtling herumgeisterte, um bereits vor der höchsten Instanz Klage einzureichen. Gegen mich, den gewissenlosen Sack, der sich so sehr in seine Acedia hineingehätschelt hatte, daß er für seine Nächsten unbrauchbar geworden war.

Gut möglich, daß bei dem ganzen Hin und Her etwas in mir zerbrach. Schon merke ich, wie meine Gedanken wieder in denselben Trott geraten, dabei zerbröseln und in einen Teich fallen, der sie aufsaugt und neutralisiert.

Vögeliwohl

Wach bin ich, sogar bis in die ehemaligen Fußspitzen hinein wach. Und weiter geht die wilde Fahrt. Heut nacht scheine ich unternehmungslustiger als sonst zu sein. Und – hier gibt es nun wirklich etwas zu bestaunen! Oder vielmehr jemand. Ein riesiger Uhu sitzt auf einer Stange vor dem Fenster im obersten Stock eines Wohngebäudes in der Kochstraße 7. Obwohl er mit seinem wendigen Hals auch in die dunkle Wohnung hineinblicken könnte, schaut er sich das nächtliche Stadtpanorama an. Seine großen schwarzen Pupillen stecken in einem orangerötlichen Augenrund, mir kommt es so vor, als würde er mich damit fixieren.

Spürt er meine Anwesenheit? Wäre das möglich? Auch wenn er starr durch mich hindurchzusehen scheint – hat er vielleicht eine Ahnung davon, daß sich jemand zu ihm gesellt hat? Auf Gedankenwegen versuche ich eine kleine Konversation zu beginnen, indem ich sein schönes Federkleid würdige, das am Bauch etwas feiner und heller ist. Vom dicht gesteckten Gefieder perlt der Regen einfach ab. Nicht mal auf seinem Kopf scheint der Uhu von den Tropfen gestört zu sein. Es ist wirklich ein prächtiges Tier, aus der Nähe betrachtet geradezu atemberaubend schön. Mein alter Freund Köbi hätte dazu gesagt, ihm sei recht *vögeliwohl*. Ich finde schmeichelhafte Worte für seine imponierende Gestalt, lobe die flach abstehenden Ohren und den starken Schnabel. Doch was auch immer das Hirn des Vogels bewegen mag, mich hat er offenkundig nicht im Visier. Und dann – wie zum Beweis, daß ich ihm völlig gleichgültig bin – rauscht er sang- und klanglos ab in Richtung Hallesches Tor.

Es stimmt mich traurig, daß er mich so schnell verlassen hat. Immerhin ist er ja auch eine Art Flugkamerad, nach dem

ich mich schon die ganze Zeit sehne, wenngleich er auf kraft-
volleren Schwingen unterwegs ist als ich. Seine Bahn kann er
selbst bestimmen, was mir so ohne weiteres nicht möglich ist,
weil bei mir Wunsch und Wille nicht die alleinigen Antriebe
für meine Flugmanöver sind. Ich habe den Eindruck, daß die
Kraft, die mich anzieht, von bestimmten Orten ausgeht, und
sie wird eher willkürlich an- und wieder ausgeknipst, jedenfalls ohne daß mein reduzierter Verstand darin ein Muster erkennen könnte.

Manchmal streicht das, was von mir übrig ist, in geistiger
Verzückung über die Erde hin wie ein rasch fliegender Wol-
kenhimmel. Dann wieder komme ich mir schwer vor, trotz
des luftigen Gespinstes, aus dem ich bestehe. Als hockte ich
verloren in einem leeren Wartesaal, an dessen ewig sich hin-
streckendem Ende ein Engel mit gezücktem Schwert steht.
In sein Antlitz zu blicken ist mir verwehrt, deshalb starre
ich auf den Boden, wie ich seit einiger Zeit überhaupt viel
zu viel auf den Boden starre. Wenn ich so verzagt bin, denke
ich, es ist vielleicht doch besser, man schleicht sich davon wie
eine alte Katze, die sich zum Sterben hinter einen Busch legt,
und kehrt niemals wieder.

Jetzt hält mich eine leuchtende Erinnerung in ihrem Bann –
an eine Fahrt, die ich in meinen mittleren Jahren unternahm,
eine Nachtfahrt in einem Gefährt, das über die schneebedeck-
ten Wälder Bayerns glitt. Wir starteten in Sielenbach und
waren damals fünf Leute an Bord – ein Ingenieur aus dem
Sauerland, den Gerhard im *Florian* in der Grolmanstraße auf-
gegabelt hatte, bediente das Steuer. Er hielt das Patent, den
Gasballon fahren zu dürfen. Gerhard verstand sich gut mit
ihm und hatte die Unternehmung organisiert. Unser Freund
war stolz darauf, daß wir nicht in einem lautstark vor sich hin-
zischenden Heißluftballon unterwegs waren, sondern in einem Korb, der völlig geräuschlos dahinsegelte.

Natürlich war Gerhard das Haupt der Partie. Ihr gehörten auch die damaligen Freundinnen Gertrud und Marie an. Unser Zampano war in Knickerbockern erschienen; damit wir zünftig gekleidet auf große Fahrt gingen, hatte er uns englische Ballonmützen besorgt. Das Abenteuer kostete ein Vermögen, ein ganzer Tanklaster gefüllt mit Gas mußte bestellt und bezahlt werden, aber die Sache war es wert. Als wir loslegten, wurden wir vom Piloten mit etwas ausgekrümeltem Sand und Champagner auf unseren Köpfen getauft. Wir hatten einen Picknickkorb dabei, tranken erstklassigen Wein und aßen Sandwiches. Wobei es auf den Wein und die Brote gar nicht ankam. Die Fahrt über schneebedeckte Bäume eines dichten Waldes bei vollkommener Stille war so bezaubernd, daß wir andächtig verstummten. Ruhe herrschte, sanftmütige Ruhe über einer weißbestäubten Landschaft, die in einen tiefen Schlaf gesunken war, allenfalls durchbrochen von einsamen Vogelrufen.

Oben blinkten die Sterne, eine fahle Mondsichel zeigte sich am schwarzen Himmel, unter uns gleißten die Schneekristalle auf den Wipfeln der Tannen. Auch damals flog ein einsamer Nachtjäger lautlos über die Bäume hin. Ob es ein Uhu war, weiß ich nicht, vielleicht eher ein Falke, denn er erscheint mir im nachhinein kleiner als der Riesenvogel, dem ich gerade begegnet bin.

Am Ende der Reise bekamen wir ein kleines Zertifikat ausgestellt. Im Falle unseres Zampano stand darin, daß er im *Freiballon D-Bosch Nr. I* unterwegs gewesen und *nach Zucht und Ordnung der Ballonen mit Sand und Alkohol auf den Namen Gerhard Aeronauticus von Sielenbach getauft worden war.* Wir wurden natürlich auch getauft, Marie als *Aeronautica von Sielenbach.* Unterschrieben hatte die Urkunden unser Pilot Hansjörg Eckert am 11. Januar 1979.

Die Erinnerung an dies wundersame Gleiten durch die

schneekühle Nachtluft hat sich uns tief eingeprägt. Nicht vom Wein, sondern von der Schönheit des Erlebnisses trunken kletterten wir aus dem Korb, nachdem der Ballon recht sanft auf einem Acker gelandet war, von dessen eisverkrusteten Furchen sich der aufliegende Pulverschnee erhob. Als wäre ein Glückskuß im Fallschirm auf die Ebene niedergegangen und hätte für ein bißchen Gestöber gesorgt. Einige Zeit kam es uns so vor, als wären wir zu anderen Menschen geworden, denen endlich die Augen geöffnet worden waren, die Landschaft in überwältigender Form zu erfahren. Wie neugeboren waren wir schuldlos über die Erde geschwebt.

Leider hielt diese seelische Auflockerung nicht lange vor. Nur zu bald steckten wir wieder in unseren alten Häuten und wurstelten mutlos vor uns hin. Mit Ausnahme von Marie, die das Talent besaß, sich an leuchtenden Erinnerungen immer wieder zu erfrischen und damit ihre Neugier zu befeuern. Vielleicht war Gerhard ihr darin ähnlich, aber so ausgeprägt wie sie verfügte er über diese Gabe nicht. Nicht auszudenken, was aus mir geworden wäre ohne sie. Wahrscheinlich ein Trübspitz, wie man in Schwaben sagt. Einer mit herrischen Allüren, der sich mit albernem Getue dagegen wappnet, seine Einsamkeit zu spüren.

Zwar bin ich auch jetzt am Schweben, aber ich ersticke schon wieder an meiner gedanklichen Trägheit, die mich tiefer und tiefer in Regionen sacken läßt, die es nicht zulassen, daß man einen klaren Gedanken faßt, weil nur Gerümpel herumsteht, dessen Staubschicht die Wörter unter sich begräbt.

Wasser von oben, Wasser unten

Keine Ahnung, warum ich hierhergelangt bin, aber ich blicke auf den Schlachtensee, befinde mich über dessen Mitte, wo er am breitesten ist. Tropfen fallen in Schnüren und produzieren beim Treffen aufs Wasser Kränze aus Sprühtröpfchen, die sich an der Oberfläche des Sees mit dampfenden Nebelschwaden verbinden. Ein Mensch scheint das Spektakel zu genießen. Am Ufer hat er ein winziges Zelt aufgebaut. Wirklich allein ist er aber nicht. Herr und Hund liegen im Zelt und schauen zur Vorderseite auf den See hinaus. Das muß ein ziemlich feuchtes Vergnügen sein, aber offenkundig genießen es die beiden, einträchtig ruhen sie nebeneinander, die Köpfe nur wenig erhoben. Ein friedliches Idyll, das mir gut gefällt. Rund um das Zelt ist alles sauber, da liegt nichts, was die Besucher bei Tagesanbruch stören könnte.

Ganz anders auf der großen Wiese am Ufer gegenüber, auf der sich an warmen Tagen viele Badegäste tummeln. Sie ist müllübersät, Plastikbeutel und Flaschen liegen zuhauf herum, aufgeweichtes Zeitungspapier fängt an, sich aufzulösen, wahrlich, ein verstörender Anblick. Als ich jung war und hier oft spazierenging, waren die Ufer des Sees nie so verdreckt. Inzwischen hat sich der Regen geändert, er fällt nicht mehr in dikken Tropfen, sondern wirkt fisselig. Daß er noch geraume Zeit herabfallen wird, daran besteht kein Zweifel. Ich nehme an, dem Wald tut es gut, wenn er sich vollsaugen kann, auch die Berliner Gewässer können die Frischwasserzufuhr derzeit gut gebrauchen.

Die Erinnerung an meine frühen Jahre lebt wieder auf, in denen ich mit meinem Hund mehrmals in der Woche verschiedene Westberliner Seen umrundete. Eine hinreißende Hundedame war meine Begleiterin, eine Mischung aus Collie und Berner Sennenhund, die sich bei jedem Wetter mit hellem Gejauchz ins Wasser stürzte. Nur wenn Eis den See deckte, schreckte sie gottlob davor zurück. Ich hatte Angst, sie könnte einbrechen und ich ihr dann nicht mehr heraushelfen. Issi war gelehrig, leicht zu erziehen und völlig unneurotisch. Sie bellte so gut wie nie, war aber sehr aufmerksam, in Kontakt mit anderen Viechern souverän. Es war nicht nötig, sie an die Leine zu nehmen, nicht auf der Straße und nicht mal, wenn wir zusammen U-Bahn fuhren. Einmal sind wir mitten im Wald auf einen Trupp Wildschweine gestoßen. Ich blieb stehen, Issi setzte sich auf ihren Hintern und verhielt sich ruhig, bis die Säue fortgewandert waren. Natürlich schnüffelte sie ihren Spuren hinterher, war aber nicht sonderlich jagdlich gestimmt, sondern ließ von der Fährte ab, als wir den üblichen Weg in Richtung Grunewaldsee einschlugen.

Lustig war's im Sommer, wenn wir zu den größeren Gewässern fuhren. Issi wollte unbedingt, daß ich mit ihr schwimme. Sie stürzte sich ins Wasser, drehte sich nach mir um und sah auffordernd herüber, ob ich nicht endlich nachkäme. Wenn ich es tat, war sie hellauf begeistert, dann schwammen wir eine Weile nebeneinander her. Für einen größeren Hund wurde Issi ziemlich alt – fünfzehn Jahre. Als ich sie einschläfern lassen mußte, weinte ich bitterlich, die Tränen flossen in Strömen wie seit der Kindheit nicht mehr.

Selbst den Tod von Marie nahm ich tränenlos hin, nicht aus mangelnder Anteilnahme, sondern weil ich froh war, daß ihr schweres Leiden nach sechs fürchterlichen Wochen ein Ende nahm. Wenn der Krebs nagt, nagt er gründlich, sagte Gerhard. Als guter Freund hat er sich bewährt und ist jeden Tag bei ihr im Krankenhaus erschienen. Bisweilen hatte ich den Eindruck, sie freue sich über seinen Besuch mehr als über meinen. In meinem verwundeten Gemüt schwirrte ein kleiner Verdacht um ihre Eintracht herum. Gerhard schaffte es mühelos, die Todkranke zu erheitern. Ich war diesbezüglich gehemmter und fraß den Kummer in mich hinein. Die Ballonmütze, die Marie als Luftschifferin in glücklichen Tagen und bisweilen auch sonst getragen hatte, legte ich zu ihr in den Sarg. Gerhard sagte damals den klugen Satz, wer in die letzte Leidenskurve einbiege, für den sei der Tod kein Gegner mehr. Das tröstete mich zwar nicht, aber von der Wahrheit geht immerhin eine im Geheimen wirkende Beruhigung aus.

Nach Maries Tod hörte ich unentwegt den *Actus tragicus* von Johann Sebastian Bach. Eine wunderbare Kantate, die mich beruhigte, obwohl ich nicht recht glauben konnte, daß Gottes Zeit die allerbeste Zeit sei, wie darin frohgemut gesungen wird. Ich schmolz in Tränen, wenn es an die Passage ging: *Mensch, du mußt sterben!*, und sie mehrere Male wiederholt wurde. Und auch bei dem entzückten *Jaja! Ja, komm, Herr Jesu!* war ich tief gerührt, obwohl ich meinen Glauben an Jesus längst verloren hatte. Ich war sogar bereit, meine Hände zu falten, wenn zum Schluß ertönte: *In deine Hände befehl ich meinen Geist.* Schwebende Schönheit durchweht diese Musik, in der das Herz immer schwächer zu schlagen scheint, während das Cello uns fühlen läßt, wie die Seele am Firmament schwebt. Trotz ihrer wiegenhaften Klänge wirkt die Kantate beklemmend, denn der Tod überwältigt alles. Während der sterbende Mensch sein letztes Wort in die Stille hineinseufzt, schweigen die Instrumente.

Totenstille in mir, Schwäche, Drangsal. Bin von der Schwermut heimgesucht. Muß reden und reden, obwohl mich niemand hört. Issi. Marie. Gerhard. Wen hast du am meisten geliebt? Würde man mir die Frage stellen, könnte ich sie nicht beantworten. Eros wühlt auf und erlischt, Liebe ist situativ, man liebt nicht fortwährend. Bestimmt ist es idiotisch, einen Hund so intensiv zu lieben wie einen Menschen. An einen Hund muß man nicht unentwegt denken, das ist ein Vorteil. Vergißt man einen Menschen, mit dem man zusammenlebt, über weite Strecken des Tages, ist das ebenfalls ein gutes Zeichen. Es zeugt von der Unbekümmertheit einer Beziehung und vor allem davon, daß man sich aufeinander verlassen kann.

Als Marie auf dem Friedhof lag (sie ist nicht in Berlin beerdigt, sondern auf dem Katholischen Altstadtfriedhof in Gelsenkirchen nahe dem Ehrenmal für Bergleute, die im 19. Jahrhundert bei einem Grubenunglück ums Leben kamen – sie wollte es so, weil ihr Vater ebenfalls Bergmann gewesen war), ging ich nicht in der Wollust des Grams einher, sondern entwickelte einen Tick. Wann immer mir Brot zwischen die Finger kam, begann ich damit, die weichen Teile herauszurupfen und sie zu Kügelchen zu drehen. Gerhard merkte es und schritt dagegen ein: Marie hätte mein Brotgefledere nicht gefallen, als Tochter eines hart arbeitenden Mannes hätte sie es mir verwiesen. Brot war zum Essen da und nicht für öde Kummerspiele. Gerhard riet mir, ich solle mir lieber ordentlich einen hinter die Binde kippen und bißchen was rausheulen, bevor ich zu Bett ginge, dann käme ich besser darüber hinweg.

Das Kügelchendrehen gewöhnte ich mir tatsächlich rasch wieder ab, dafür wurde ich fortan Nacht für Nacht von einem wiederkehrenden Alptraum heimgesucht. Ich lag leichenstarr auf dem Rücken, konnte mich beim besten Willen nicht rühren und trug eine riesenhafte Ausgabe der *Summa theologica* von Thomas von Aquin auf dem Bauch, gehüllt in Leder und mit aufwendig gearbeiteten Schließen versehen. Die Hände hielt ich über dem Buch gekreuzt, merkwürdigerweise schienen sie aus Silber zu sein und zugleich ebenjene Schließen des Buches darzustellen. Nun aber wurden mir die ineinander verschränkten Finger geöffnet und die Hände neben den Leib gelegt, von wo aus ich sie nicht wegbewegen konnte. So lag ich rücklings da, beschwert von einem Buch, in der Haltung eines Gestorbenen.

Warum gerade die *Summa?* Zwar hatte ich mich während der Studentenzeit mit dem Buch herumgeschlagen, später jedoch nie wieder. Absurderweise ließ man mich im Traum wissen, ein Tropfen vom Geifer Kains sei auf mein Exemplar des Buches gefallen und hätte es verdorben. Und daran sei allein ich schuld, denn von mir höchstpersönlich stamme dieser böse Tropfen, weil ich mich mehr von den Dämonen des Ehrgeizes und der Selbstsucht als von den Engeln habe leiten lassen und sich auf dieser Bahn niemals die rechte Verbindung von Glauben und Wissen herstellt. Ihr schöpferisches Miteinander sei mir verschlossen geblieben, weil ich mich unaufhörlich mit philosophischen Problemen herumgeschlagen habe, die in der Leere des Alls substanzlos verhallten. Und überhaupt: Ist die sakramentale Heilsordnung nicht die schönere? Ist sie nicht bündiger als alle philosophischen Sätze zusammen, weil an ihr die Zeichen der Gnade haften, die dem Leben einen Halt verschaffen und das Ausbrechen in ein Nirgendwo der Gaukelei verhindern, welches unweigerlich in der depressiven Erschlaffung endet?

Dennoch: warum gerade dieses Buch? Viel plausibler wäre gewesen, man hätte mir *Sein und Zeit* oder die *Divina Commedia* auf den Leib geschnallt, mit denen ich mich viel intensiver beschäftigt habe. Offenbar kann ich das Problem jetzt sowenig wie damals durchdenken, geschweige denn lösen. Ich spüre bereits, wie meine Kräfte vor lauter Anstrengung schwinden, wie gebannt schaue ich auf eine vergehende Stelle im Wasser, als wäre dort mein eigener Leichnam versenkt worden, und so trudelt mein Geist mit diesem Bild zurück ins Ungefähr.

Blutmond

Wieder ist es dunkel. Aber es scheint eine besondere Dunkelheit zu sein. Es dauert seine Zeit, bis ich merke, warum. Den Blick auf die abendliche Stadt gerichtet, bekam ich nicht mit, daß der Mond über mir eine eigentümliche Ansicht bot. Zunächst fiel mir nur auf, daß viele Leute auf freien Plätzen oder Balkonen standen und nach oben schauten, während die Uhren auf einigen Kirchtürmen wenige Minuten vor zehn Uhr nachts anzeigten. Nun sehe ich die Rehwiese, wo sich Leute in kleinen Grüppchen versammelt haben, die ihre Feldstecher auf den Mond richten. In den etwas höhergelegenen Villen stehen sie in ihren Gärten oder auf den Terrassen.

Rot eingefärbt erscheint der Himmelskörper, von Schattenflecken bedeckt, die langsam auf die rechte Seite wandern. Und weiter unten, als kleiner stechender Punkt, zeigt sich der Mars. Warum ich das erzähle? Es kommt mir widersinnig vor, daß ich als Luftwesen, das die Erde verlassen mußte und sich seither am Himmel herumtreibt, fasziniert auf diesen eigentümlichen Mond blicke, im Grunde wie ein neugieriger Bub aus Fleisch und Blut, der gerade ein Bilderbuch über Astronomie geschenkt bekommen hat.

Vielleicht ist es weniger absurd, wenn man bedenkt, daß mir der Weltraum als Flieger keineswegs zur Verfügung steht. Wenn ich zu Bewußtsein gelange, geschieht dies nahe der Erde und nicht einmal in direkter Nähe des Mondes oder sehr viel weiter entfernter Himmelskörper. Offensichtlich bin ich immer noch der Erdhaftung verfallen, und diese Haftung ist auf persönliche Weise sowohl neugiergetrieben als auch erinnerungsgetränkt. Trotzdem schaue ich immer wieder nach oben, als könnte ich von der Leuchtkraft des Gestirns Erkenntnis gewinnen. Wer weiß, vielleicht hängen auf dem

Mond noch andere Seelen über oder in seinen Kratern herum und warten auf das Gericht, warten auf die Art ihres künftigen Verbleibs oder auf ihre Verwandlung im Kosmos, gemäß dem, was sich in ihrem Erdenleben als religiöse Vorstellung ausgebildet hat. Dann wäre der Mond so etwas wie die erste vorläufige Parkstation für die Gestorbenen, ein kraftvoll durchpulster Raum, der ihnen den ersten Vorschein der Klarheit über sie selbst verschafft mittels Worten, die der adamitischen Ursprache entlehnt sind und sich dem Verständnis entziehen. Ihre Lautfolgen besäßen eine solche Zwingkraft, daß die verängstigten Seelen bis ins Mark erschüttert und von den Sturzbächen an Wahrheit, die über sie kommen, fortgerissen würden. Allerdings kommt es mir kindlich vor, so etwas zu glauben, unbewiesen bleibt es sowieso. Aber wie soll ich denn sonst über meinen Zustand denken, von einem unbegreiflichen Zuhandensein, das nicht zu fassen ist?

Unabhängig von meinem Befinden ist das Spektakel beeindruckend, wiewohl der Beobachter Geduld braucht, um sich der mählichen Eindunkelung des Mondes und dem Wandern der Schatten zu widmen. Inzwischen blitzt auf der linken Seite ein gleißend heller Leuchtrand auf, der sich allmählich verbreitert. Daß die rötliche Farbe in früheren Zeiten Furcht und Schrecken hervorgerufen hat, kann man verstehen. Blutgefärbt erschien er den bis ins Mark verängstigten Zuschauern, böse Vorzeichen waren darin eingeschrieben. Mißernten drohten, grauenhafte Metzeleien würden in Kürze die Landstriche verheeren, die apokalyptischen Reiter über sie kommen und auf einem weißen, einem feuerroten, einem schwarzen und einem fahlen Todespferd den Untergang der Welt einleiten. Für die Theologen war der Blutmond nicht weniger spektakulär. Die radikale Weltverfinsterung diente der Vorbereitung einer glanzvollen Öffnung des Himmels. Der Schrecken, der das Fleisch zittern und die Knochen klappern ließ, war die radikale Remedur, bevor sich die vom Erdenschmutz gereinigten Seelen einer entzückten Himmelsschau hingeben durften.

Die Zuschauer auf der Rehwiese wirken keineswegs erschreckt, Theologenmärchen von ehedem beschweren ihre Gemüter nicht. Hier geht es heiter zu, Kinder springen herum, auch Leute, die sich nicht kennen, sprechen miteinander, während sie abwechselnd ihre Feldstecher hochhalten und sie einander ausleihen. Vielleicht täuscht die friedfertige Szenerie. Die im Augenblick niedergehaltene Furcht der Leute materialisiert sich nicht in schlagkräftigen Bildern von unglückverheißenden Himmelskörpern, sie ist abgetaucht in ein sumpfiges Ungefähr der Bedrohung, in dem sich Ängste vor Geldverlust, Berufsversagen, mangelnder Attraktivität, technischer Überforderung, Altwerden, Umwelt- und Klimakatastrophen umeinanderwälzen und Blasen werfen. Sie müssen sich unentwegt selbstsicher geben, haben jedoch den inneren und äußeren Ort verloren, um es zu sein.

Dazu kommt mir Thomas von Aquin wieder in den Sinn, seine sehnsüchtige Frage, wann die sakramental verhüllte Gegenwart von Gottes Sohn für den Menschen endlich übergehe in eine unverhüllte Schau von Angesicht zu Angesicht und damit allen Qualen ein Ende bereitet werde. Für ihn ging es dabei um das Geheimnis des verborgenen Jesus und den Offenbarungsrausch des sich enthüllenden Jesus. Mein Traum vom schweren Wälzer des Aquinaten, den meine Hände mühsam verschlossen halten, bis sie davon abgezogen und an den Leib gelegt werden, könnte zu tun haben mit dem Johannes-Evangelium, dem darin beschriebenen Brechen von sieben Siegeln der berühmten Buchrolle, mit dem die Apokalypse anhebt. Beim Brechen des sechsten Siegels färbt sich die Sonne schwarz, der Mond färbt sich wie Blut, und die Sterne fallen auf die Erde. Was Mondfinsternis und Traum damit zu tun haben könnten, bleibt unergründlich, obwohl es mir wichtig scheint – doch das Grübeln strengt mich so an, daß ich in den Dämmerzustand zurückfalle.

In den Niederungen

Ausnahmsweise ist es jetzt taghell. Die Sonne scheint über einem von nur wenigen zarten Wölkchen geschmückten Himmel. Im Tiergarten sind Fahrzeuge mit Wasserkanonen unterwegs, um den Rasen und die Bäume zu wässern. In den Straßen sehen einige Bäume ziemlich mitgenommen aus. Obwohl ich weder Hitze noch Kälte spüre, kann ich erkennen, daß die Sonne heiß brennt. Die Menschen bewegen sich ziemlich erschöpft durch die Gegend, Männer in kurzen Hosen und Schlappen sind unterwegs, als wären sie am Strand. Früher hat es mich geärgert, daß die Leute in Berlin so mies gekleidet sind, manche in knappen Shirts, unter denen das Fleisch herausquillt, unbekümmert herumlaufen. Mit gemütlichem Dicksein hat das nichts zu tun. Ein alter Mann im Unterhemd überquert die Yorckstraße und zeigt die häßlichen Beine her, an den Füßen Gummilatschen. Eine ausgewucherte Frau mit gewaltigen Armschinken und strähnigem Haar, deren Torso in einem viel zu kurzen Hemdchen mit Spaghettiträgern steckt, zieht eine schreiende Wurst von etwa fünf Jahren hinter sich her.

Sofort kommt mir das Sargproblem in den Sinn. Passen diese Leute noch in herkömmliche Särge? Selbst bei der Feuerbestattung müssen sie ja erst einmal in einen Sarg gequetscht werden. Oder täusche ich mich? Legt man sie inzwischen direkt auf den Rost? Meine Verachtung hat eine überhebliche Schlagseite, ich weiß. Viele dieser Fettleibigen sind bei verantwortungslosen Eltern aufgewachsen, die sie mit süßen Limonaden abgefüllt und nur Fertiggerichte auf die Teller gehauen haben. Daß man direkt aus der Flasche säuft, mit Kaffeebechern durch die Gegend rennt und in fetttriefende Burger beißt, hat ihnen die Werbung pausenlos in ihre Hirne gehämmert, wodurch sie sich das Kochen abgewöhnt und riesige Müllberge angehäuft haben. Im Grunde bin ich froh, daß ich diese Verwahrlosung nur noch aus der Ferne beobachte und den Leuten nicht mehr im eigenen Fleischkleid begegnen muß. Früher fühlte ich mich jedesmal so, als könne ich von ihnen infiziert werden, sei selber fett und würde übel riechen.

Die Sonnenstrahlen scheinen meine Verachtung angestachelt zu haben. Kein gutes Gefühl, sich als Etepetete-Besserwisserchen aufzuspielen. Fort damit. Inzwischen schwebe ich über die Kantstraße. Die *Paris Bar* hat schon geöffnet. Ein Kellner stellt gerade Stühle auf den hölzernen Vorbau, ich glaube, es ist Jean. Nun erinnere ich mich an eine köstliche Episode mit Gerhard. Wir waren damals oft in dem Lokal, als Stammgäste bekamen wir immer einen Tisch. Vor einigen Jahren ist es dort zu einer denkwürdigen Begegnung mit einem Dummkopf gekommen, der einen besinnlichen Ratgeber für ein gelungenes Leben geschrieben und damit schwindelerregende Auflagen erzielt hat. Auch sein Buch über berühmte Kriminalfälle, die sich durch besondere Grausamkeit auszeichneten, verkaufte sich vorzüglich. Dabei kam ein ganz anderer Autor zum Vorschein, der sich nicht in Gefühlsduselei, sondern genüßlich im Sadismus suhlte.

Gerhard kannte ihn aus seinen ersten beiden Semestern in Marburg und nannte ihn abwechselnd *Seifen-* oder *Würgepater Siegfried*. Der Mann fand keinen Platz, ein Kellner war schon dabei, ihn hinauszukomplimentieren. Gerhard stand auf und winkte ihn an unseren Tisch. Als er sich mit warmen Dankesworten zu uns setzte, aber noch einmal aufstehen mußte, um jemand im hinteren Teil des Lokals zu begrüßen, raunte mir Gerhard zu, jetzt sei die Zeit gekommen, seine Lieblingsdevise mal an geeigneter Stelle auszuprobieren, und die hieß: Einem klugen Mann mute die Wahrheit zu, bei einem Idioten greif zum Rasierpinsel und seif ihn nach Strich und Faden ein!

Gesagt, getan. Ich war zunächst nicht sonderlich beglückt von der Idee. Nachdem der Mann zurückgekehrt war und wir bestellt hatten, kam der Pinsel, eher ein Quast, zu vollem Einsatz. Unser Siegfried, der, wie er sich mir vorstellte, mit Nachnamen *Nonnenmacher* hieß, glomm vor Stolz, dicke Schweißperlen rannen ihm von der Stirn, wobei er eine klebrige Form der Bescheidenheit an den Tag legte. Gerhard hatte sofort losgelegt. Er übertrieb gewaltig, doch zunächst pirschte er sich mit kleineren Lobsprüchen an sein Opfer heran, nach und nach schichtete er ein regelrechtes Gebirge an Komplimenten auf. Dann kam er salbungsvoll darauf zu sprechen, wie er es fertiggebracht habe, durch die Lektüre von Siegfrieds Werk mit sich selbst versöhnt auf du und du zu stehen und seine Tage in vollendeter Entspanntheit hinzubringen – jawohl, sogar seine erotischen Begegnungen hätten durch die Lektüre von *Balance des Lebens* an Intensität gewonnen. Dafür sei er ihm unendlich dankbar.

Nun senkte er den Kopf über die entgrätete Seezunge und stocherte in den Salzkartoffeln herum, als ringe er mit sich selbst; schließlich legte er die Gabel weg und sprach mit gequälter Stimme, er müsse Siegfried etwas zutiefst Persönliches anvertrauen: Insbesondere für das Einüben konzentrierter Bewegungen mit der Balancierstange sei er ihm dankbar ... (es folgte eine hochbedeutsame Pause) ... er könne gar nicht sagen, wie sein Intimleben dadurch gewonnen habe. Siegfried nickte in stummer Freude, während er an seinem Steak herumkaute. Doch ... (Gerhards Stimme war jetzt nur noch als mattes Flüstern zu vernehmen) ... mit einem Problem könne er bis heute nicht fertig werden ... sein Penis sei leider ungewöhnlich klein für einen Mann seiner Größe. Der Seifenpater legte das Messer weg und sofort den Arm um seinen neuen Patienten – das sei natürlich ein Problem, aber es gebe ja gottlob genügend Frauen, besonders kleine, zart gebaute, denen ein kleiner Penis willkommen sei. Da wackelte mein Bauch bereits vor Heiterkeit, und ich mußte mich aufs Klo verziehen, um bei Tisch nicht loszukichern wie ein Teenager. Als ich wiederkehrte, winkte Gerhard den Kellner herbei, um zu bezahlen. Mit großer Selbstverständlichkeit übernahm er die Zeche, was er so gut wie immer tat. Siegfried war davon so gerührt, daß er seine Hand auf Gerhards Arm legte, um ihm eine wichtige Botschaft zukommen zu lassen. Er, Gerhard, wisse ja sicher, daß es ziemlich kompliziert sei, ins *Berghain* reinzukommen. Aber da gebe es einen Weg, er habe einen Kumpel, durch dessen Vermittlung sei das kein Problem. Siegfried holte nun eine Visitenkarte aus dem Portemonnaie und schrieb auf deren Rückseite den Namen und die Telefonnummer des Freundes auf. Stolz verkündete er: »Berufe dich auf mich, dann hast du keinerlei Probleme, wer weiß, im *Berghain* findest du vielleicht eine Kleine, die zu dir passen könnte.« Gerhard dankte gerührt und behauptete allen Ernstes, es sei das schönste Geschenk, das man ihm habe machen können. Das war auch deshalb so absurd, weil er in dem Laden schon zwei, drei Mal gewesen war und es danach dabei belassen hatte. Für mich schien die Einladung Siegfrieds im übrigen nicht zu gelten, mich bedachte der Würgepater nur mit einem eiskalten Blick.

Gegen Mitternacht verabschiedeten wir uns sehr, wirklich sehr, sehr nett von Gerhards neuem Freund. Leider hatte ich durch meinen Gang aufs Klo einen bedeutenden siegfriedischen Lehrspruch im Originalton verpaßt. Gerhard gab ihn nun auf der Kantstraße in salbungsvollem Ton zum besten, wobei wir beide etwas schwankten und uns vor Lachen bogen. Den genauen Wortlaut der Weisheit habe ich nicht mehr im Kopf, er ging in etwa so: *Ermutige dich, die sorgsame Pflege des Eros mit der Gelassenheit zu verbinden.* Wir atmeten tief durch, dann platzten die Lachsalven nur so aus uns heraus, dazwischen übten wir uns in fröhlichen Abwandlungen der gewichtigen Sentenz: *Lasso flegelt Eros mit Mut ... Sorgpfleg das Lasso mit Esso ... leg mich, pfleg mich, gel mich ... laß mich, faß mich, bind mich ... flegeli, flagela, flegelassassa ...* Stuß natürlich, was sonst.

Als wir am Savignyplatz ankamen, legte Gerhard noch eins drauf. Er kniete sich auf eine Bank, legte die Arme über die Rückenlehne, verschränkte die Finger und betete das Vaterunser mit klitzekleinen Abweichungen: *Vater unser im Himmel / Geheiligt werde dein Name. / Dein Reich komme, / Dein Wille geschehe, / Wie im Himmel, so auf Erden. / Unsern Nonnenmacher schenk uns heute / und gib ihn in unsre Huld / damit auch wir im huldigen. / Und führe uns nicht in Versuchung, / sondern erlöse uns von klaren Gedanken. / Denn dein ist das Reich / und der Saft und die Macht / in Ewigkeit. Amen.* Dabei ließ er es nicht bewenden, sondern stieg auf die Bank und schmetterte in die kühle Nacht hinein: *Du bist mein Stecken und Stab, mir wird an nichts mangeln, denn Du wirst meinen Penis verlängern!* Ein einsamer Mann, der die Kantstraße entlanglief, sah sich erschrocken nach uns um und beschleunigte seine Schritte.

Beißwut

Mit rührseligen und sadistischen Sprüchen à la Nonnenmacher wankten wir bestens gelaunt in Richtung meiner Wohnung, denn wir konnten uns nicht trennen. Marie war zwar nicht sonderlich begeistert über unser Aufkreuzen; als wir ihr versicherten, daß wir jetzt sofort schlafen müßten, bewies sie jedoch Tapferkeit, räumte unser gemeinsames Bett, um für Gerhard Platz zu machen. Sie fragte sogar, ob wir einen Gutenachtkuß bräuchten, Gerhard rief sofort: »Ja, unbedingt!«, bekam den seinen und verfiel augenblicklich in ein dezentes Schnarchen. Marie legte sich im Gästezimmer schlafen.

Als wir morgens aufstanden, war sie schon weg, hatte für uns ein vorbildliches Frühstück bereitgestellt. Ich wußte, daß sie an diesem Vormittag das Schlußplädoyer in einem schwierigen Prozeß halten würde, in der ein Handwerker drei Rentner getötet und sie zerstückelt in ihren Kühltruhen hatte verschwinden lassen, um mit gefälschten Kontovollmachten an ihre weiterhin ausbezahlten Renten zu kommen. (Was ihm unbegreiflicherweise über etliche Jahre hinweg auch gelang.) Sie hatte mir einiges über ihren schweigsamen Klienten erzählt, aus dem sie jedes Wort fast mit Gewalt herausholen mußte. Die Bösen sind entweder gnadenlose Schwätzer oder verstockt, worüber ich mit Marie oft gesprochen habe, die durch ihren Beruf eine außerordentliche Menschenkenntnis besaß. Ich erinnere mich, wie sie meinen Handrücken tätschelte und sagte: »Du bist zwar ein Schwätzerlein, aber nicht durch und durch böse. Hilflose Rentner würdest du jedenfalls nicht abmurksen, in Stücke schneiden und portionsweise in der Kühltruhe verstauen.«

Auch Gerhard hörte sich ihre pikanten Geschichten aus dem Alltag des Kriminalgerichts in Moabit nur zu gern an.

Er besuchte sogar einige Verhandlungen, in denen Marie als Anwältin auftrat. Ich habe das nie getan, weil mir das Gerichtswesen an sich schon derart unheimlich vorkam, daß ich jegliche direkte Anschauung mied. Vielleicht hatte ich zu oft den *Process* von Franz Kafka gelesen und war von der in ein fragwürdiges Jenseits reichenden Verfahrensordnung jedesmal derart aufs neue fasziniert und verängstigt, daß mir der Mumm fehlte, mir einen diesseitigen Prozeß anzuschauen. Vielleicht erschien mir in meinem verzworgelten Hochmut jede irdische Gerichtsbarkeit zu banal, als daß sie es wert gewesen wäre, von mir beobachtet zu werden. Inzwischen finde ich meine Abwesenheit dumm. Marie gegenüber war mein Verhalten fahrlässig und grob. Nachsichtig wie sie war, sah sie in mir vielleicht ein Sensibelchen, das man wie ein rohes Ei behandeln und mit der harten Wirklichkeit nicht konfrontieren durfte. Um so großartiger finde ich es im nachhinein, daß sie mir daraus nie einen Vorwurf gemacht hat.

Gerhard war anders. Er benahm sich freimütig und offenherzig. Und er besaß keine bohrende, sondern eine geschmeidige Art, neugierig auf alles zu reagieren, was ihm vor die Flinte kam. Es paßte zu ihm, daß er verschiedenen Tätigkeiten nachging, mal beriet er jemanden beim Umbau seines Hauses und beaufsichtigte die Handwerker, hin und wieder schrieb er für die Zeitung, dann vertiefte er sich in ein Bühnenprojekt, das in einem Casino spielte und hochamüsant war, aber leider nie zur Aufführung kam. Die längste Zeit arbeitete er für diverse Ausstellungen im Martin-Gropius-Bau. Von seinen Eltern hatte er genügend Geld geerbt, um tun und lassen zu können, was er wollte. Und er ging spendabel damit um. War ich mal knapp bei Kasse, half er sofort. Wenn ich an meinen Freund denke, wird mir einsam ums Herz. Hätten wir nicht zusammen sterben und uns gemeinsam hier oben vergnügen können? Gerhard, ich habe dich geliebt und vermisse dich! Am liebsten würde ich mein Bekenntnis so laut hinausschreien, daß der Himmel davon dröhnt.

Gleich fällt mir noch eine Episode ein, in der meinem Freund eine tragende Rolle zukommt. Sie spielt in unseren frühen Studentenjahren. Wir hatten uns gerade erst kennengelernt, er wohnte in einer Wohngemeinschaft in der Niebuhrstraße und ich in einer in der Mommsenstraße. Beide waren wir nicht glücklich damit, weil die Mitbewohner gesellschaftspolitisch sehr erregt waren und uns ständig Vorhaltungen machten, daß wir die Emanzipation der Frauen nicht genügend würdigten. Ausgerechnet Leni Riefenstahl stand bei ihnen in hohem Ansehen, ihr Heldenkult und die Begeisterung für Hitler wogen da nicht allzu schwer.

Auch ein äußerst entschlossener Genosse der KPD/ML war mit von der Partie. Volker Herold zückte am Frühstückstisch gern das kleine rote Büchlein von Mao Tse-tung, um uns dessen Sprüche zu Gehör zu bringen, die in der Übersetzung blumig und auf verkorkste Weise dichterisch klangen, vermutlich viel harmloser als in der Originalsprache. Das und die erhobenen Zeigefinger bei jedem Befreiungsthema gingen uns so auf die Nerven, daß wir beschlossen zusammenzuziehen. Bald teilten wir uns eine Wohnung in der Nestorstraße, in der es sehr gesellig zuging, weil wir öfter zusammen kochten und dazu Leute einluden.

Eines Abends war Gerhard ziemlich bekifft. Erst begutachtete er die Zähne meiner Hündin, indem er ihre Lefzen hochzog – Issi ließ sich das seelenruhig gefallen. Dann baute er das Thema *Zähne* aus. Es ging ihm um die *Beißwut*, insbesondere darum, welchen deutschen Politiker man in die Hand beißen sollte. Issi war dafür allerdings völlig ungeeignet. Für den Altnazi Filbinger hatte er einen zupackenden Biß in die rechte Juristenhand in petto, der gleich den Stinkefinger abtrennte. Unser Schönling Erich Mende mit dem welligen Haar, der die Wehrmacht so gern verherrlichte, sollte von einem weiblichen Vampir mit spitz zugefeilten Zähnen verarztet werden. Aber auch Willy Brandt, den wir eigentlich mochten, blieb nicht verschont. Für ihn sah Gerhard einen Zartbiß in den Handteller vor, mitsamt rotem Kußabrieb von einer neckisch alkoholisierten Amüsierdame. Beim noch jungen, aber damals schon stattlich beleibten Helmut Kohl wurde es schwieriger. In seinem Fall kamen wir erst richtig in Schwung, und die Vorschläge reichten von einem schwer abzuschüttelnden Liliputaner bis zu seiner starkzahnigen Hannelore, die wechselweise in Kohls solid befleischte Linke bissen.

Tempi passati. Im nachhinein kommen sie mir herrlich unbeschwert vor. Zwar war die Stimmung manchmal getrübt, denn im Hintergrund lauerte immer noch die Gefahr eines möglichen Atomkrieges zwischen den Supermächten USA und Sowjetunion. Sie schürte unsere Ängste, aber ansonsten ging's uns prächtig. Kurioserweise hatte ich in den wabernden Phantasien rund um den Krieg der Kriege mehr Angst um meine elend verstrahlte Issi als um mich selbst.

Vor Gerhards Auszug aus der Niebuhrstraße hatten wir allerdings mit unserem Maoisten noch ein spezielles Erlebnis, und zwar in Kreuzberg. Er besuchte mit Vorliebe eine Kneipe in der Gneisenaustraße, um besser mit dem Berliner Proletariat bekannt zu werden. Wir saßen zu dritt am Tisch, Volker stand auf, um sich noch ein Bier am Tresen zu holen. Dort stand einer seiner geschätzten Proletarier, der einen Schäferhund an der Leine hatte. Mir war sofort klar, daß der Hund ziemlich aggressiv war und man sich ihm besser nicht nähern sollte, zumal er schon bei Volkers Anblick damit begonnen hatte, zu knurren und die Zähne zu fletschen. Irgendwie kapierte der Hund, daß dieser Mann nicht in sein Revier gehörte. Aber unser Volker ließ nicht locker. Unbedingt wollte er aus ihm auch einen Maoisten machen, ging langsam auf den Hund zu und starrte ihn dabei fortwährend an, das Dümmste, was man mit einem gereizten Tier tun kann. Ich war schon dabei, aufzustehen, um ihn davon abzuhalten, sich ihm weiter zu nähern, doch da wurde Gerhard plötzlich scharf. Er packte mich am Ärmel und hielt mich zurück: »Laß ihn! Der braucht eine Lektion!« Die erfolgte Sekunden später. Der Hund sprang an ihm hoch und biß ihn in den Oberschenkel. In Windeseile wurde unser tapferer Kämpfer zum Jammerlappen und rief weinerlich, er verlange eine Entschädigung. Sofort schlossen sich einige seiner geliebten Proletarier hohnlachend um ihn, bis wir ihn aus dem Verkehr zogen und ins Auto verfrachteten.

Auf dem Weg ins Urban-Krankenhaus greinte er unentwegt vor sich hin. Wir lieferten ihn an der Rettungsstelle ab, damit man sich dort um seine Wunde kümmerte. Die Wunde heilte, die KPD/ML existierte bald nur noch in bedeutungsloser Schrumpfform. Wie lange unser Volker den Maoisten die Stange hielt, wußten wir nicht. Nach dem Biß hatte sich der Kontakt zu ihm verloren. Erst Jahrzehnte später erfuhren wir, daß er sich in rechtsradikalen Kreisen bewegte und sich einem ehemaligen Soziologieprofessor angeschlossen hatte, dessen Reden mit Worten wie *Überfremdung* und *Auschwitz-Lüge* garniert waren. Sie setzten die flackernden Hoheitszeichen der Provokation und legten die eigenen Eltern, die sich dem Kult des Nationalsozialismus ergeben hatten, in ein gemütvolles Andachtsbettchen.

Leider ist mir kein gemütvolles Bettchen bereitet. Mein klägliches Hoheitszeichen scheint sich jetzt zu krümmen und zu biegen, um mich in die Sphäre der Umnachtung zu verfrachten, in der die Worte ihre Bedeutung verlieren, weil sie in der radikalen Verlassenheit nicht mehr imstande sind zu tönen.

Kreuzberger Abenteuer

Nacht, wieder Nacht, aber eine andere. Die Morgendämmerung zieht schon herauf. Es ist immer noch sehr warm. Diesmal hat es mich nach Kreuzberg verschlagen, ich schwebe über der Decke der Markthalle, und da ist bereits einiges los. Lieferwagen fahren an den Eingang heran, Obst- und Gemüsekisten werden entladen. Ein Fleischer und sein Gehilfe schaffen Rinderhälften in den großen Raum. Zu der Halle sind Gerhard und ich früher oft gefahren, weil hier schon in den frühen siebziger Jahren das Angebot von Fleisch und Gemüse viel besser war als in den normalen Läden in Wilmersdorf und Charlottenburg. Das lag an den türkischen Händlern, die in der Markthalle ihre Stände aufgeschlagen hatten. Bei einem von ihnen kauften wir immer ein. Salman Atasoy war ein schmaler, freundlicher Mann, der ausgezeichnete Waren anbot. Es dauerte nicht lang, da kam Gerhard mit ihm ins Gespräch, fortan hielten sie immer einen ausgiebigen Schwatz, und Salman servierte uns beiden zuckersüßen Tee. Salman sprach ziemlich gut Deutsch, er war mit seiner Frau und den beiden kleinen Kindern bereits vor einigen Jahren von Ankara nach West-Berlin gezogen.

Gerhards Begeisterung für Salmans Obst und Gemüse hatte aber noch einen anderen Grund. Besonders an den Wochenenden bediente die Tochter der Atasoys am Stand, ein Mädchen wie aus *Tausendundeine Nacht*. Sie war großgewachsen, war schlank, hielt sich sehr gerade, hatte feine Gesichtszüge und riesige dunkle Augen. Damals waren die Köpfe der Türkinnen eher selten von Tüchern umhüllt. Leyla trug ihr leicht gelocktes schwarzes Haar aufgesteckt, sie sprach ausgezeichnet Deutsch, war flink bei der Sache, vor allem aber liebte sie es, sich mit Gerhard zu unterhalten. Obwohl sie auch mir höflich zugewandt war, interessierte sie sich für mich deutlich weniger.

Nach einiger Zeit wollte sich Gerhard nur noch am Wochenende dort herumtreiben. Leyla hatte es ihm angetan. Der Vater blieb sehr freundlich, es konnte ihm nicht verborgen geblieben sein, daß es zwischen seiner Tochter und dem Deutschen ordentlich gefunkt hatte. Einige Monate waren vergangen, Gerhard fuhr nun meistens ohne mich nach Kreuzberg, weil ich einen Wochenendjob in einer Kneipe angenommen hatte. Dann war es soweit. Salman lud ihn zu sich nach Hause ein. Das Ganze hatte einige Tage Vorlauf, so daß Gerhard ausgiebig Zeit hatte, sich darauf vorzubereiten. Selten habe ich ihn so aufgeregt erlebt. Hin und her überlegte er, was er als Gastgeschenk mitbringen könnte. Nicht aufdringlich, nicht kleinlich, nicht zu konventionell sollte es sein.

Offenbar traf er die richtige Entscheidung. Gerhard besaß ein ausziehbares Papiertheäterchen aus dem 19. Jahrhundert, das den Park von Versailles, eine Wasserfontäne, im Hintergrund das Schloß und im Vordergrund Marie Antoinette als Schäferin inmitten einer Herde von Schafen zeigte. Zusammengefaltet steckte das zauberhafte Ding in einer marmorierten Kartonhülle, die an sich schon vielversprechend aussah. Natürlich war das gute Stück für seine Angebetete bestimmt, der Mutter überreichte er einen Strauß dunkelroter und weißer Rosen.

Leider war ich nicht Zeuge des großen Ereignisses. Gerhard schilderte mir die Begegnung in allen Einzelheiten, er war so erfüllt von seinem ungewöhnlichen Abenteuer, daß es mir allmählich lästig wurde, ihn ständig davon reden zu hören. Es war klar, daß er mit Leyla nicht einfach wie gewohnt eine Affäre würde anfangen können. Hier ging's um alles oder nichts, also um die Ehe. Gerhard war drauf und dran, sich in dieses Wagnis zu stürzen. Marie brachte es besser fertig als ich, zur Vorsicht zu mahnen, um ihn von einem unkalkulierbaren Entschluß abzuhalten.

Doch dann funkte das Schicksal dazwischen. Gerhards Lieblingsonkel war in Buenos Aires gestorben und hatte ihm dort im meistenteils von Deutschen bewohnten Viertel von Belgrano R ein stattliches viergeschossiges Haus vermacht. Und wieder einmal zeigte sich, daß Gerhard ein Glückspilz war. Kurz bevor der Peso ins Bodenlose abrutschte, schaffte er es, das Haus für eine ordentliche Summe zu verkaufen. Stolzgeschwellt kehrte er nach vier Monaten als vermögender Mann mit einigen erstklassigen Antiquitäten aus der Wohnung seines Onkels, die er per Schiff hatte verladen lassen, nach Berlin zurück.

Keineswegs hatte er Leyla vergessen. Als wir uns am ersten Samstag nach seiner Wiederkehr zusammen nach Kreuzberg aufmachten, war alles anders. Nur der Sohn war am Verkaufsstand anzutreffen. Salman war an einem Hirnschlag gestorben, und Leyla hatte sich inzwischen mit einem türkischen Geschäftsmann verbunden, in dessen Haus in Köln sie und ihre Mutter bereits im Begriff waren zu ziehen.

Meinen Freund traf es hart. Just in dem Moment, wo er finanziell unabhängig geworden war, hatte er Pech in der Liebe. Er hat Leyla nicht wiedergesehen. Allerdings ist Gerhard nie ein Freund von Traurigkeit gewesen. Rasch erholte er sich von dem kleinen Schock, der ihm beigebracht worden war, und tröstete sich mit einer komplizierten Germanistik-Studentin namens Isabell, die Leyla äußerlich ein wenig ähnelte. Zum Ausgleich bandelte er auch mit der tatkräftigen Rosmarie an, einer starkknochigen Blondine, die ihm wenig Scherereien bereitete. Sie war Künstlerin und von ihrer Arbeit sehr in Beschlag genommen. Ihr Spezialgebiet? Ameisen! Rosmarie ließ die Viechlein über große weiße Papierbögen laufen und zeichnete hinter ihnen her die Wege auf, die sie nahmen. Dabei

füllten sich die Blätter mit einem Gewirre dünner Strichver-
läufe, aus denen Rosmarie die besonderen Ticks und Bega-
bungen ihrer Ameisen herauslas, die sie als Beiwerk in zarten
Lyrismen kommentierte.

Ich konnte das tatkräftige Liebesgeschick meines Freundes
nur bewundern. Kam er mit der einen nicht weiter, ging's
flott mit einer anderen voran. Dabei verhielt er sich keineswegs oberflächlich oder gar grausam. In den Momenten, in
denen er sie begehrte, liebte er die Frauen mit großer Hingabe
und Feingefühl. War die Sache erledigt, vergaß er sie ebenso
schnell. Doch das Außerordentliche daran war, daß ihm die
meisten Frauen seine Wechselspiele nicht verübelten und
ihn in guter Erinnerung behielten.

Hochhaus

Wieder bin ich spätnachts unterwegs. Der Himmel ist schleierdurchzogen, der Mond dünn. Meine Einsamkeit spüre ich stärker als je zuvor. Laut möchte ich rufen: Jemand da? Der mich hört? Wirklich keiner da, der meine Gedanken vernimmt? Kein Retter, kein Tröster, kein Freund, wirklich niemand? Inzwischen bin ich soweit, daß ich mir einen zornentbrannten Feind herbeiwünsche, der mir zusetzt und meiner Angst Gestalt verleiht. Dann müßte ich die verbliebenen Kräfte sammeln, wir würden uns zanken und andonnern, womöglich würde ich dadurch aus der Unsichtbarkeit gerissen und wenigstens als schattenwerfende Gestalt an den Hauswänden entlanggeistern. Ein Schattenkampf mit einem Feind, dazu vernehmbares Kriegsgeschrei, das wär's!

Sogar ein eiskalter himmlischer Ankläger, der mir Geständnisse erpreßt, die ich sofort widerrufe, wäre mir lieber als das radikale Alleinsein. Völlig absurd ist überdies, daß ich hin und wieder meine trockenen Lippen spüre und den Drang, etwas Salbe aufzutragen. Es bereitet Mühe, mich darauf zu besinnen, daß meine Lippen inzwischen völlig verschrumpelt sein dürften. Falls sie überhaupt noch vorhanden sind, wären sie mit Salbe gewiß nicht mehr zu konservieren.

Doch – sieh mal. Wie kommt das Mädchen aufs Dach? Ganz allein? Warum sitzt sie auf der Dachkante eines Hochhauses in der Rochstraße? Eine Haarbürste ragt aus ihrer hinteren Hosentasche. Kurioserweise hebt sie jetzt den Zeigefinger, als müsse sie der Welt eine bedeutende Mitteilung zukommen lassen, biegt ihn und streckt ihn, biegt ihn wie Bambus, in den der Wind fährt und gleich darauf von ihm abläßt. Nun hält sie die ineinandergeschlungenen Hände vor den Mund und kichert in sie hinein. Das wilde Ausschlagen der

Beine zeigt an, daß ein Tumult in ihr tobt. Außerdem sitzt sie bedenklich weit vorn auf der Kante, die Hälfte ihrer Schenkel ragt über das Dach hinaus.

Dabei spielt ein Lächeln um Mund und Augen, dann wieder runzelt sie die Stirn, als müsse sie sich auf etwas unendlich Schwieriges konzentrieren. Sie hat Knöpfe in den Ohren, von denen sich ein oben gegabeltes Schnürchen zu ihrem Handy windet, das sie neben sich gelegt hat. Ich kann hören, was sie hört, einen Song, der mir bekannt vorkommt. Mir fällt sogar ein, daß er von Robert Forster stammt und *Demon Days* heißt:

> In these demon days
> We're pulling our pay
> The lights on the hill
> Are freezing us still
> The fingers of fate stretch out
> And take us to a night
> But something's not right
> Something's gone wrong …

Woher ich den Wortlaut weiß, ist mir allerdings schleierhaft. Zwar kommt es mir so vor, als hätte ich den Song schon mal gehört, aber sicher bin ich mir da keineswegs.

Eine Krähe hat die Regenrinne als Sitzwarte erkoren und scheint das Mädchen zu beobachten. Jetzt hüpft sie aufs Dach und schreitet militärisch an der Kante entlang. Sie entfernt sich, kehrt um und schreitet mit leisem Krakra auf das Mädchen zu. Ich glaube zu hören, wie sie ruft: Na los doch, quäl dich nicht länger. Bring's endlich hinter dich! Unmöglich. Das kann nicht sein. Es muß sich um eine Täuschung handeln. Aber das Mädchen dreht den Kopf in Richtung Krähe und hört aufmerksam zu. Jetzt schaut sie mit einem langen, vielsagenden Blick in meine Richtung, als könne sie mich sehen und meine Gedanken verstehen. Dann schaut sie kurz nach oben – und zack! ist sie weg.

Tief geht es hinab. Ich beeile mich, hinterherzukommen, und merke wieder mal, wie nutzlos ich bin. Das Mädchen kann ich nicht auffangen. Mit dumpfem Schlag trifft der Körper auf den Stein. Nun liegt sie verrenkt da, mit dem Gesicht zu Boden, eine Blutlache wächst unter ihr hervor. Bestimmt ist so ziemlich jeder Knochen im Leib gebrochen. Ihre Bürste steckt nicht mehr in der Hosentasche. Etwas weiter entfernt ist sie vor einem Busch gelandet und heil geblieben. Offenbar flog die Krähe uns hinterher, sie interessiert sich für das Unglück und umrundet die Tote mit – fast bin ich versucht zu sagen: gezierten Schritten, als müsse sie erst noch überlegen, ob es einen Weg geben könne, sich über das Fleisch des Leichnams herzumachen. Für einen Zartbesaiteten wäre das der Moment, um zu kotzen. *Müde bin ich, geh zur Ruh* – ich gehe eine Reihe lieblicher Wörter durch, die mich den Anblick leichter ertragen lassen. Ich bin leer. Zu nichts zu gebrauchen. Der einzige Moment, in dem ich vielleicht die Möglichkeit gehabt hätte, auf die Gedanken eines lebendigen Menschen einzuwirken, ist wirkungslos verstrichen. Vermutlich bin ich auch als Toter der kraftlose Schwätzer, der ich früher immer gewesen bin. Nicht einmal in einem Zustand, der mich in die Schwärze der empfindsamen Entzogenheit befördert hat, gelingt es mir, mich so ins Leid eines anderen zu versetzen, daß ich dessen Bitterkeit auskosten könnte. Ich habe keinen Wert. Meinesgleichen hat keinen Wert. Unsere vergangenen Siege wie die vergangenen Wehwehchen sind bedeutungslos. Diese Nacht lächelt mich traurig an wie keine einzige je zuvor.

Den Sturz scheint eine Gruppe von Passanten beobachtet zu haben. Wahrscheinlich haben sie die Polizei gerufen, denn ein Streifenwagen mit Blaulicht biegt gerade um die Ecke.

Der Wagen hält bei laufendem Motor, zwei Polizisten rennen zur Unglücksstelle, einer betastet den Körper und nickt, der Kollege telefoniert. Die Passanten haben sich genähert, bleiben jedoch auf Distanz, so daß sie von den Polizisten nicht zurückgedrängt werden müssen. Einer von ihnen will Fotos mit dem Handy schießen, aber seine Begleiterin legt ihm die Hand auf den Arm, dann läßt er die Kamera wieder sinken.

Die Krähe hat sich inzwischen ein wenig entfernt, aber sie hält unentwegt Ausschau nach dem toten Körper. Die Polizisten wiederum schauen am Gebäude hoch, um zu erkunden, von wo aus das Mädchen gesprungen sein mag. Die Bewohner des Hauses scheinen nichts mitbekommen zu haben. Nur vier Fenster sind erleuchtet, aber von dort streckt niemand den Kopf heraus, um nachzusehen, was unten los ist. Einer der Polizisten geht jetzt auf die Passanten zu und fragt, was sie gesehen haben, dazu notiert er ihre Adressen. Die Leute wissen aber nur, daß das Mädchen von weit oben herabgefallen ist. Ich hätte natürlich genauer Auskunft geben können. Der andere Polizist sucht in den Taschen des Leichnams nach einem Ausweis, scheint aber nichts zu finden. Nachdem ein Krankenwagen herangefahren ist und zwei Männer die Leiche abgedeckt und auf einer Bahre fortgeschafft haben, fliegt die Krähe weg, und ich will mich ebenfalls davonmachen.

Aber es geht nicht. Ich fühle mich bereits schwach und ermüdet, wie leergeblasen. Eine Macht, die nicht von mir ausgeht, läßt mich auf die Stelle starren, die sich vom Blut dunkel verfärbt hat. In ruhelosem Verharren erleiden meine Gedanken eine Niederlage nach der anderen, bis sie sich aufgezehrt haben.

Blütenjubel

Nacht zwar, aber noch früh. Ein riesiger Fernseher läuft in einem winzigen Wohnzimmer. Soweit ich mich an das erste Programm erinnere, muß es knapp vor zwanzig Uhr sein. Ich habe keine Ahnung, wo ich gelandet bin, erst recht nicht warum. Hier sieht's ziemlich chaotisch aus, Kleidungsstücke sind überall verstreut, Rock, T-Shirt, Bluse, BH, Strümpfe, Unterwäsche liegen auf dem Boden oder sind über einen Sessel geworfen, auf der Konsole neben dem Fernseher liegt ein Handtuch.

Die *Tagesschau* beginnt. Die türkische Lira ist ins Bodenlose abgerauscht. Erdogan hat seinen Schwiegersohn, der wie ein stirnrunzelndes Bübchen mit angeschminktem schwarzem Bart wirkt, zum Chef der Finanzbehörde gemacht, sein eigen Böcklein zum Gärtner, das weisungsgemäß von der Unabhängigkeit der Zentralbank daherplappert. Mich geht das nichts mehr an, das ist einer der wenigen Vorteile, die man als Toter genießt, aber es interessiert mich trotzdem – wenigstens ein bißchen. Aus abgeschiedener Ferne wirkt's wie ein absurdes Theater, in dem abwechselnd stoisch herumsülzende Krankenwärter und Tobsüchtige zu Wort kommen.

Eine Frau rennt ins Zimmer, barfuß, in Shorts und Unterhemd. Sie telefoniert hektisch, den Kopf mit den blondierten Strähnen hält sie schiefgelegt, reißt ihn dann wieder hoch, läuft aufgeregt hin und her, ihre Sätze überschlagen sich, schon ist sie wieder draußen im Gang oder anderswo. Sie redet auf einen Mann ein, der Max heißt, soviel habe ich mitbekommen, vermutlich ist er ihr Freund. Ich bleibe lieber vor dem Fernseher hängen. Erdogan verkündet ein nagelneues Wirtschaftsmodell und fordert seine Landsleute auf, sich von ihren gehorteten Dollars zu trennen. Die werden natürlich einen Teufel tun. Wie üblich sticht sein amerikanischer Widerpart mit ausgestrecktem Arm und Zeigefinger nach den chinesischen, türkischen und europäischen Feinden. Komischerweise tröstet mich der Stuß, der da geboten wird. Unternehmen mögen kollabieren, Politiker geifern, aufgehetzte Meuten aufeinander einschlagen, der Aktienmarkt einbrechen – für mich ist das nur eine bösartige Komödie, die zu meiner Belustigung aufgeführt wird. Ich komme darin ja nicht mehr vor und bin für nichts mehr verantwortlich. Vielleicht ist es manchmal gar nicht so schlimm, tot zu sein. Für einen einzelnen gedemütigten und verzweifelten Menschen, dessen Drama sich vor meinen Augen abspielt, kann ich gerade noch Mitleid aufbringen, für alle anderen, und das sind ja immerhin Milliarden, nicht.

Für die hysterische Frau, die nun wieder lauthals telefonierend ins Wohnzimmer rennt, gewiß nicht. Allein die Stimme kann einen auf die Palme bringen, wenn sie im Eifer das *Fick dich, fick dich* immerzu wiederholt. Ihr Max am anderen Ende der Leitung scheint keinen Pieps zu sagen, vielleicht hat er sein Telefon auf den Tisch gelegt und ist in die Küche gegangen, um sich ein Bierchen zu genehmigen. Gottlob ist die Frau gerade wieder aus dem Zimmer gestürmt. Mit aufgeregten Quenglern und unentwegten Quasslern bin ich früher ähnlich verfahren, eine sehr entspannende Übung, die ich jedem empfehlen kann. Nervensägen ins Leere laufen lassen, ist das Beste, was man tun kann. Wehe, man widerspricht ihnen oder versucht, sie zu begütigen, dann geht die Leier wieder von vorn los. Die meisten sind natürlich hartnäckig und rufen wieder an, wenn man auflegt.

Damals gab es noch keine Handys, von denen man ablesen konnte, wer gerade anruft. Man nahm also den Hörer ab. Störenfriede konnte man nur abwimmeln, indem man auflegte. Um das wiederholte Geklingel zu dämmen, nahm ich einen alten Kannenwärmer aus der Küche, den ich von Tante Gerda geschenkt bekommen hatte, und stülpte ihn über den Apparat. Meine Kannen mußten zwar nicht gewärmt werden, aber als Schalldämpfer bewährte sich die von der Tante liebevoll mit Blümchen bestickte Polstermütze hervorragend. Es machte sogar Spaß, mir vorzustellen, daß die Nervensägen jetzt einen Kannenwärmer meiner rüstigen Tante anpflaumten, die inzwischen auf die neunzig zuging.

Selten mußte ich davon Gebrauch machen, in einem Fall allerdings wochenlang. Da wurde ich von einer alten Flamme verfolgt, die binnen weniger Tage zu einem schwarzen Streichholzkopf abgebrannt war. Natürlich gab es auch damals schon Männer, die Telefonterror praktizierten. Weil sie manchmal zum Messer greifen, sind sie gefährlicher als Frauen, die diese unselige Marotte pflegen. Von einem Mann wurde ich allerdings – *naturgemäß*, wie Thomas Bernhard immer so schön sagte – nie verfolgt. Dafür von einer ins Telefon mal schreienden, mal wimmernden, mal um Gnade bettelnden Geisteskranken, die mir versprach, ich könne alles mit ihr tun, sie schlagen, würgen – nein, sie sagte nicht *abstechen*, sondern *abmessern*. Dann wieder drohte sie mir, sie würde in meine Wohnung eindringen und sich in meinem Bett die Pulsadern aufschneiden. Da erst merkte ich, daß sie mir tatsächlich den Zweitschlüssel geklaut hatte, worauf ich sofort den Schlüsseldienst kommen und mir ein Stangenschloß einbauen ließ.

Im übrigen hat sich Freund Gerhard auch in dieser trüben Angelegenheit bewährt. Er hatte mich davor gewarnt, mit der verrückten Brigitte etwas anzufangen. Offenbar kannte er sie besser als ich. Weil ich nicht auf ihn hörte, hatte ich den Salat. Von ihm stammte übrigens auch die Empfehlung, den Kaffeewärmer von Tante Gerda zu meinem Schutz übers Telefon zu stülpen. »So erstickt sie an sich selbst«, sagte Gerhard, »aber mach dich darauf gefaßt, es kann dauern.« Es dauerte immerhin knapp vier Wochen, in denen sie mich ununterbrochen anrief und einige Male vor der Haustür abpaßte, mich an der Jacke packte, abwechselnd anschrie und winselte. Ich schlug ihren Arm weg und kletterte möglichst rasch in meinen Käfer, einmal rannte sie mir auf der Straße noch etliche Meter hinterher.

Diesem Monstrum bin ich erst Jahre später wieder begegnet, da war ich längst mit meiner Marie zusammen. Es blieb bei zwei, drei kargen Sätzen, und ich wunderte mich bloß, wie unheimlich die Frau inzwischen aussah, obwohl sie lächelte und lächelte und mir sehr, sehr lieb guten Tag sagte. Ich war überrascht, daß sie noch lebte und sich nicht längst die Pulsadern aufgeschnitten hatte.

Die *Tagesschau* ist inzwischen bei einem harmlosen Ausklang angelangt, einem englischen Garten, der einen wichtigen Preis für die Gestaltung von Beeten, Büschen, Bäumen und allerlei Gerank bekommen hat. Das raffinierte Arrangement, gemixt aus dunklerem Laub, durchsetzt mit hell jauchzendem Blütenjubel, ist spektakulär. Der Kontrast zu der fürchterlichen Wohnung, in der ich mich befinde, könnte kaum größer sein. Als müsse sie das schöne Bild, das ich gern noch eine Weile mit mir forttrüge, unbedingt zerstören, rennt die Frau wieder ins Wohnzimmer: »... Arschloch du, du blödes verficktes Arschloch, was glaubst du, mit wem du's zu tun hast ...« (wenn Max kein Trottel ist, müßte er's wissen) »... glaub ja nicht, daß du mit dem Scheiß davonkommst ...«

Und so weiter und so fort, der Wortschatz der falschen Blondine ist nicht sonderlich groß, obwohl es herrliche Wörter gibt, mit denen man einen Mann bis aufs Blut reizen kann: *Angstarsch, Schisser, Fingerbiebche, rammdösiger Fadian, Flennmaxe, Furzkrüppel, Furzficker, Flappwicht, Feiglaps, falscher Fuffzcher, Kotzknochen, Waschlapp, Fracksauser* (Gerhard hat mir anvertraut, daß er mal von einer scharfen Rothaarigen mit den Worten beschimpft wurde: *dein Pimmel kriegt ja schon das Fracksausen, wenn er bloß in meine Nähe kommt,* was ihn offenbar ziemlich amüsiert und nicht davon abgehalten hat, mit ihr über ein Jahr zusammenzubleiben). Doch wer weiß, vielleicht ist es besonders einprägsam, wenn man mit den immerselben Sätzen auf jemanden eindrischt. Der Feind kriegt dann Probleme mit einem Ohrwurm, den er nicht so schnell wieder loswird. Inzwischen läuft die Frau wie eine gefangene Ratte im Gang hin und her.

Es wird Zeit, daß ich verschwinde, gerade stürmt die Wutbraut wieder herein. Weg bin ich, vor der Haustür studiere ich noch das Klingelschild. Unfreiwillig war ich zu Gast bei *Nicole Brenner.* Wobei mir wieder Tante Gerda in den Sinn kommt. Sie war die ältere Schwester meiner Mutter, blieb unverheiratet und hatte keine Kinder, war erheblich klüger und spitzzüngiger als die Mutter. Da sie nie verheiratet war, hatte sie den Familiennamen beibehalten – nicht Brenner, sondern *Brennmeister.* Mit Feuer hatte sie wenig zu tun, eher mit Wasser. Tante Gerda arbeitete beim Gartenbauamt und war insbesondere für den Stuttgarter Schloßpark zuständig. Mit den Bäumen und den wechselnden Bepflanzungen kannte sie sich genau aus. Weil sie in einer kleinen Wohnung in Sillenbuch ohne Zugang zu einem Garten eingepfercht lebte, zog sie in ihrer Klause Unmengen von Grünzeug. Als Kind kam mir ihr Zuhause wie ein Urwald vor, es fehlten nur die Papageien, die herumschrien und herunterkackten, und es fehlten die Affen, die sich von Ast zu Ast hangelten.

Eine Zeitlang war ich fest davon überzeugt, daß eine gefährliche fleischfressende Pflanze bei meiner Tante lebte, die nicht nur Fliegen fing. Sie hatte große weiße Blüten, und innen leuchtete ein roter Fleck, der wie Blut aussah. Wenn man den Finger in die Blüte steckte, schnappte sie zu. Womöglich war sie sogar in der Lage, einen kleinen Buben mit Haut und Haar zu verschlingen. Daß einige Pflanzen Fleisch fraßen, indem sie ihre Beute mit duftendem Leim anlockten und dann die Blütenblätter über ihnen schlossen, um sie in aller Ruhe zu verdauen, hatte ich im Fernsehen gesehen.

Als ich der Tante von meinen Befürchtungen erzählte, beruhigte sie mich. Sie besaß nur harmlose Orchideen, die niemandem etwas zuleide taten. Aber nicht viele Menschen verstanden sich darauf, diese schwierigen Pflanzen zu züchten. Ohne Frage, Tante Gerda war intelligent. Ein typischer Fall zur damaligen Zeit: eine Frau mit zu geringer Ausbildung, als daß sie einen Beruf hätte ausüben können, der ihren Fähigkeiten entsprochen und ihr mehr Geld eingebracht hätte. Unter anderen Bedingungen wäre aus ihr eine exzellente Gartenarchitektin geworden, denn sie besaß ästhetisches Feingefühl und war eine Kennerin der Botanik. Ihr großer Traum, sich auf eine Reise zum Amazonas zu begeben, um von dessen Ufern aus die Pflanzenwelt zu erkunden, wurde leider nie erfüllt. In meinen Berliner Jahren habe ich meine Tante immer als eine späte Seelenverwandte Alexander von Humboldts gesehen. Sie war neugierig, unerschrocken und verfügte über eine präzise Beobachtungsgabe. Auch schrieb sie ziemlich gut. Ihre Schrift war gestochen scharf. Ich mochte sie sehr, schon als Kind hatte ich mir gewünscht, bei ihr aufwachsen zu dürfen und nicht bei meiner nörgeligen Mutter.

Es war offenkundig, daß sie auf ihre jüngere Schwester herabsah. Tante Gerda hielt meine Mutter für naiv, wenn nicht dumm. Zwar rückte sie mit ihrem Urteil nicht klar heraus, aber mir war spätestens ab der Pubertät klar, daß sie meine Mutter insgeheim verachtete. Das bezog sich auch auf meinen Vater, den sie sogar für … doch ausgerechnet jetzt, wo ich den Mut aufbringe, mir wichtige Erinnerungen unverstellt ins Gedächtnis zu rufen, stellt sich ein unangenehmes Gefühl ein. Ich torkele planlos herum, als hätte ich eins aufs Dach gekriegt, die Aufmerksamkeit schwindet, und ich bin weg.

Frauen, Frauen, Frauen

Das Wetter ist spätsommerlich, schon fegt es die ersten braun-
gewordenen Blätter von den Bäumen, und es ist bereits dunkel. Die Uhr am Roten Rathaus steht auf acht Uhr siebzehn
abends. Ich fliege ein bißchen herum, sehe mir von oben den
Verkehr an. Am Engeldamm, unweit vom Gewerkschaftshaus,
steht ein kleineres Gebäude, aus dem merkwürdige Laute
dringen. Die oberen Kippfenster im ersten Stock sind geöffnet, helles Licht füllt einen größeren Raum. In ihm hat sich
eine Schar Frauen vor einer Seminarleiterin versammelt. Die
Frauen stehen im Halbkreis und sind mit Lockerungsübungen beschäftigt. Als müsse sie einen Chor dirigieren, hebt
die Anführerin die Arme und gibt das Kommando: »Und
los!«

Die Frauen reißen ihre Münder auf, halten sich die Bäuche
und fangen an, sich zu krümmen, während zunächst Geki-
cher ertönt, dann aber Lachsalven aus ihnen herausplatzen.
Sie werden immer lauter, eine jede scheint die andere mit
noch stärkerem Kraftlachen übertrumpfen zu wollen. Bei einer älteren Dame mit einer engen Goldkette, die sich in eine
Halsfalte gegraben hat, und großgliedrigen Goldarmbändern
an den Handgelenken steht der Mund weit offen, sie lacht geradezu markerschütternd und rasselt dazu mit den locker sit-
zenden Armbändern.

Worüber wird da gelacht? Es gibt kein Worüber. Offenbar
handelt es sich um ein Lachtraining. Eine blasse junge Frau
mit roten Strähnen im blonden Haar, die ein T-Shirt mit
der Aufschrift *Fuck you!* trägt, ist schüchtern, sie mimt das Lachen verhalten, krümmt sich ohne Elan, wird von ihrer mus-
kulösen Nachbarin aufmunternd in die Seite gestoßen, bis sie
aus sich herausgeht und ein wenig lauter lacht, was allerdings

immer noch ziemlich mickrig klingt. Jetzt wird die Trainerin auf sie aufmerksam, stellt sich vor sie hin und gibt ihr Kommandos: »Chantal! Krümmen, Strecken, Arme in die Höh, fallenlassen, und los geht's! Mund weit, weit auf, Arme schütteln, Arme an den Bauch ... ja, so ist's gut, fühl deinen Bauch, stütz deinen Bauch, und jetzt lach! Lach! Lach! ... Ganz genau. Genau so, Chantal, lach, lach, bieg dich, krümm dich, lach! Jawohl, gut so, raus damit!«

Die Dirigentin stoppt jetzt das Gelächter. Die Frauen werden in einer Reihe aufgestellt, sie sollen im Gänsemarsch durch die beiden Räume marschieren, währenddessen ihre Arme schütteln und die Köpfe im Nacken drehen. Lockerungsübungen. Die Dame mit dem Goldschmuck geht voran, sie neigt und hebt und dreht den Kopf derart hingebungsvoll und rollt dazu mit den Augen, daß mir angst und bange wird bei ihrem Anblick. In meiner Phantasie fällt der Kopf herab und kollert als Totenschädel über den Dielenboden, dazu ertönt das Gerassel des Schmucks.

Jetzt stellen sich die Frauen wieder im ersten Raum auf und bilden einen zweigeteilten Chor. In ihrem Singsang geben sich die immerselben Sätze als Frage- und Antwortkanon zu hören, wobei die eine Gruppe fragt und die andere auf Zeigebefehl und Geheiß der Dirigentin die Antwort zurückschmettert: »Gibt's was Besseres als Glücklichsein?« »Nein!« »Sind wir jetzt glücklich?« »Ja!« »Lauter bitte: Sind wir glücklich?« »Jaaaa!« »Und was machen wir jetzt? Nun aber alle mal ganz laut zusammen! Also, was machen wir?« »Packen es an!« »Wer packt es an?« »Wir packen es an!« »Und noch mal ganz, ganz laut, und diesmal alle zusammen: Wer packt es an?« »Wir! Wir! Wir packen es an!«

Diese Glücksentschlossenen bereiten mir Unbehagen. Von aufgestachelten Sprechchören, deren Worte in Raserei übergehen, geht immer Gewalt aus, das lehren bereits die antiken

Theaterstücke. Für mich macht es nur einen geringen Unterschied, ob der Chor das Glück herbeizwingen will oder zur Hetzjagd auf Dionysos aufstachelt, um ihn zu zerreißen. Oder ob die Menge Spalier steht und alle wie die Verrückten die Arme hochreißen und kreischen, wenn der Führer in seinem tiefblauen Mercedes an ihnen vorüberfährt. Es ist ja bekannt, daß etliche Frauen bei der Gelegenheit nasse Höschen bekamen. Besser, ich trolle mich wieder, um auf meine abgeblühten Tage hin nicht noch zum Frauenhasser zu werden.

Nun zieht mich ein in warmes Licht getauchtes Fenster in der Zossener Straße an. Das Zimmer ist groß, die Decke hoch, mit allerlei Gipsornamenten bestückt, die in einem zarten Grün gestrichen sind, das sich von der schiefergrauen Deckenfarbe abhebt. An den Wänden reihen sich Bücherregale aneinander, ein Sofa mit mehreren buntgemusterten Stoffen steht an der Wand. Vor dem Schreibtisch sitzt eine kleine Person etwas schief und leicht zusammengesunken im Rollstuhl, offenkundig ein Mädchen. Wie alt sie sein mag, läßt sich schwer schätzen, vielleicht ist sie älter, als sie aussieht, und steckt in einem lädierten Kinderkörper. Ihre großen schwarzen Augen, die wie Kohlen in dem schmalen Kopf stecken, erinnern mich an meine Lieblingsdichterin Christine Lavant, ein Armenhäuslerkind, das winzig und aufgrund einer Rachitis verkrümmt war. Die Lavant hatte mich regelrecht verhext, nicht nur wegen ihrer äußerst schlagkräftigen Dichtung, die auf mich wirkte, als würde ein Tiger im katholischen Gehäus randalieren, sondern auch, weil sie ein Antlitz besaß, das man nicht vergißt, wenn man eine Photographie von ihr gesehen hat. Ganz im Gegensatz zur Lavant wächst dieses Mädchen hier allerdings in einer wohlhabenden Familie auf, die auf schöne Möbel Wert legt. Von ihren Verwandten ist allerdings niemand zu sehen. Die kleine Gestalt im Rollstuhl scheint allein zu sein.

Aus einem CD-Player ertönt die Stimme von Carlos Gardel, der *A media luz* singt, das bezaubernde Lied von einer verschwiegenen Liebe in einem kleinen Hotel mit zugezogenen Vorhängen während der Mittagszeit. Schon als Student war ich vernarrt in seine Art, den Tango zu singen. Wenn ich jemanden beeindrucken wollte, legte ich die Platte mit diesem Lied auf, in der Hoffnung, die schöne, sehr männliche Stimme würde für die gewünschte Stimmung sorgen. Es funktionierte. Meine Begleiterinnen konnten kein Spanisch, deshalb blieb ihnen verborgen, wovon das Lied handelte. Doch auf Gardel war Verlaß. Manchmal kamen wir auf ihn zu sprechen, dann erzählte ich von seinem dramatischen Tod bei einem Flugzeugabsturz, erzählte vom riesigen Trauerzug durch die Avenida de Mayo, zu dem sich Tausende einfanden, die den Nationalhelden bis zum Cementerio de la Chacarita begleiteten, während er als kunstvoll zurechtgemachte Leiche, an der die Bestatter ihr ganzes kosmetisches Können aufgeboten hatten, durch Buenos Aires gefahren wurde – in einer schwarzen Spezialkutsche mit einem ornamentalen Tortendeckel obenauf, sechs Rappen davor gespannt, die ebenfalls schwarze Büsche auf ihren Köpfen trugen. Wahrlich, ein unglaublicher Leichenzug.

Gerhard hat mir später sogar alte Photos von der vorbeifahrenden Kutsche gezeigt, weil sich etliche Verwandte seiner Mutter beim Trauerzug eingefunden hatten. Ich war sehr stolz darauf, daß ich Gardel bereits zu meinem Liebling erkoren hatte, bevor ich Gerhard kennenlernte. Es führte dazu, daß wir bei unserer ersten Begegnung in der öden Mensa der FU bei einem grauenhaft verkochten Nudelessen sofort ein Thema am Wickel hatten, das uns verband. Wir waren uns schnell einig: hocherotische Stimme, erfüllt von der Vergänglichkeit der Liebe, schwarzmagischer Tod. Damit kriegte man die Frauen gekonnt ins Bett.

Ich hab's mehrfach ausprobiert. Mit Gardel klappte es immer. Er wurde zu meinem schwarzgeflügelten Liebesbegleiter, der die Frauen in Stimmung brachte. Mich sowieso. Und hinterher gab's was Wichtiges mit meinem neuen Freund zu besprechen. Gerhard und ich begannen darüber zu fachsimpeln, welches Lied sich am besten eignete, um jemanden zu verführen. Wir einigten uns auf die Auswahl des schon genannten Canto *A media luz*, der auch Gerhards Favorit war, sodann auf *Noche de Reyes*, *Por una cabeza*, *Volver* und *Sus ojos se cerraron*, genau das Lied, das inzwischen im Zimmer des Mädchens erklingt.

Trotz der erstklassigen Musik ist hier kein Verführer in Sicht. Gardels Cantos zelebrieren das Liebesunglück, sie handeln vom Altwerden und nahenden Tod, sind melancholisch, bisweilen zornig, immer schön, seiner Stimme gelingt es mühelos, sich auch bei den Harthörigen einzuschmeicheln. Die Texte sind schlicht, aber alles andere als kitschig, die Empfindungen, die darin zu Wort kommen, wirken echt. Ich frage mich: Was mag dieses Mädchen von der Liebe und dem Tod wissen?

Draußen herrscht Nacht, deshalb brennen im Innenraum zwei Arbeitslampen und vier würfelförmige, mit Japanpapier bekleidete Leuchten, die warmes Licht spenden. Das Mädchen ist konzentriert. Sie sitzt nah am Schreibtisch, schreibt in ihr Notizheft mit klar ausgezogenen Buchstaben, wiewohl ihre Schrift sehr klein ist. Die Zeilen haben einen surrealen Einschlag und sind mir unbekannt. Obwohl sie nach einem englischen Nonsense-Dichter klingen, stammen sie sicher nicht von Edward Lear oder Lewis Carroll, mit denen ich vertraut bin.

Auf den Osterinseln wohnen
Leute, die sich sommers schonen.

Ferner leben auf den Inseln,
Narren, die auf Knien winseln
um ein Weib, ein Ei, 'ne Kröte
oder eine Kupfertröte.
Keine Zeit für Komplimente,
wenn die ersehnten Instrumente
erst in ihren Händen liegen
und an offne Münder fliegen,
um darauf zu intonieren
den alten Song für Herz und Nieren,
den alten Song von Tschittagong! …

Und so weiter und so fort. Das kuriose Gedicht handelt weder von der Liebe noch vom Ruhm, noch von der Schwerlast des Lebens auf der Erde, sondern von einem *Osterinselohm*, der verantwortlich für den Song aus Tschittagong sein soll. Es ist für Leute ersonnen, deren Phantasien liebend gern in den Flugmodus übergehen, Phantasien, die sich um ein Beharren der Gedankengänge auf der planen Ebene des Realismus nicht scheren, sondern sich auf eine schwimmende Insel begeben, um die herum ein Kahn durchs Weltmeer treibt, der den Surrealismus als poetische Fracht geladen hat.

Mich hat die Poesie oftmals stärker in ihren Bann geschlagen als die Prosa. Beim erstmaligen Lesen hat mich Clemens Brentano mit seinem Gedicht *Wenn der lahme Weber träumt, er webe* mitsamt den gebrochenen Wesen, die hinter ihm herträumen, um sich in unbeschadeter Ganzheit zu imaginieren, derart gepackt, daß mir die Tränen aus den Augen schossen – an der Stelle, wo es heißt: *Horch! die Fackel lacht, horch! Schmerz-Schalmeien. Der erwachten Nacht ins Herz all schreien.* Unfaßlich, wie diese Fackel dreinfährt mit ihrem schrillen Gelächter, die Verletzten aus ihrem schönheitstrunkenen Trauertrott des Traums reißt, um sie ins Verderben der grell erleuchteten Wahrheit zu stürzen. Ich kann Brentanos *lahmen Weber* immer noch auswendig, muß dessen Zeilen in ihrem Fortlauf aber in mir selbst begraben und behüten, weil sie die Macht haben, mich in der endgültigen Verzweiflung versinken zu lassen.

Leider war das meiste von dem, was letzthin in deutscher Sprache gedichtet wurde, nicht für mich bestimmt. Zu konstruiert, zu wichtigtuerisch, aber ohne Klang. Kein freiheitlicher Raum für das Entzücken oder die Melancholie tat sich da auf, die umgebrochenen Prosazeilen wirkten auf mich plan, dumpf oder albern, effekthascherisch und zugleich fad. Gottlob sind immer noch Könner am Werk, die mich begeistert haben, Durs Grünbein etwa, Jan Volker Röhnert, Uwe Kolbe und Christian Lehnert. Einmal habe ich einer Lesung von Nora Gomringer beigewohnt, diesem quecksilbrigen und zugleich kraftstrotzenden Naturtalent, das zwar vom Surrealismus und der Konkreten Poesie zehrt, aber elegant und würzig darüber hinauszielt, um ihren ureigenen Sinn zu stiften.

Merkwürdig daran ist nur, daß mir die Namen dieser Dichter mühelos einfallen, während ich mich an den Namen meines Vaters nicht erinnern kann, von dem es auch einen Gedichtband gab, gedruckt von einem rechtsgerichteten Kleinverlag. Titel: *Wollen und Können.* Untertitel: *Zwölf Mitteilungen an die Zeit.*

Eine graugetigerte Katze nähert sich aus dem Nebenzimmer und springt auf den Schoß des Mädchens. Sie krault die Katze ein bißchen und setzt sie dann auf den Tisch unter eine der Lampen, wo sie auch prompt liegenbleibt. Inzwischen hat sie sich ein feines Metallinstrument mit scharfer Klinge gegriffen, um aus einem Bogen tiefschwarzen Papiers den Osterinselohm zu schneiden, der sich Schnitt für Schnitt mit langen Armen aus einer Art Wippe emporhebt. Die Katze hebt bisweilen ihren Kopf und schaut ihr zu, dann legt sie den Kopf wieder hin und schließt die Augen.

Ich bedaure, daß ich mit der fleißigen Schnitterin nicht sprechen kann, und begnüge mich damit, ihr zärtlich über den Kopf zu streichen, eine Annäherung, die sie nicht spürt. Mit einer gewissen Wehmut verlasse ich dieses Idyll. Bei uns zu Hause in Stuttgart gab es weder eine Katze noch einen Hund, nicht mal einen Vogel oder eine Schildkröte. Erst recht keine schönen Gegenstände. Die Möbel in unserer winzigen Wohnung waren häßlich. Darüber jammern sollte ich aber besser nicht. Immerhin konnte ich rennen, ziemlich schnell sogar, und am Tischtennisbrett, das im Keller eines Nachbarbuben stand, war ich unschlagbar. Bis in meine frühen Erwachsenenjahre bildete ich mir ein, daß aus mir ein Weltklassespieler hätte werden können, der die fix hin- und herflitzenden Asiaten mit ihren hinterhältig angeschnittenen Bällen außer Gefecht setzte. Kurioserweise spüre ich jetzt den Schläger in meiner rechten Hand und schmettere einen aus der Tiefe geholten Ball mit solcher Kraft in die Ecke zurück, daß mein Gegner den niemals kriegen wird.

Du fährst schon seit Jahrhunderten
in diesem alten Kahn?

Fragt der Bürgermeister von Riva den Jäger Gracchus. Und
dieser antwortet: *Schon fünfzehnhundert Jahre.* Der Leser weiß
also, der Mann ist ein Phantom. Das läßt sich von mir nicht
behaupten, ich bin erst seit einigen Wochen auf großer Fahrt,
befinde mich auch nicht in einem Kahn oder einer himmlischen Barke und hoffe sehr, daß es mir nicht wie dem berühmten Jäger ergeht, der ohne Erleuchtung und Erlösung
in einer verschwiegenen Endlosigkeit umherfährt – natürlich
mit Ausnahme eines kleinen Wortwechsels in der berühmten
Erzählung von Franz Kafka. Vermutlich sucht der Jäger Gracchus die Nachbarschaft der Engel und findet sie nicht. Wie
ich. Aber auch anders als ich, weil ich die Hoffnung noch
nicht aufgeben will, daß sie sich zeigen werden, wenn die Zeit
dafür gekommen ist.

Aber nicht nur die Engel, auch Franz Kafka wäre mir sehr
willkommen, wenn er denn bereit wäre, mich eines Gesprächs
zu würdigen. Ich dachte immer, er weiß viel, auch wenn er
nicht imstande ist, alles zu sagen. Er weiß, was dahinter liegt,
und hinter dem Dahinter noch unermeßlich weiter hinten.
Von ihm könnte ich Geduld lernen und in die Schule seiner
um die brausende Leere zirkulierenden Witze gehen, die mich
aus der Verstörung katapultierten. Im übrigen – was für ein
Bild, wenn sich die Barke des Jägers dem Ufer nähert, ohne
daß Ruder oder Segel zu erkennen wären. Der Kahn fährt wie
von einem unsichtbaren Seil gezogen heran, und damit ist bereits angedeutet, daß er aus einer anderen Welt kommt als die
Schiffe, die üblicherweise in den Hafen von Riva einlaufen.
Der Ort wird zwar mit Namen aufgerufen, dennoch trägt sich
alles in einem ortlosen Ungefähr zu. Lautlos schwimmt der

Kahn einher, aber sein Kurs ist stetig und die Bedeutung der Fracht immens. Doch alles bleibt ruhig. Aus seinem Gestade ist das Meer nicht herausgetreten, als es diese besondere Fracht in den Hafen geführt hat.

Dieses schwer zu deutende Fragment einer Geschichte, mit der Kafka nicht zu Rande kam, habe ich immer geliebt, warum, weiß ich nicht. Mit meinem Leben hat sie nichts zu tun. In einer ersten Skizze wirft der Jäger dem Frager, der ihn nicht von der Angel läßt, vor, er müsse *eine auserlesen verluderte Jugend gehabt haben*. Nun, meine eigene Jugend mag bisweilen verludert gewesen sein, zumindest was den Konsum von LSD betrifft, aber auserlesen war sie bestimmt nicht, eher gewöhnlich, bedenkt man die damaligen Zeitumstände. Allerdings bin ich wie der Jäger Gracchus ebenfalls im Schwarzwald geboren, in Freudenstadt, was sich zunächst wie ein gutes Omen anhörte. Da blieb ich bis zu meinem fünften Jahr und wurde dann von meiner Mutter nach Stuttgart in eine winzige Wohnung in die Parlerstraße verschleppt. Ihr Mann, den ich ungern Vater nenne, denn ich habe ihn später nur zweimal zu Gesicht bekommen, und beide Begegnungen waren unerfreulich, hatte sich damals bereits davongemacht und sie auch finanziell ihrem Schicksal überlassen. Zum Gemsenjagen wie bei Gracchus kam es ohnehin nicht, sowieso waren die hurtigen Kletterfexe damals im Schwarzwald schon ausgestorben und wurden dort erst sehr viel später wieder angesiedelt.

Es gibt einen wichtigen Satz, den Kafka dem Jäger in den Mund gelegt hat – *Hier bin ich, tot, tot, tot.* Das trifft meine Lage genau. Ich bin da und trotzdem mausetot. Vielleicht aufmerksamer, als ich je in meinem Leben gewesen bin, aber tot. Tot, tot, tot, das könnte ich in einer Endlosschleife vor mich hinsagen. Totzukriegen sind aber nicht meine Gedanken. Inwendig bin ich redefreudig wie Gracchus, der dem Bürgermeister von Riva die verlangten Auskünfte gibt, nachdem man ihn auf seiner Bahre vom Schiff geholt und in ein Schulgebäude getragen hat. Gracchus lebt gewissermaßen und lebt auch wieder nicht, er lebt in einen ewigen Abschiedsmorgen hinein und hat keine rechte Teilhabe am Jenseits. Das Steuerrad kreist von selbst, die Ruder sind zerbrochen, ihn umgibt die Meereseinsamkeit ebenso wie die Landeseinsamkeit. Doch befinden sich zwei Menschen an Bord seines Schiffes, der Bootsführer und dessen Frau Julia, die dem Jäger morgens den Tee bringt.

So gefährlich wie der bekannte Unterweltsfahrer Charon ist dieser Schiffer nicht, und die Frau handelt freundlich. Gracchus wird von ihr umsorgt, er lebt dennoch nicht und kann den endgültigen Tod nicht in der Tiefe des Wassers finden, sein Körper gibt nie ganz auf, sich zu regen, auch nicht, wenn er an Land herumgetragen wird. Das Salz der Meeresluft, das sich auf seiner Haut abgelagert hat, spürt er nicht. Kafkas Jäger wurde auf einen bedeutsamen Todeskahn aufgeladen, kurioserweise mit einem langbefransten Frauentuch bedeckt, so liegt er bis zur Ankunft in Riva in seiner Barke, an die er das Wasser schlagen hört, während sie fährt und fährt, geradeso wie Johnny Depp in der Schlußeinstellung von *Dead Man*.

Doch Gracchus fährt ein, nicht aus. Das große Ausruhen ist noch nicht über ihn gekommen. Seine Ankunft am Hafen ist von einer inhaltsbeladenen Wucht, zugleich gestaltet sie sich bescheiden. Fanfaren ertönen jedenfalls nicht, und es hat sich keine aufgekratzte Menge am Kai eingefunden, um ihn zu begrüßen und seinen seltsamen Zustand zu erkunden. Auch ist nicht gesagt, ob er ursprünglich über den Atlantik oder Pazifik dahergeschwommen kam, das wäre viel zu präzis. Ein umherfahrender Toter hat sich von allen Orten gelöst, deren Namen auf einer Karte eingetragen sind.

Wiewohl im Schwarzwald geboren, stammt der Jäger längst aus dem verschwommenen Reich des Nirgendwo, deshalb ist die Ankunft einerseits spektakulär, andererseits geschieht sie in aller Ruhe. Eben nicht sturmumtost wie beim Fliegenden Holländer, dem sein triebschüssiger Wandel auf Erden leicht anzumerken ist, weil sich sein Anlanden bedrohlich aus der flutenden Schwärze des Meeres emporhebt. Kafkas Stil bleibt immer präzis. Um seinen Gracchus wabert nichts, erzählt wird nüchtern. Des Autors Sache ist es nicht, die knatternde Fahne der Romantik zu schwingen. Sein Entsetzliches bleibt verborgen in der Ruhe des Unabänderlichen, in dem sich der Leser ausruhen kann.

Die todbeschwerten Figuren tragen an einer Wissenslast, die sich nicht vermitteln läßt, zumindest nicht im Rahmen einer planmäßig absolvierten Reise von A nach B. Vielleicht gibt es bei ihnen gerade noch einen der Vorstellung zugänglichen Beginn, aber dann geht es auf große Fahrt in Richtung Nirgendwo, die zwar mit lauter sinnreichen Anspielungen aufgeladen ist, aber höchst vage bleibt in bezug auf das endgültige Ziel. Ohne das Steuer mit Händen zu packen, fährt Kafkas Jäger mit einem Wind dahin, der in den untersten Regionen des Todes bläst, ihn aber zielgenau in den Hafen führt, der gewiß nicht seine letzte Anlaufstation ist. Auch ich scheine mit dem Wind dahinzufahren, allerdings bläst er weder in den untersten Regionen noch in den höchsten. Meine Wenigkeit ist nicht so bedeutungsgeladen wie Gracchus, der dem aufmerksamen Leser etwas sagen will, was dieser kaum begreifen kann. Ich habe kaum jemandem etwas zu sagen, einer so aufgeschwollenen Größe wie *der Menschheit* erst recht nicht.

Momentan tragen mich harmlose Böen, die über das südliche Berlin wehen, über die Terrasse eines Hauses im Hochwildpfad. Und es sind keine todbringenden Brisen, sondern zarte, die Kühlung mitführen und der warmen Sommernacht Frische zuführen. Ich drifte darin umher und verliere den Scharfblick, wobei mich ein kleiner Zerfall heimsucht, der sich angenehm anfühlt.

Sommerlich

Hoch, hoch, immer höher, aber die Himmlischen zu schauen, bekommt mir offenbar nicht, nun geht's im Steilflug wieder hinab zu der Terrasse, die ich vorher schon sah. Auf ihr ist was los. Junge Leute sind zusammengekommen, die einen wohlhabenden Eindruck erwecken. Der Tod steht keinem von ihnen ins Gesicht geschrieben, er scheint noch ziemlich fern. Die Nacht ist schon vorangerückt, der halbe Mond bereits emporgestiegen. Offenbar wird der Geschäftsabschluß einer kleinen Firma gefeiert, die sich große Hoffnungen macht, bald ans große Geld zu kommen. Zwei junge Burschen halten eine amüsante Wechselrede, in der sie die bereits erreichten Erfolge charmant verkalauern. Der kleinere von ihnen, ein drahtiges Männlein mit Schnurrbart, nimmt seinen Hut ab, auf dem eine Zielscheibe angebracht ist, löst sie davon ab und befestigt sie an einem Holzbalken. Er benimmt sich wie ein zerstreuter Zauberkünstler, kramt Dartpfeile aus der Hosentasche, schaut sie sich an, als hätte er sie noch nie gesehen, dann läßt er die Pfeile nacheinander fliegen, während sein Kumpel von der Zielgenauigkeit spricht, mit der eine von ihnen entwickelte Software in der Lage ist, bestimmte Gesichter aus einer Menschenmenge herauszufiltern. Vier der Pfeile gehen daneben, was Gelächter hervorruft, der fünfte trifft ins Schwarze.

Attraktive Frauen sind dabei, nur eine ist rundlich, auch sie sieht gut aus. Ihre Korpulenz hat etwas Fröhliches. Die dunklen Augen, das leicht gewellte Schwarzhaar und der interessant geschnittene Mund sind bildschön. Und sie versteht sich perfekt auf das intrikate Spiel von Enthüllen und Verhüllen. Ihre strammen Beine enden in hochhackigen, mit Straß besetzten Schuhen, das bißchen Fett, das über die Riemchen quillt, verleiht ihr etwas kindlich Puppenhaftes. Die gesamte Erscheinung wirkt wie eine barock geratene Porzellanfigur in modernem Gewand. Offenkundig ist die Frau amüsant, sie lacht lauthals und muß sich nicht in einen Kreis drängen, um auf sich aufmerksam zu machen.

Ganz anders ein kleiner Dicker mit wenig Haar und einer unglücklichen Birnenfigur. Er ist der klassische Verlierer, ein beflissenes Männlein, das sich vergeblich um Anerkennung müht. Man spürt förmlich, wie die Leute dezent von ihm wegweichen, wenn er krampfhaft versucht, sich einzumischen und mitzutun. Es kostet ihn Anstrengung, sich selbst vorzugaukeln, er gehöre dazu. Er schwitzt. Will immerzu helfen. Wenn jemand einen Teller loswerden möchte, schnappt er sich den und stellt ihn ab, wo schon gebrauchtes Geschirr herumsteht.

Ich kann mich gut erinnern, daß ich mich solch eilfertigen Wieseln immer rasch entzogen habe. Das waren Armleuchter, die man bisweilen zu einem Dienst gebrauchen konnte, mitunter lächelte man ihnen scheinfreundlich zu, ansonsten wurden sie konsequent ausgeschlossen, insbesondere, wenn's wirklich heiter und interessant wurde. Aus der Entfernung betrachtet tut mir der Unglückswurm leid. Weil ich nichts mit ihm zu tun habe, ist es einfach, Mitleid aufkommen zu lassen. Gerade hat sich das Männlein hingesetzt, und niemand gesellt sich dazu, keiner schwatzt mit ihm. Im Gegenteil, eine Truppe, die in der Nähe seines Stuhls steht und ihn mühelos einbeziehen könnte, schließt sich noch enger zusammen und schließt ihn definitiv aus. Ein Urbild der Einsamkeit zeigt sich mir, aber offenkundig stört sich niemand sonst daran. Für einige Momente sieht der Mann untröstlich aus. Dann rappelt er sich wieder hoch und beginnt den erfolglosen Weg der Anbiederung von neuem.

Sein Anblick schmerzt mich. Ich muß an Ralfi denken, der

sich in der Grundschule an mich geheftet hatte, weil er glaubte, ich sei genauso einsam wie er und wir könnten deshalb Freunde werden. Er war das einzige Kind einer Familie aus dem Sudetenland, die in einer klitzekleinen Wohnung lebte und sich schwertat, in der schwäbischen Umgebung heimisch zu werden. Sie waren Flüchtlinge und daher unerwünscht. Um sich selbst reinzuwaschen, glaubten die Schwaben nur zu gern, dieses Flüchtlingspack aus dem Osten hätte ihnen die Nazis eingebrockt und damit den gesamten Schlamassel des verlorenen Krieges. Mit solchen Leuten wollte keiner was zu tun haben. Was natürlich mehr als nur verlogen war, denn die Schwaben hatten ebenso eifrig für die Nationalsozialisten gestimmt wie andernorts und ihnen damit zur Macht verholfen. Im Grunde hätten Ralfi und ich ganz gut zueinander gepaßt, aber ich wehrte mich gegen seine Einsamkeit und verachtete ihn, weil ich in ihr die eigene Malaise gespiegelt sah.

Ich strebe weg vom Trauerkloß und der erfolgstrotzenden Baggage, die ihn links liegenläßt, gerate dabei in eine etwas höhere Region, von der ich einen Gesamtblick über den Stadtteil mit den von Gärten durchsetzten Häusern habe. Viele Leute sitzen auf ihren Terrassen oder Balkonen, manche bei Windlichtern, ein grauhaariger Mann hat seinen Fernseher in den Rahmen der Balkontür gestellt und schaut von außen zu, offenbar ein Potpourri uralter Sendungen mit Hans-Joachim Kulenkampff.

Dem Moderator sind während des Rußlandfeldzuges vier Zehen abgefroren, die er sich selbst abgeschnitten hat. Nun tänzelt er auf schicken schwarzen Lackschuhen einher. Daß darin Zehen fehlen könnten, ahnt man nicht. Jungen Damen mit komisch toupierten Frisuren macht er altväterliche Komplimente von einer Harmlosigkeit, bei denen sogar deren Mütter sicher sein können, daß ihre Töchter in guten Händen sind. Kulenkampff war der Liebling meiner Mutter, allerdings war seine Position nicht ganz unangefochten, weil er sie mit Dietmar Schönherr teilen mußte. Immerhin, man kann das als gelungene Umerziehung im Sinne eines gemäßigten Erosfortschrittes bezeichnen. Früher hatte sie Luis Trenker und Leni Riefenstahl verehrt, im Vergleich zu diesen Nazigünstlingen darf man ihre Liebe zu Dietmar Schönherr und Vivi Bach getrost als einen Triumph der Demokratie werten.

Da ihr der eigene Mann nach einer knapp zweijährigen Ehe abhanden gekommen war, verliebte sich meine Mutter ununterbrochen in Ersatzmänner aus dem Fernsehen. Was sie zuverlässig davon abhielt, sich im wirklichen Leben nach einem neuen Gefährten umzuschauen. Es hieß dann immer, sie habe mir keinen falschen Vater zumuten wollen. Ich haßte sie für solche Äußerungen, weil sie damit mir die Schuld gab, daß sie mit Männern einfach nicht zurechtkam.

Bei Kulenkampffs Sendung sitzen viele Damen im Publikum, die älter aussehen, als sie damals vermutlich waren. Gut und gern hätte auch meine Mutter dabeisein können. Mit einer aufgebockten halblangen Frisur und einem in die Höhe gestriegelten und mit Allwettertaft befestigten Pony sieht mein Gedankenauge sie in der ersten Reihe sitzen. Wir hatten damals in der Parlerstraße auch einen Balkon, aber er war so winzig, daß wir nur mit einem abklappbaren Miniaturtisch und zwei schmalen Stühlchen darauf sitzen konnten, was für meine Mutter beschwerlich war, denn sie wog damals schon schätzungsweise um die achtzig Kilo, für eine Frau von hundertsiebenundfünfzig Zentimetern ein recht üppiges Gewicht. Allerdings magerte sie in ihren späteren Jahren ziemlich ab, und da sah sie eigentlich ganz gut aus. Der Fernseher hätte im übrigen nicht in den Rahmen unserer Balkontür gepaßt, denn es handelte sich um eine riesige Truhe, die wir auch gemeinsam nicht hätten schleppen können. Man bedenke, ich war erst zehn, kein Muskelprotz, sondern ein kümmerlicher Schmalwicht.

Höher und höher empor schwinge ich mich, der große Stadtbrei liegt inzwischen weit unter mir, die Lichter der Fahrzeuge in den Straßen bilden Leuchtkanäle, meine Gedanken werden porös, und ich tauche wieder mal ab zwischen den bedeutungslosen Schleiern des Nichts.

Perplex

Der heutige Abend scheint annehmlich zu sein. Noch warm, aber nicht mehr so heiß wie letzthin. Im *Manzini* in der Ludwigkirchstraße sitzen die Leute draußen vor dem Lokal, auf dem Gehweg drehen abendliche Spaziergänger mit ihren Fiffis die Runden (irgendwie scheint man in dieser Gegend das niedliche Kleinvieh besonders zu mögen, das hysterisch kläfft). Und da entdecke ich an einem der Tische, nahe dem Schaufenster der Weinhandlung nebenan, Margit und Rudi, die ich seit Jahren nicht mehr gesehen habe. Der Kontakt zu den beiden, der sich während des Studiums ergeben hatte, war fadenscheinig geworden, weil ich ihre säuerlichen Mienen nur mehr schwer ertragen konnte. Sie unterhalten sich mit einem Mann, der mir zwar bekannt vorkommt, aber – keine Ahnung, wie er heißt und woher ich ihn kennen könnte. Soeben schleppt ein Kellner, der mir fremd ist, Teller herbei. Für die beiden Männer bringt er Wiener Schnitzel, hinter ihm her kommt der schmächtige Achmed gelaufen und serviert Margit eine Dorade. Offenbar sind sie gerade im Gespräch unterbrochen worden, und nachdem sie sich gegenseitig nach ihren Essen erkundigt haben, nehmen sie den Faden wieder auf.

Heilandzack – nein, das kann nicht wahr sein! Aber doch, ja, sie tun's. Sie reden über mich, und wie mir in Sekundenschnelle klar wird: nicht aus Sympathie oder weil sie mir nachtrauern. Ganz und gar nicht. Sie tun es in abschätziger Weise. Einen Moment überlege ich, wie ich möglichst schnell von hier wegkomme, aber die Neugier leimt mich fest, nein, sie leimt natürlich nicht, denn an mir gibt's nichts zu leimen, sie läßt mich vielmehr schwebend über dem Tisch verharren, in einer nicht zu hohen Position knapp über der Pfeffermühle, die Margit gerade dreht, von wo aus ich direkt in ihre Gesichter blicken kann, auch in das Gesicht von Harald – jetzt ist mir der Name des Dritten im Bunde wieder eingefallen: Harald Straub, ein früherer Lover, wie's neudeutsch heißt, von Marie, den sie vor ewig langen Zeiten für mich abserviert hat.

»Bei einer Frau wie ihr kommt man schon ins Grübeln, die hätte doch so ziemlich jeden haben können.« … »Wahrscheinlich.« … »Klar doch, das hätte sie.« … »Du mußt es ja wissen. Sie wäre mal besser bei dir geblieben, uns kam's immer vor wie ein ziemlich mieser Tausch.« … »Danke für das nette Kompliment, aber zwischen uns hat's nicht mehr richtig funktioniert, die Beziehung war damals schon ziemlich marode.« … »Dumm war er aber nicht, das zumindest sollte man ihm lassen.« … »Na ja, ich weiß nicht, seit wann ist Sturheit ein Zeichen von Intelligenz?« … »In jungen Jahren war er halb so schlimm, manchmal sogar ziemlich witzig, diese blöde Besserwisserei hat sich erst mit der Zeit entwickelt.« … »Fandest du ihn eigentlich attraktiv, ich meine damals, als wir ihn kennengelernt haben?« … »Ich? Nicht die Bohne. Der war doch unausstehlich, dieser ewige Besserwisser.« … »Ich frage mich, wie ausgerechnet diese schöne Frau es so viele Jahre mit ihm ausgehalten hat. Sie war ja obendrein amüsant und klug, jedenfalls keine Langweilerin.«

Ich finde nicht, daß ich weiter zuhören sollte, aber aus irgendeinem gottverdammten Grund komme ich einfach nicht von hier weg. Die Männer schneiden jetzt wie besessen an ihren Schnitzeln herum. Margit beträufelt ihre Dorade mit der halben Zitrone, die man in ein kleines weißes Garnnetz gepackt hat. Dann legt sie die Zitrone weg und stellt ihre Gabel senkrecht in die Höh, als habe sie den Männern etwas außerordentlich Wichtiges mitzuteilen: »Hat sie doch gar nicht.«

»Wieso? Wie kommst du da drauf?« … »Na, sie hatte doch

schon die ganze Zeit ein Verhältnis mit Gerhard.« ...
»Was?« ... »Aber ja, das ging schon mindestens zwei Jahre,
wenn nicht länger.« ... »Bist du ganz sicher?« ... »Natürlich
bin ich sicher. Auch wenn sie's nicht rumerzählt hat, wußten
einige davon.« ... »Und der Trottel hat nichts mitge-
kriegt?« ... »Ach, woher denn. Kopf immer ganz hoch oben,
intellektuelles Gedöns ohne Ende, und immer viel zu viel mit
sich selbst beschäftigt.« ... »Na ja, mit eins sechsundsechzig
muß man sich als Mann ziemlich anstrengen.« ... »Findest
du?« ... »Na klar, diese Winzlinge sind doch alle ziemlich
schräg drauf. Denk nur mal an Napoleon.«

»Mir tat es weh, daß sie an diesem fürchterlichen Krebs hat
sterben müssen.« ... »Der hat zugeschlagen, ausgerechnet als
sie sich entschlossen hatte, ihren öden Heini endlich zu verlassen.« ... »Was? Das kann nicht sein! Woher willst du das wissen?« ... »Von Gerhard. Die beiden wollten zusammenziehen,
und es ihm möglichst schonend beibiegen.« ... »Schonend
geht so was nicht.« ... »Natürlich nicht. Wie auch. Unter Freun-
den ist so was ja mehr als nur ein bißchen gräßlich.« ...
»Schenkst du mir bitte noch etwas Wein nach?« ... »Oh ja,
natürlich, verzeih.« ... »Danke.«

»Der schwäbische Philosophiezwerg kann einem leid tun.
Vielleicht hat er doch was mitbekommen, oder zumindest ge-
ahnt, daß sich da was Schräges hinter seinem Rücken zusam-
menbraut.« ... »I wo. Hat er garantiert nicht.« ... »Woher
willst du das wissen?« ... »Sag mal, läßt du den Gurkensalat
einfach stehen?« ... »Bitte bedien dich, ich bin eh schon
pappsatt.« ... »Sicher?« ... »Ganz sicher.« ... »Maries Tod
ging Gerhard wirklich nahe. Er hat seither ziemlich abge-
baut.« ... »Er tut uns allen leid. War ja immer ein prima Kerl,
zumindest war er das noch vor einigen Jahren. Inzwischen ist
er kaum mehr wiederzuerkennen. Ist fett geworden, säuft zu
viel und läßt sich ziemlich gehen.«

»Dein Salat ist übrigens ausgezeichnet. Wahrscheinlich echt schwäbisch.« … »Quatsch. Wie's Schnitzel kommt der aus Wien, wird schon im Airbus A300 angesetzt, damit er sich bis zum *Manzini* richtig vollgesogen hat.« … »Die Gurke wässert ein und wieder aus, die Karotte weist ab, zumindest im Salat.« … »Und wer von denen ist jetzt wer? Wer ist jetzt K und wer ist G?« … »Bei unserem Möchtegernphilosophen handelte es sich definitiv um eine Gurke.« … »Eher ein Gürkchen, Friede seiner Asche.« … »Soviel ich weiß, ist er nicht verbrannt worden, selbst davor hatte der Feigling Angst.« … »Na ja, das kann man vielleicht anders sehen, ich will später mal auch nicht verbrannt werden. Ist doch irgendwie unheimlich, oder nicht?« … »Auch gut, dann halt Friede seinen Knochen oder dem, was sonst noch von ihm übrig ist.«

Mich befällt … ja, was denn nun? Ich will, ich muß … na, komm schon, raus damit, was mußt du denn … los doch, sag schon, was denn, willst du denen auf den Tisch kotzen oder ihnen eins über die Rübe ziehen, oder was?

Ich will, ich muß zum Städtele hinaus, muß sofort raus aus dieser von scharfen Krallen umklammerten Welt, in der es für mich keinen Platz gibt.

Habe fertig!

Wieder mal wach. Diesmal ist die Nacht schon weit vorange-rückt, die Morgendämmerung zieht bereits herauf. Ich weiß nicht recht, wann ich das letzte Mal hier unten war, die Erin-nerung daran ist reichlich verschwommen. Es scheint etwas kühler geworden zu sein, obwohl ich die Temperaturen nicht wirklich spüre. Ich merke es daran, daß inzwischen mehr Fen-ster geschlossen sind, das letzte Mal standen sie in den Wohn-häusern fast alle noch sperrangelweit offen. Auch sonst ist ir-gend etwas anders. Warum bin ich so sauer? Hü, hott, wohin mit der Wut? Warum ist mir danach, das ganze Universum auszubrüllen mit *Habe fertig!* wie weiland Trapattoni? Daß mir niemand zuhört, hält mich allerdings davon ab. Es käme ja eh kein Pieps aus meiner nicht mehr vorhandenen Kehle. Bloß – wohin mit der Wut?

Ich bin ein brodelnder Unglückswurm, allein mit einer Ra-ge, von der ich nicht einmal weiß, weshalb sie plötzlich über mich kam. Es ist gräßlich, daß man sich hier oben nicht mal mit würzigen Flüchen davon befreien kann. *Hört mir über-haupt jemand zu? Irgendwo ein gottverdammtes Arschloch, das mir zuhört?* Und ex und hopp und weg. Ich habe das nächt-liche Rumgesirmel so was von satt. Lieber tot als scheintot. Wenn schon allein, dann bitte vollends, ohne diesen Zwang, ständig herabblicken zu müssen. Ohne Sinn und Zweck. Was habe ich davon? Was haben die davon, deren Treiben mir zu-fällig vor Augen kommt?

Warum es mich nun lange vor der Öffnungszeit ins KaDe-We verschlagen hat, weiß ich nicht. Vielleicht geschieht es zu meiner Beruhigung. Inzwischen wutgedämpft durchfliege ich die im Halbschlummer befangenen Räume, in denen die Wa-ren friedlich vor sich hindösen. Im Erdgeschoß ist ein älterer

Wachmann nahe der Kosmetikabteilung auf einem Stuhl zu-sammengesunken. Zwei ebenfalls schlafende Hunde liegen zu seinen Füßen, ein Schäferhund und ein Rottweiler. Der Rottweiler hat sich genüßlich auf die Seite hingestreckt und schnarcht ein bißchen. Der Schäferhund hat seinen Kopf zwi-schen die Vorderbeine gelegt. Während ich in geringem Ab-stand von seiner Nase an ihm vorbeistreiche, scheint er etwas zu wittern, jedenfalls hebt er den Kopf und sieht sich um, legt ihn dann aber wieder hin und schläft weiter. Ich gönne dem friedlichen Trio die Ruhe von Herzen. Unter *Forget Founda-tion* und einer hellhäutigen Dame mit zurückgesteckter Fri-sur, die unter dem Logo von Chanel mit grünlichen Katzen-augen lässig in den Raum blickt, schläft es sich offensichtlich gut.

Zu überlegen wäre, ob ich auf einem Handköfferchen von Louis Vuitton ebenfalls ein Nickerchen machen sollte. Da hineinpassen würde maximal ein größerer Embryo, vielleicht rundherum mit Tüchern abgepolstert, mehr nicht. Marie lieb-te die französische Marke, mir war sie egal, das heißt, ich mochte sie eigentlich nicht, weil ich nicht gern als Werbeträ-ger mit Klamotten und Taschen herumrenne, die man einer Firma zuordnen kann, und das auch noch, ohne dafür bezahlt zu werden. Tempi passati. Es ist an der Zeit, absurde Gedan-kenspiele zu beenden, die davon handeln, ich würde mich weigern, mit einem Köfferchen von Vuitton herumzurennen und damit einen häuslichen Krach provozieren.

Am Lieferanteneingang tut sich was. Die Hunde sind in-zwischen wach und aufmerksam, bellen aber nicht. Der Wächter rappelt sich von seinem Stuhl hoch und streckt sich. Waren werden angeliefert, offensichtlich für die sechste Etage oben. Drei, vier Angestellte laufen herum und dirigieren den Transport. Auf Stock Nummer sechs habe ich früher ganz gern mal eingekauft – wenn's was zu feiern gab, für Marie und mich zwei Langustenhälften mit Cocktailsoße, Kümmelstangen und zum Nachtisch Kuchen von Lenôtre. Damit konnte ich sie immer begeistern. Sie machte sich einen Spaß draus, meine Tüten wie eine hungrige Katze zu umschleichen, während ich ihr aufs neugierige Händchen klopfte und sie zum Warten nötigte, bis ich die feinen Sachen mit betont zeremonieller Umständlichkeit ausgepackt und auf den Tellern arrangiert hatte. Bißchen Zitronensaft mußte über die Langusten geträufelt werden, dann konnte es losgehen. Marie schnurrte wie eine Katze, traktierte die Languste dann ziemlich behend und häufelte Unmengen Cocktailsoße auf die zarten weißen Fleischstücke. Als sie mich schließlich für immer allein gelassen hat, bin ich kein einziges Mal mehr ins KaDeWe gegangen. Aus Trotz, aus Kummer, wer weiß.

Mit einem der Lieferanten gleite ich im gläsernen Aufzug nach oben und schaue mich um. Bei den Schokoladen, den Tees, den Keksen, den Marmeladen und Teigwaren ist noch nichts los. Von den Sablés bretons, die zu einem ordentlichen kleinen Berg geschichtet in der Auslage liegen, würde ich nur zu gern einen stibitzen. Schwachsinn, ich weiß. Aber immerhin ist es bemerkenswert, daß gewisse Lüste, die ich früher verspürt habe, sich in schwacher Form immer noch in mir regen. Obwohl ich nie ein Freßsack gewesen bin, überkommt mich jetzt fast so etwas wie eine Heißhungerattacke. Es zeigt mir, wie sehr ich noch am Leben hänge. Kein Wunder, da oben, wo ich mich für gewöhnlich aufhalte, habe ich nichts zu sagen, nichts zu bestellen, nichts zu verantworten. Gefühle, die sich in mir regen, Gedanken, die ich hege, haben keinerlei Konsequenzen. Wozu, frage ich mich, sind sie dann noch vorhanden, wozu das Ganze?

An der Fischtheke sind zwei Männer mit umgebundenen Schürzen damit beschäftigt, zerstoßenes Eis in die Auslagen zu schaufeln, den einen oder anderen Fisch nehmen sie aus den Styroporboxen und betten ihn auf die kalte Unterlage. Ein glotzäugiges Riesenexemplar liegt schon da und scheint mich blinden Auges anzustarren. Ich habe nicht die geringste Ahnung, um was für einen Fisch es sich handeln mag. Ein Namenskärtchen steht für ihn noch nicht bereit.

Offensichtlich steht auch für mich kein Kärtchen bereit. Am liebsten würde ich bei den Teedosen von Kusmi herumstehen, weil der Name der Firma nach *Küß mich* klingt, wiewohl ihre Teesorten minderwertiger sind, als uns ihre schicken Rundbehälter weismachen wollen. Vielleicht würde eine zarte Blondine mich kaufen und in ihr Küchenregal stellen. Sobald der letzte Teekrümel aufgebraucht wäre, würde sie mich nicht wegwerfen, sondern mir ihre geheimen Schätze anvertrauen. Mitbringsel von ehemaligen Liebhabern, Briefe vom Glück und vom Verrat, eine Schleife, die sie als Kind getragen hat, kleine Photographien mit gezacktem Rand, die zeigen, wie sie als Baby mit einem Plastikwürfel spielt, eine Brosche, die ihrer Urgroßmutter gehört hat, und dergleichen mehr.

Was für ein Unsinn! Lächerlicher geht's kaum. Ich sollte ein Seminar besuchen für die, die da oben herumgeistern und nichts Rechtes mit sich anzufangen wissen. Wo ein Coach uns trainiert, die Erinnerungen sortiert, bis sich für jeden von uns ein Zusammenhang ergibt. Eine Art Management-Schulung für dissoziierte Seelen, die nicht recht wissen woher, wohin, wozu, weder im Diesseits noch im Jenseits.

Der Embryo im Luxuskoffer! Wie bin ich bloß auf eine so abwegige Idee gekommen? Jetzt weiß ich, was er bedeutet. Marie wollte kein Kind von mir und hat es abgetrieben. Vielleicht war sie im Grunde unentschlossen gewesen und hatte insgeheim gehofft, ich würde nicht so ratlos und lahm reagieren, wie ich es tat. Ich konnte die Nachricht einfach nicht verdauen, fühlte mich urplötzlich aus meinem gut eingerichteten Leben gerissen und auf eine sturmumtoste Bergspitze versetzt.

Obwohl ich von der Idee, Vater zu werden, nicht begeistert war, hat mich ihr rasch getroffener Entschluß geschmerzt. Ich fühlte mich verraten. Hat sie wirklich von mir gedacht, ich würde ein abscheulicher Papa sein, ein verantwortungsloser, wie es mein eigener gewesen war, von dem es ein Foto gibt, wie er nach meiner Taufe betreten zur Seite schaut, als ginge ihn das Ganze nichts an?

Es kam, wie's in der zweifelhaften Redensart heißt: Das Kind war in den Brunnen gefallen. Über mir und Marie hing fortan ein Schatten, der verhinderte, daß es zwischen uns so frei und unbeschwert blieb, wie es vorher gewesen war.

Vor dem KaDeWe liegt am Straßenrand das Gerippe eines Regenschirms, den jemand weggeworfen hat.

Ruhe sanft

Obgleich im Raum gewiß kein Rauch ist, will es mir vorkommen, als wären da geistgeschwängerte Schwaden, die viel vom zurückhaltenden Licht der Lämpchen dämpfen, die im verschwiegenen Hintergrund und auf der Empore brennen. Die Nacht hat sich zwischen schmalen Sitzreihen mit niederen Lehnen abgelagert. Eine Weile dachte ich, unten säßen die schwarzen Seelen der Toten, ein versammeltes, sehr stilles Kirchenvolk, das sich in den hölzernen Bänken niederließ, als hätte es sich in aller Bescheidenheit selbst verstaut, um niemanden zu belästigen. Aus entleerter Zeit haben sich die Entleerten hier zusammengeschart. Ich bildete mir ein, sie lehnten aneinander, andere seien zusammengesunken oder lägen im Gestühl. Einige schien ich zu kennen, es kam mir so vor, als wäre mein Liebling Samuel Beckett unter ihnen, auch eine Lehrerin aus meiner Schulzeit, das Fräulein Heiz. Sonderbarerweise saß neben ihr eine Art Embryo mit Greisenkopf. Und es befiel mich der perverse Wunsch, durch seine geschlossenen Augen hindurchzusehen, um an das schläfrige Gewabere seiner Gedanken heranzukommen. Worauf warteten die Toten? Brodelten in ihren schemenhaften Leibern die Erinnerungen? Rückte ein jeder von ihnen für sich etwas zurecht, was nicht mehr zurechtgerückt werden konnte? Da schlägt der kindliche Greisenkopf die wässrigen Augen auf und starrt mich an. Schleunig gleite ich davon. Der Anblick ist nicht zu ertragen. Langsam, erst nach und nach lösen sich die imaginierten Verankerungen, die mich an die nicht vorhandenen Toten banden, und ich werde wieder ruhiger.

Zunächst bin ich zerstreut herumgeflogen, ohne zu wissen, wo ich mich befinden könnte. Jetzt wird mir klar: Ich bin in einen in die Quere statt in die Länge gezogenen Kirchenraum geraten. Kuriose Dinge stehen da herum – eine merkwürdig plump geformte Kanzel, ein riesiger Kelch aus Beton, zu dem seitwärts ein Leiterchen hinaufführt, das wie die absurd verdrehte Auskragung eines Henkels wirkt. Zart gebaut ist ein Lesepult zur linken Seite des Altars, es besteht aus einem schmiedeeisernen Gitterkorb, über das eine derzeit erloschene Lampe ragt. Oben am Korb ist ein hölzerner Aufsatz zum Auflegen der Bibel angebracht.

O weh, o weh, den sehe ich jetzt erst: Über dem Altar hängt ein moderner, abgemagerter Jesus, der aussieht wie von einem Kind geformt, das sich große Mühe gegeben hat, die leichte Schrägstellung der ausgebreiteten Arme tapfer hinzukriegen. Kraftlose Nachkriegskunst, die weg vom Nazi-Pomp will und beim verhaltenen Barlachkitsch landet, der das Leiden weder nobilitieren noch dramatisieren kann. Mit ihrer scharfen Zunge hätte Tante Gerda vermutlich dazu gesagt: »Des isch nix rechts, so a na'gnagelts Magerwichtle, des gehert schleunigst auf de Kehricht!«

Wer sich bei einem solchen Anblick in eine andächtige Stimmung versetzen will, muß schon erhebliche Mühe aufwenden. Dann gibt es noch ein dickes Taufei aus Beton, in dem ich mir als ästhetisch orientierter Säugling die Lunge aus dem Leib geschrien hätte vor Empörung. Seitlich darüber hängt ein schmales Gemälde, das uns den bekrönten König David mit seiner Harfe vorführt und damit auf den gesungenen Psalter in der jüdischen Bibel verweist. Die Tafel tritt ein wenig aus dem Dunkel, weil am Boden unter ihr eine Kerze brennt. Sie ist von schlichter Eleganz und zeigt den musikalischen König langgestreckt, in ruhiger Position, auf eine feine, zurückgenommene Art, ohne Pomp, ohne Betonung seiner spektakulären herrscherlichen Würde.

Aber noch mal zurück zum Betonkelch. Wenn ich laut lachen könnte, würde es den Raum durchschallen. Warum mich jetzt die Phantasie am Wickel hat, der ellenlange Karl Valentin würde sich von einer der Bänke erheben und als Geripplein versuchen, das Treppchen hochzuklettern, zwei Stufen hoch, mindestens eine zurück, umständliches Rumgefummel am Geländer, sodann: ein sakrisch guter Spruch auf jeder Stufe, oben angekommen weiteres Gefummel – Herrgottsakrament, wo hat sich das Manuskript versteckt! –, das lange Ripplein taucht im Kübel unter, kommt wieder zum Vorschein, tupft mit dem Zeigefingerknochen an die nicht mehr vorhandene Zunge, um die Blätter besser zu sortieren, und hebt dann endlich zu – na ja, einem erzkomischen Vortrag an, den ich leider nicht wiedergeben kann, weil mir dazu die valentinesken Redewendungen fehlen. Vielleicht beginnt er mit seinem Namen: Falentin mit F! kräht er herab. Es heißt ja auch nicht Wogel! Daß jetzt ein weißes Täubchen niederflattert und einen Klacks auf seinem Manuskript hinterläßt, will ich aber lieber nicht enträtseln.

Nun regt sich was von oben. Da wird etwas zurechtgerückt und vorbereitet. Es knarrt und scharrt und wird sich geräuspert. Plötzlich beginnt ein hellauf jauchzendes Jubilieren und füllt den eher kleinen Kirchenraum wie eine erweckende Machtdemonstration. Sie ist nicht von dieser Welt. Nicht nur ich bin erschrocken, mir scheint, meine imaginären Toten seien allesamt aufgewacht und säßen jetzt stramm und aufrecht in den Kirchenbänken. Karl Valentin mitsamt Taube und Taubenschiß sind wie weggeblasen.

Das jubelt und stellt mit Gewalt in Frage, was gerade so gedacht worden sein mag. Unerbittlich ist Gott in Seiner Herrlichkeit, aber auch schön und vor allem: gierig nach den Seelen der Menschen lechzend. Kein kindlicher Jubel ertönt hier, sondern ein Drohjubel, der mich nicht anbrüllt, sondern ein wuchtiges Crescendo aufführt, um mich aus der kleinkarierten Absurdität meiner Gedanken zu reißen. Da blüht eine

Macht auf, schwillt an und schwillt weiter, aber die Töne wuchern nicht ineinander, präzis schlagen sie an, verschmelzen nicht zu einem Brei. Nichts darf bleiben, wie es war. Die Klänge gehen wie eine Marschkolonne von Befehlen auf mich nieder, und es dauert, bis ich mich wieder fassen und aufmachen kann, genauer in Augenschein zu nehmen, was sich da oben tut.

Auf der nicht allzu hohen Empore sitzt ein Mann an der Orgel. Zunächst will er mir vorkommen wie eine berückende Erscheinung, dazu berufen, als Angestellter des Himmels auf Erden sein Werk zu verrichten, einer, der auf die Pedaltasten tritt und mit Hilfe der drei Manuale die Pfeifen erklingen läßt, um eine glorreiche Musik emporzusenden. Wie ein Mensch wirkt der Himmelswerker denn doch. Wie ich sehe, hat er seine etwas gröberen Schuhe ausgezogen und abgestellt zugunsten von feingeschnittenen Lederschuhen, mit denen sich die hölzernen Tasten des Pedalwerks zielgenauer treten lassen. Zugleich kommt er mir vor wie der Kommandant eines zwar nicht übermäßig großen, aber bedeutsamen Musikschiffes, das hier, an einem eher ruhiggelagerten Ort Berlins, einsam durch die Nacht fährt.

Natürlich ist der Mann hochkonzentriert. Er übt ja eine ungeheuer komplexe Tätigkeit aus. Mir ist schleierhaft, wie man mit Händen und Füßen gleichzeitig ein derart anspruchsvolles Instrument bedienen kann, das zu gewaltigem Klangdonner befähigt ist, aber auch zu feinen, fast zirpenden Glitzerklängen, die tönen, als hätte sich ein kleiner Chor von Grillen zusammengefunden, um das Lob des Herrn zu zischeln und zu sirren und dabei Fünkchen in die Luft zu werfen.

Die Orgel selbst ist hinter einer Lamellenwand verborgen, doch der Spieltisch auf der Empore ist wunderschön. Hinreißend finde ich die kleinen weißen Wippschalter aus Zelluloid, die an beiden Seiten angebracht sind. Darauf sind goldeingefaßte Ringe und schöne altertümliche Schriftzüge angebracht. Sie tragen herrliche Namen wie *Dulciana, Zartbaß, Vox coeles- tis, Fernflöte, Gedecktbaß, Doppelgedackt, Gemshorn, Quinta- tön, Hohlflöte* oder *Jubalflöte.* Einem Schild entnehme ich, daß die Orgel von der Firma Steinmeyer & Co. aus Oettingen im Jahre 1913 erbaut worden ist. Zwar ist sie längst nicht so imposant wie etwa die Pariser Riesenorgel in Saint-Sulpice, ein übermächtig strahlendes Klanggebäude, das alles beherr- schend auf der Empore thront und auf die Gläubigen herab- zudonnern vermag, als wären sämtliche Posaunen von Jericho in Betrieb genommen. Dafür besitzt die bescheidenere Stein- meyer-Orgel eine elaborierte Schönheit, die sich ein wenig an der Häuslichkeit eines musikbegeisterten Bürgertums zu orientieren scheint, obwohl sie – wie einem Stapel Faltblät- ter auf dem nahe stehenden Tisch zu entnehmen ist – vom musikbegeisterten Herzog Georg II. von Sachsen-Meiningen bestellt und eigentlich als Konzertsaalorgel gebaut worden war.

Inzwischen hat sich der erregte Donner gelegt zugunsten einer ruhigeren, kontemplativen Musik, in der eher langsam vorangeschritten wird. Die Klänge wirken jetzt gedämpfter, als würden sie ein Gebet umrahmen, mit verschwebendem Nachhall. Gut kann man sich dazu Friedhofsbesucher vor- stellen, die hinter einem Sarg einhergehen, mühselig und be- laden zwar, aber auch hoffnungsgewiß, daß in der jenseitigen Welt ein anderes Leben aufblühen wird. Mir geht diese leise ätherische Musik sehr zu Herzen, sie ist friedfertig und balsa- misch, mit retardierenden Momenten versetzt, die sich im Kirchendunkel ein wenig verschleichen. Zu meiner seelischen wie räumlichen Lage paßt das gut, denn inzwischen bin ich wieder in den Kirchenraum hinabgeglitten. Außer meinen imaginierten Toten und mir ist niemand da, aber wir zählen ja nicht. Der Mann spielt demnach im Glauben, ganz allein zu sein. Er muß nicht auftrumpfen, niemanden von seinem Wert überzeugen. Jauchzend und nichtsdestoweniger beklemmend ergießen sich die Klangkaskaden und verklingen, um sich erneut zu erheben und den Raum machtvoll zu erfüllen.

Zwar bin ich evangelisch getauft und nicht aus der Kirche ausgetreten. Aber ein verläßlicher Predigtbesucher ist nie aus mir geworden, deshalb komme ich mir jetzt vor wie ein Fremder, der mit seiner Seelenfracht am falschen Hafen gestrandet ist. Seit vielen Jahren bin ich nicht mehr in einem Gotteshaus gewesen, allenfalls früher auf Reisen, wo mich besonders in Italien die eine oder andere berühmte – natürlich katholische – Kirche oder Kathedrale entzückt hat. Aber dieses Entzücken beschränkte sich auf den ästhetischen Genuß, der so gut wie keine religiösen Gefühle erwecken konnte. Die spektakulären Gotteshäuser habe ich wie ein gut informierter Tourist besucht, der zuvor einen anspruchsvollen Reiseführer konsultiert hat. Damit war die Sache abgehakt. Jetzt komme ich mir frei vor, fast glücklich, aber im nächsten Moment zusammengezurrt, als müßte ich an einem zu engen Kragen würgen, was natürlich kompletter Unsinn ist. Ich bin wohl nicht hingeschieden wie ein Lamm, sondern …

Kleiner Blackout, der nicht lang gedauert haben kann, denn ich bin immer noch in derselben Kirche, in der kräftige Akkorde kurz abgerissen an mein blindes Etwas schlugen, nun klingt die g-Moll Sonate von Carl Philipp Emmanuel Bach hell an mein Ohr. Von oben tönt es wieder stärker herab. Woher ich plötzlich weiß, daß es diese affektreiche Sonate ist und sie pedallos gespielt wird? Marie hat darüber gesprochen, sie war eine Musikkennerin, spielte auch ganz gut Klavier, zumindest für den Hausgebrauch. Sie hat immer versucht, mich näher an die klassische Musik heranzuführen, was bis zu einem gewissen Grade auch gelang. Aber sie schaffte es nie, mir das Notenlesen beizubringen. Ich bewunderte sie für ihr Wissen und ihre natürliche Art, Musik zu genießen, immer mit leicht geneigtem Kopf, als habe sie ein Lieblingsohr und als müsse sich dieses Ohr besonders intensiv dem Gespielten widmen.

Sie war es auch, die mich bei unserem gemeinsamen Paris-Besuch auf die mächtige Orgel in Saint-Sulpice hingewiesen hat. Marie fehlt mir. Warum ist sie nicht bei mir? Warum können wir uns nicht zusammen in diesem Kirchenraum tummeln, warum darf sie mir nicht erklären, was genau es mit dieser Musik und dieser farbenreichen Orgel auf sich hat?

Mir wird schwächer zumute, vielleicht lege ich mich zu den Toten auf eine der Bänke, möglichst weit weg vom Embryo mit Greisenkopf. Ich sehe noch, daß da schmale braune Sitzkissen sind, dann …

Heiß, heiß, heiß

Wieder einmal bin ich tagsüber unterwegs, in der Motzstraße, die ich ganz gut kenne. Hier ist ein Biosupermarkt, in dem ich manchmal eingekauft habe, ansonsten gehören die Läden und Bars der schwulen Community. Nebenan gibt es einen Lederstore mit Peitschen und Nietenkostümen und abenteuerlichen Gesichtsmasken, von denen allerdings kein wirklicher Schrecken ausgeht. Ich kann mich noch gut daran erinnern, wie eine Freundin von Marie, die in der Gegend wohnte, ihrer halbwüchsigen Tochter einschärfte, sie solle, wenn sie abends heimkehre, die Motzstraße entlanggehen, denn da sei sie sicher, weil die Straße auch nachts belebt war und ihr die Schwulen nichts zuleide tun würden, im Gegenteil, die Männer würden ihr helfen, wenn jemand sie belästige.

Es ist heiß. Der Sommer ist noch einmal mit voller Wucht zurückgekehrt. Die wenigen Bäume, die es hier gibt, scheinen zu leiden, weil es so trocken ist. Eine alte Frau kippt einen Eimer Wasser an ein mickriges Stämmchen. Die Leute gehen leicht bekleidet umher. Eine junge Mutter, die einen Kinderwagen schiebt, pausiert immer wieder und wischt sich den Schweiß von der Stirn.

Am Ende der Straße tut sich was. Eine kuriose Gestalt läuft im Eiltempo mitten auf der Straße. Sie hat sich eine Gasmaske vors Gesicht geschnallt und steckt in einem gummiartigen Anzug, in dem sie bei der Hitze enorm schwitzen muß. Nicht weit dahinter kommt nun ein ganzer Pulk von Männern angelaufen, von denen einige auch Gasmasken tragen, sie stecken ebenfalls in Ganzkörperanzügen oder Lederzeug mit Stiefeln.

Offenbar eine kleine Demonstration von etwa fünfzig, sechzig Teilnehmern. Sie führen allerdings keine Transparente mit sich, laufen eher wie eine Marschkolonne, in der die Arme rhythmisch geschwungen werden. Ein wilder Haufen aus kleinen und großen schwarzgekleideten Männern, die militärisch wirken wollen. Auch Dickleibige sind dabei, deren angestrengtes Marschieren eher komisch wirkt. Gerade ziehen sie an mir vorbei, und nun erkenne ich die abenteuerliche Gewandung ihrer Rückseite. Bei den meisten Männern ist zwar fast der gesamte Körper verhüllt, aber die Gesäßbacken liegen frei, während ein schmaler schwarzer Riemen in die Falte geklemmt ist und die Hose festhält. Wahrlich, ein verblüffender Anblick. Mir jagt die Verkleidung keine Angst ein, sie kommt mir eher lächerlich vor, ein Schwitzkasten mit freiem Hintern ist nicht zum Fürchten. Natürlich drehen sich die Leute, die sonst auf der Straße sind, nach dem vorbeiziehenden Pulk um, aber sie tun es ohne allzu große Verblüffung, auch nicht aggressiv. Nur ein kleiner Junge fürchtet sich und klammert sich ängstlich an die Beine seines Vaters. Zwei ältere Anwohner, die vor einem Café auf Stühlen sitzen und rauchen, haben ihre Zeitungen niedergelegt und unterhalten sich darüber, daß der Aufmarsch diesmal kleiner ausfällt als letztes Jahr.

Der Westen Berlins war schon in den siebziger Jahren ziemlich tolerant gegenüber Schwulen, als sie sich in den Kleinstädten der Provinz noch verstecken mußten. Hier feierte die schöne Diva Romy Haag ihre ersten großen Erfolge und betrieb das *Chez Romy Haag* in der Fugger-/Ecke Welserstraße. Der junge David Bowie war dort öfter anzutreffen, wie auch in der Motzstraße oder im berühmten griechischen Lokal von Fofi, im *Ax Bax* in der Leibnizstraße. Gerhard kannte Bowie ganz gut, sie gingen öfter zusammen aus, zwei schlaksige, langgeratene Kerle, der eine im dunklen Anzug, der andere mit rostrotgefärbten Haaren und popfarbenem Outfit. Irgendwie paßten sie im Kontrast perfekt zueinander, obwohl keine sexuelle Beziehung zwischen ihnen bestand, denn Gerhard war schwulen Avancen gegenüber zwar nicht immer abgeneigt, in diesem spektakulären Fall allerdings schon. Von Sigmund Freud hatte er die Formulierung vom *polymorph perversen* Individuum aufgeschnappt und verwendete sie mit Lust auf sich selbst. Er war weltläufig, sprach ausgezeichnet Englisch und Spanisch und war immer neugierig auf Leute, die anders waren als er selbst.

Das gewitzte Freiheitsbegehren, das die Berliner Schwulen in den siebziger Jahren so lässig vorgeführt hatten, änderte sich rasch, als die ersten fleckenübersäten Gerippe der Aidskranken auftauchten und die Forschung die Gründe herausfand, was es mit dieser rätselhaften Krankheit zum Tode auf sich hatte. Aus einer lockeren und lustvollen Paradiesvogelszene wurde eine ängstliche. Trauer und Verzweiflung grassierten. Und es wurde nie wieder so, wie es vorher gewesen war, obwohl die Medizin rasch Fortschritte machte und der grauenvollen Krankheit allmählich den Stachel zog.

Auch Gerhard wurde besonnener und ging bei seinen Eskapaden vorsichtiger zu Werke. Es dauerte allerdings Jahre, bis sich die schwule Szene derart änderte, daß manche Männer sich in ihrer Zweisamkeit nun danach sehnten, ein Familienleben mit Kind und Kegel zu führen. »Spießiger geht's kaum«, sagte Gerhard dazu, »die tucken inzwischen bloß noch auf ihren Sofas rum, machen Selfies von ihren Hausschuhen und wollen Kinderwagen schieben.« Ich hielt mich wohlweislich mit Sprüchen zurück, weil ich mit der Szene weniger vertraut und generell weniger provokationslüstern war als mein Freund. Er konnte sich das mit seinem Charme und seiner Experimentierfreude erlauben, aus meinem Mund hätten solche Worte vermurkst und bitter geklungen. Ich bin mir übrigens sicher, daß Gerhard den kleinen Aufmarsch der Gasmaskenmänner begrüßt hätte. Er liebte die Abweichungen vom gewohnten Trott, auch wenn sie noch so grotesk waren.

Allzu viel von alledem dürfte jetzt, da Gerhard aus dem Leim gegangen ist, nicht mehr übrig sein. Wenn er weiter so vor sich hin rottet, wird er Bowie wohl bald nachfolgen. Und warum freut mich das? Ja, warum eigentlich? Irgendwie bin ich nicht in Stimmung, mich näher damit zu befassen. Ich, ich, ich, das existiert nicht mehr. Verschanze mich in mir selbst, habe die Erinnerungen satt, habe die Motzstraße satt, befinde mich auf einer Schwelle, in der Leben und Tod nur wenig bedeuten, weil man mich ausgespart hat, mich allein gelassen hat in einem fragmentierten Universum schlampiger Erinnerungen, wo Gedankenimitate sich dicke tun, die sich fortwährend aus Scheinsätzen zurechtkomponieren, denen *my better self* liebend gern entkäme. Anwesend, abwesend. Papperlapapp plappert die Pampe. Laß gut sein. Knips aus.

Americana

Jetzt ist es etwas kälter, der Wind hat die ersten dürren Blätter von den Bäumen gefegt. Nieselregen fällt sanft herab. Zwar ist es bereits dunkel geworden, aber der Verkehr fließt noch kräftig, es kann also nicht spät sein. In der Niebuhrstraße 77 dringt aus den meisten Wohnungen Licht. Im Erdgeschoß sind die Fenster der linken Wohnung erleuchtet. Hier wohnt die frühere Chefin und spätere Partnerin von Marie, eine alte Dame von inzwischen über achtzig Jahren. Sie und ihr Mann haben Marie damals als Referendarin angestellt, nachdem sie ihr juristisches Examen abgelegt hatte. Marie ist mit den wesentlich älteren Eheleuten immer gut ausgekommen. Nachdem der Mann unerwartet verstorben war, wurde sie von der Witwe als Partnerin der Kanzlei aufgenommen. Fortan lautete das Schild *Rechtsanwaltskanzlei Haagen & Fennemann.* Marie spezialisierte sich auf das Strafrecht, ihre Chefin blieb für Wirtschaftsfragen zuständig.

Im Wohnzimmer der alten Dame läuft der Fernseher. Es wird Englisch gesprochen. Anscheinend ein amerikanischer Sender, jedenfalls kein deutscher. Frau Haagen sitzt aufrecht im Sessel und starrt gebannt auf den Bildschirm. Auf dem Beistelltisch neben ihr stehen ein leeres Wasserglas und ein Teller mit ordentlich belegten Broten, exakt geschnittene Gürkchen liegen obenauf. Ich befinde mich auf einem noch kleineren Beistelltisch über einer Schale gefüllt mit künstlichen Trauben, zwei Äpfeln und einer Birne, vermutlich aus Gips.

Von dem, was der Bildschirm zeigt, bin ich inzwischen ebenso gefesselt wie die alte Dame. Eine schüchterne Frau spricht etwas stockend in einem großen, gut gefüllten Saal, dessen Sitze in ein Rund geschlossen sind. Sie ist immer wieder prominent ins Bild gerückt und beantwortet Fragen einer

korpulenten Frau, die ihr gegenüber an einer etwas vorgescho-
benen Separatbank sitzt. Es muß sich um ein eher moderates
Verhör handeln, das nicht in einem Gerichtssaal stattfindet.
Mit den Aufgeregtheiten einer Justizserie im Fernsehen hat
das Ganze jedenfalls nichts zu tun. Auch sind hier keine
Schauspieler platziert, sondern Leute, die mit Politik zu tun
haben. Eine Dame erkenne ich, es ist Nancy Pelosi, die Spre-
cherin des Repräsentantenhauses. Zugleich geht es um etwas
sehr Persönliches, einen sexuellen Angriff, der hier in aller Öffentlichkeit verhandelt wird, noch dazu vor einem riesigen
Fernsehpublikum weltweit. Das in Frage stehende Ereignis
muß vor langer Zeit stattgefunden haben, als die jetzt etwa
fünfzigjährige Frau, die damals noch in der Highschool war,
eine Party besuchte, auf der einige Männer sehr betrunken gewesen sein sollen. Links und rechts an ihrer Seite sitzen zwei
Verteidiger, die ihr manchmal etwas zuflüstern, wenn sie eine
Frage nicht auf Anhieb versteht.

Sie ist mir sympathisch, sehr sogar. Das ist gewiß keine
Person, die an die Öffentlichkeit drängt, eher ein umsichtiger,
zurückhaltender Mensch. Weil ihre Aussagen nicht wie aus
der Pistole geschossen kommen und leicht irritiert vorgetra-
gen werden, klingen sie glaubwürdig. Die blonde Frau ver-
heddert sich manchmal, kehrt dann aber entschieden zu ihrer
Grundaussage zurück, daß ein bekannter Mann, um den es
hier offensichtlich geht, sie während einer Feier von Teen-
agern aufs Bett geworfen und ihr den Mund zugehalten hat,
um zu verhindern, daß sie um Hilfe schreit. Der Vorfall erinnert an einen häufig vorkommenden Plot in amerikanischen
Fernsehserien, wenn darin außer Kontrolle geratene High-
school- oder Collegeboys, die in einer verklemmten, purita-
nisch gefärbten Umgebung aufgewachsen sind, unter Alkohol-
einfluß die Sau rauslassen.

So langsam verstehe ich, daß hier eine weltöffentliche

Schlacht stattfindet, in der sich Republikaner und Demokraten um einen Kandidaten zanken, der für das höchste Richteramt der Vereinigten Staaten vorgesehen ist. Das Ganze zieht sich in die Länge. Die Befragung wird zugunsten von Pausen unterbrochen, während derer die Leute in den Gängen herumstehen oder hin- und herwandern. Auch meine Fernsehpartnerin steht etwas mühsam auf und geht in ihren Hausschuhen, die leise über den Boden schleifen, in die hintere Abteilung ihrer Wohnung, wo alsbald die Klospülung rauscht. Mit einer Flasche Pfirsichlikör kehrt sie zurück und füllt eine ordentliche Portion in das geleerte Wasserglas. Jetzt findet sie auch Zeit, die vorbereiteten Brote zu essen. Bis auf das schleppende Gehen wirkt die alte Dame noch sehr intakt. Obwohl sie gerade niemanden empfängt (ich bin für sie ja Luft), ist sie ordentlich gekleidet, trägt sogar eine Perlenkette um den Hals und das noch recht üppige graue Haar hochgesteckt. Zwar bin ich ihr früher nicht allzu oft begegnet, aber ich habe sie immer gemocht, weil sie eine ruhige Art von Selbstbewußtsein verströmt, gepaart mit einer scharfen Beobachtungsgabe. Lore Haagen gehört zu den seltenen Charakteren, denen man nichts vormachen kann und die dabei ihre Souveränität nie verlieren. Natürlich ist Marie hin und wieder mit ihr in Konflikt geraten, weil die alte Dame über eine stolze und machtbewußte Energie verfügt, aber im Grunde haben sich die beiden gut verstanden. Doch was im Fernsehen läuft, scheint Lore aufzuregen und ihre Gefaßtheit zu untergraben.

Eigentlich wäre es jetzt an der Zeit, mich davonzumachen, aber ich klebe am Bildschirm fest, während die Leute wieder in den Sitzungssaal strömen. Es geht also weiter. Aber in etwas anderer Besetzung. Den Platz der zuvor befragten Frau nimmt nun ein Mann ein, der von drei Frauen begleitet wird; einem Kommentar ist zu entnehmen, daß es sich um seine

Mutter, seine Frau und eine Freundin der Familie handelt. Die Mutter sieht fürchterlich aus, die gesamte untere Hälfte des Gesichts ist zu einer Maske des Grimms verzerrt. Die Ehefrau wirkt unglücklich verstockt, was man ihr nachsehen kann, denn es kann nicht angenehm sein, vor Kameras, die jede tränenfeuchte Wimper und jeden zuckenden Gesichtsmuskel registrieren, an der Seite eines Mannes zu erscheinen, der der versuchten Vergewaltigung beschuldigt wird.

Den Vogel schießt aber die Freundin des Hauses ab, eine magere Blondine, deren nackte Arme aussehen, als hätten sie schon geraume Zeit im Sarg verbracht. Trotz Lifting ist das Gesicht gräßlich verzogen, das weit über ihre Schultern hinabreichende blondierte Haar soll ewige Jugend vortäuschen. Es ist ziemlich klar, wofür diese weiblichen Mitbringsel stehen. Sie dienen als lebendiges Beweisaufgebot, daß der Beschuldigte ein Freund der Frauen ist, weil er von einer femininen Phalanx unterstützt wird. Seine Kontrahentin hatte zuvor darauf verzichtet, ihre Familienangehörigen einer peinigenden Zurschaustellung auszusetzen.

Selten habe ich in kürzester Zeit einen so heftigen Widerwillen gegen eine mir bis dato völlig unbekannte Person gefaßt. Aber der Mann ist nicht irgendwer. Inzwischen kennen ihn Millionen von Menschen rund um den Erdball. Woher kenne ich ihn? Jetzt fällt mir wieder ein, daß ich sein Bild vor einiger Zeit in einer herumliegenden Zeitung gesehen habe. Für das bedeutende Amt ist er von Donald Trump in Stellung gebracht worden und kann damit wichtige politische Entscheidungen für Jahrzehnte beeinflussen. Der Kerl schäumt vor Wut, ist zugleich aber eine Heulsuse, die sich nicht in der Gewalt hat. Natürlich streitet er energisch ab, in der fraglichen Zeit im fraglichen Haus, in dem die Party stattgefunden haben soll, anwesend gewesen zu sein.

Das Ganze wird geschmückt mit endlosen Tiraden über

seine eigenen Verdienste, die hinsichtlich der Beschuldigung unerheblich sind. Wenn sich ein junger Mann für sein Baseballteam engagiert, hat das keinerlei Aussagekraft in bezug auf die Frage, wie er sich Frauen gegenüber verhält. In ein lückenloses Tagebuch will er gekritzelt haben, daß er an jenem Tag an einem weit entfernten Ort gewesen sei. Auf beharrliches Nachfragen seitens einiger demokratischer Ausschußmitglieder, die seinen heftigen Alkoholkonsum zum damaligen Zeitpunkt aufs Korn nehmen, reagiert er patzig. Bier trinkt doch jeder. Sie etwa nicht?

Warum um Gottes willen rege ich mich über den Mann dermaßen auf? Er kann mir doch völlig gleichgültig sein. Schließlich bin ich schon gestorben, was er noch vor sich hat. Nichts bindet mich mehr an nichts, schon gar nicht an irgendwen vor irgendeiner Kamera. Warum also?

Es hat damit zu tun, daß mir aufgeblasene Kerle, die gnadenlos von sich überzeugt sind und glauben, daß ihnen alles zusteht und sie schon immer alles richtig gemacht haben, zutiefst zuwider sind, insbesondere, wenn sie sich auch noch zu vorbildlichen Christen hochstilisieren. Familie stimmt. Religion stimmt. Alles stimmt. Der Mann vor dem Ausschuß ist so ein bigotter Amerikaner, der seine Religiosität gern öffentlich zur Schau stellt, wenn es ihm nützt. Zwar kann ich mich selbst nicht davon freisprechen, bisweilen ein abschätziges Verhalten gegenüber Frauen an den Tag gelegt zu haben, die dies nicht verdient hatten, aber gewiß habe ich noch nie eine Frau zum Sex gezwungen, Alkohol hin oder her, LSD her oder hin. Im Gegenteil. Ich gehörte zu den schüchternen Männern, die sich nicht aus der Deckung wagen und sich lieber von Frauen verführen lassen, als selbst zuzugreifen und eine Abfuhr zu riskieren. Auch meine Fernsehnachbarin scheint sich aufzuregen. Nervös rupft sie an ihren Broten herum, murrt und raunzt und giftet wie ein wildgewordener Kater, ausgerechnet Lore Haagen, dieses Musterbild an Überlegenheit.

Wie die Sache ausgehen wird? Keine Ahnung. Was mich noch empört, ist nicht mehr der befragte Richter, sondern ein Republikaner aus dem Forum, der sich nun zu Wort meldet, ein glattgestriegelter Mittsechziger, der den Beschuldigten hochaggressiv verteidigt und dabei das nationale Erbe beschwört. Fehlt nur noch, daß er eine amerikanische Tischflagge dazu schwenkt. Kein Wort zu irgendeinem Detail der Vorwürfe. Reine Propaganda strömt aus diesem Lautsprecher. Sicher, es gibt einen Unterschied zu einem geifernden Haßredner wie Josef Goebbels, aber der kommt mir gerade nicht allzu groß vor. Das Böse läßt sich auch von manchen stummen Gesichtern ablesen, doch es tritt erst dann überdeutlich zutage, wenn die Worte, die aus dem dazugehörenden Mund quellen, es in eine Rede fassen, in der Haß, Lügen und mörderische Impulse ein explosives Gemisch erzeugen.

Jetzt habe ich von der Sache genug. Überdruß und Ekel haben mich in der Gewalt. Lore Haagen mag sich noch die halbe Nacht damit herumschlagen, ich passe und will wieder ins Freie. Ein Luftschiff soll kommen und mich in die Höhe entführen, wo alles Gehörte und Gesehene im Reinen und Leichten ineinanderschwankt. Doch eine Art Schleier, der sich anfühlt, als wolle man mich ersticken, kommt über mich und raubt mir die Kraft, schleunig durchs Fenster zu entkommen. Erst in der Morgendämmerung bin ich wach, aber noch nicht bei allzu klarem Bewußtsein, während ich aus der Versunkenheit ins Freie gelange. Es kommt mir so vor, als sei ich in der Nacht von amerikanischen Umtrieben gequält worden, die jetzt von mir weichen, während ich an Höhe gewinne und über den Dächern entschwebe.

Langgestreckt

Zwittriges Graulicht hat sich über die Häuser gebreitet. Bald wird es dunkel werden, die Lampen der Straßenbeleuchtung sind in manchen Teilen der Stadt bereits hell. Heute fühle ich mich munterer als sonst, fliege ohne den Drang umher, an einen bestimmten Ort zu gelangen, passiere gerade die Landhausstraße in Wilmersdorf, eine Straße, die ich gut kenne, weil ich ganz in der Nähe gewohnt habe. Ein Krankenwagen mit Blaulicht biegt von der Güntzelstraße in die Landhausstraße ein und verschwindet in der Einfahrt des psychiatrischen Krankenhauses.

Vor dem Haupteingang steht ein Mann wie festgewurzelt. Den Krankenwagen scheint er nicht zur Kenntnis genommen zu haben. Er hält den Kopf gesenkt, beschäftigt sich jedoch mit seinem Zeigefinger, den er ausstreckt und schnell wieder einholt, wobei er die andere Hand zur Hilfe nimmt und sie über den zurückgenommenen Finger legt, als bedürfe dieser eines besonderen Schutzes. Doch schon ist der vorwitzige Finger wieder draußen. Die Haare des Mannes stehen ihm teils wirr um den Schädel, manche Partien, besonders am Hinterkopf, wirken wie angeklebt. Er trägt einen grauen Mantel, ist schmal und dürr, und seine Hosenbeine werfen Falten über den Schuhen.

Etwas sehr, sehr Wichtiges hat ihn am Wickel. Jetzt geht er, ohne sich umzusehen, langsam, mit steif aufgesetzten Beinen auf die Straße und legt sich mitten auf den Asphalt. Den Arm mit dem bedeutenden Zeigefinger hält er angewinkelt nach oben. Zunächst bleibt er ganz still, als müsse er von ganz unten in den hohen Himmel hineinlauschen. Nur der aufgesetzte Arm mit dem Zeigefinger kündet von einer wichtigen Kommunikation. Spricht er mit Gott? Dem Universum? Einem Engel? Oder einer höchst persönlichen Phantasiegestalt, die er im Himmel wähnt?

Natürlich ist das gefährlich. Gerade bei Dämmerlicht kann ein abgelenkter Autofahrer womöglich nicht schnell genug erkennen, daß da ein Mensch auf der Straße liegt. Gottlob ist im Moment jedoch kein Fahrzeug unterwegs. Inzwischen ist eine jüngere Frau auf ihn aufmerksam geworden, die zwei Windhunde an der Leine führt. Sie sieht sich nach Hilfe um, aber ansonsten läßt sich gerade kein Passant blicken. Mit ihren Hunden geht sie zu dem Mann, beugt sich zu ihm hinab und versucht ihn zu überreden, aufzustehen. Der Mann rührt sich nicht. Die Hunde beschnüffeln ihn nicht, sie stehen gegenseitig versetzt herum, abgekehrt von der Szene, der hellfarbene zittert ein bißchen, der grauschwarze mit den weißen Flecken hält den Kopf mit den langbehaarten Ohren gesenkt, als wolle er sich zwar nicht allzu genau mit der Sache beschäftigen, aber zumindest mal hinhören, was sich da so tut.

Von der Güntzelstraße her nähert sich jetzt ein dunkler BMW. Die Frau wedelt mit den Armen, um auf sich aufmerksam zu machen. Mit aufgeblendeten Scheinwerfern hält der Wagen an, der Fahrer, ein älterer Herr im Trenchcoat, steigt aus. Er verständigt sich mit der Frau und versucht, den Mann am Boden aufzurichten, indem er an dessen Armen zieht. Zweifellos meint der Fahrer es gut, erntet jedoch eine derart drastische Schimpfkanonade, daß er von dem Mann wieder abläßt. Der steckt schnell seinen wichtigen Finger weg, damit er von Unberufenen nicht berührt wird. Die Hunde haben sich inzwischen so weit entfernt, wie ihre Leinen es zulassen. Ihnen ist anzumerken, daß sie es zutiefst mißbilligen, hier herumstehen zu müssen.

Am Eingang der Psychiatrie zeigt sich ein anderer Patient. Er betrachtet die Szene, zündet sich erst mal eine Zigarette an und benimmt sich wie einer, der Bescheid weiß. Keinesfalls hat er es eilig. Langsam und genüßlich vor sich hin paffend nähert er sich der Szene. »Das is Schlitzschlitz«, sagt er, »hat's schon zweimal mit dem Messer versucht.« »Könnten Sie uns vielleicht helfen, daß wir ihn hier von der Straße wegbringen?« fragt die Frau, während ihre Hunde an den Leinen zerren, weil sie endlich wegwollen. »Könnt' ich«, sagt der neu hinzugekommene Patient, rührt sich aber nicht vom Fleck und raucht genüßlich weiter. »Hermann heißt der. Is 'n ziemlicher Angeber, will in Kontakt sein mit was Wichtigem von oben.«

Der Fahrer des BMW will in der Klinik nach jemandem suchen, der hier eingreifen kann. »Bleiben Sie da, bis ich wieder zurück bin«, sagt er zu der Frau, »und passen Sie bitte solange auf mein Auto auf.«

Der Mann, der auf der Straße liegt, hebt den rechten Arm und reckt den Zeigefinger empor. Er schimpft nicht mehr, sondern hat etwas Bedeutendes mitzuteilen, was der Himmel, nein, nicht nur der Himmel über der Landhausstraße, sondern das Universum unbedingt hören muß. Er spricht zunächst verschwörerisch, eher leise: »Kenn' die Stelle, jawohl kenn' sie, die Stelle, kenn' …« (er legt eine Pause ein, dann wird seine Stimme dunkel, weil von etwas Schwerem ergriffen) »kenn' das A-aa-a-real, wo der Rudeldudel angreift …« (nun knickt der Zeigefinger wieder ein, als müsse er sich verstecken) »wird nämlich von dem Scheißkerl da oben weggemacht … um, um …« (plötzlich atmet er schwer) »um anderswo …« (noch einmal legt er eine bedeutende Pause ein, während der Finger wieder in die Höhe schnellt) »verpflanzt zu werden!« Nun packt er sein Kinn mit der rechten Hand, legt noch die linke obenauf, damit *der da oben* es ihm nicht wegpraktizieren kann.

Neben dem Liegenden steht jetzt der rauchende Patient

und schnippt ein bißchen Asche auf dessen Beine. »Wieder was von wegen Kontakt mit oben. Immer dettselbe«, kommentiert er wissend. »Will tot sein, weiß aber nicht wie.« Die Hand mit der Zigarette geht nach oben, um zu zeigen, daß sein Kollege irgendwie da hinauf will. »Schöne Hunde das«, sagt er noch zu der Frau, »wirklich schöne Hunde. Hatte als Kind auch mal einen. Aber so 'n fetter Bierlaster hat ihn plattgemacht.«

Inzwischen hat sich hinter dem BMW eine kleine Schlange anderer Fahrzeuge gebildet, vier Leute sind ausgestiegen und nähern sich der Szene, fragen, was los sei, worauf der rauchende Patient sich ihnen mit wichtiger Miene zuwendet und sie aufklärt, daß es sich um Schlitzschlitz handelt, der hier mal wieder eines seiner Straßenspielchen mit dem Himmel treibt.

Der Fahrer des BMW kehrt in Begleitung zweier Pfleger zurück, die sich sofort an dem Patienten zu schaffen machen. Zunächst beugen sie sich nur über ihn, um ihn zu überreden, doch bitte aufzustehen. Aber der Mann weigert sich entschieden, jetzt knurrt er die Pfleger mit zusammengepreßten Lippen an, während er sein Kinn weiterhin umklammert hält. Die Frau mit den Windhunden zieht sich zurück, bleibt aber in einiger Entfernung auf der Straße stehen, während ihre Hunde weiter an den Leinen zerren, weil sie endlich fortwollen.

Nun packen die beiden Pfleger zu, greifen den liegenden Mann unter den Achseln und stellen ihn auf die einknickenden Beine. Der wehrt sich zwar nicht, aber macht sich schwer wie ein Kartoffelsack und versucht, die Arme eng am Körper zu halten, damit man ihm seine Hände nicht vom Kinn loseisen kann. Er schreit nicht, knurrt nur. Die Pfleger schleifen ihn zur Tür des Krankenhauses, die sich automatisch öffnet und hinter ihnen wieder schließt. Der andere Patient wirft seinen Zigarettenstummel zu Boden, legt seine Hand wie ein

Kapitän an eine imaginäre Mütze und setzt sich auf ein Mäuerchen. Die Frau verabschiedet sich vom BMW-Fahrer und führt ihre Hunde zurück auf den Gehweg in Richtung Güntzelstraße. Die anderen Leute steigen wieder in ihre Autos und fahren davon. Nun entzünden sich auch in der Landhausstraße die Lichter der Straßenlaternen wie von Zauberhand. Der Patient auf dem Mäuerchen steckt sich eine neue Zigarette an und blickt auf den imposanten Altbau auf der gegenüberliegenden Seite, in dem inzwischen viele Fenster erleuchtet sind. Vielleicht liegt in seinem Blick so etwas wie Sehnsucht, weil er selbst gern so komfortabel untergebracht wäre wie die Bewohner in diesem prächtigen Haus. Dann wendet er sich abrupt um und rupft mit der linken Hand ein Büschel Gras von der Böschung in seinem Rücken, läßt die Halme fallen und zertritt sie konzentriert mit dem linken Schuh. Außer ihm befindet sich niemand mehr auf diesem Abschnitt der Straße, keine Spaziergänger, keine fahrenden Autos. Und es wird allmählich zu kalt, um ohne Mantel draußen zu sitzen.

Mich erinnert der Mann mit dem erhobenen Zeigefinger an den verrückten Senatspräsidenten Daniel Paul Schreber aus dem 19. Jahrhundert, der, sobald ihn das Irresein am Wikkel hatte, von seiner komplex konstruierten Sonderwelt nicht mehr loskam und dennoch klar geschriebene Memoiren über seinen Zustand verfassen konnte. Kraft- und lichtspendende Strahlen als mittelbare Lebensäußerungen Gottes wirkten auf seine Nervenanhänge ein und setzten sich darin fest. Sie konnten zu ihm sprechen, meistens im Befehlston. Sie waren seine beseelten Willensvehikel, die hinterrücks, meist im Auftrag der Sonne, mit ihm kommunizierten. Oder es wurde im Auftrag der Ewigkeit gesprochen, die den Rat gab, sich über die kleinlichen geozentrischen Vorstellungen hinwegzusetzen, um alles vom Standpunkt des Erhabenen aus zu betrachten.

Schrebers Körper war nicht nur das Gefäß für existentiell

wichtige Botschaften, die ihn manchmal hart trafen, er sorgte auch für die Ingangsetzung einer Menschenzucht durch entnommene Teilchen in ihm. Es ging darum, diese Zucht auf einem anderen Weltkörper zu erschaffen, allerdings handelte es sich dabei um seelenhafte Kümmerformen des Menschen, denn sie waren erheblich kleiner als der Senatspräsident, der ja in gewissem Sinne ihr Vater war, weil seine Nerven für ihre Erzeugung angezapft worden waren. Obwohl das alles für ihn entsetzlich anstrengend war, wurde er dafür entlohnt, indem er für die neuen Wimmelmenschlein zu einem Nationalheiligen und Gegenstand der göttlichen Verehrung wurde. Das gesamte Fortpflanzungsprogramm war von einem Wesen in seinem Unterleib gesteuert und in Gang gesetzt worden, in dem es manchmal kräftig rumorte, was ihn zu unkontrolliertem Schreien veranlaßte, weil sein Leib zu einem Sack geworden war, in dem sich heftige Erzeugungsvorgänge abspielten. Das Getümmel im Unterbauch brachte ihn immer wieder an den Rand der totalen Erschöpfung, dennoch fühlte er sich dadurch zu einer universal bedeutsamen Größe erhoben.

Der Senatspräsident als neuer Weltschöpfer hätte trotz Geburtsweh, gefolgt von beeindruckenden Levitationen, mit seiner imponierenden Rolle, die er im Universum spielte, durchaus zufrieden sein können, aber so einfach war die Sache leider nicht. Er litt, denn der wundervolle Aufbau eines neuen Seelengebirges wurde alsbald von einem Riß durchzogen, in dem eine Art Teufel nistete, der sich als Seelenmörder betätigte. Und dieser Mörder war niemand anderer als sein behandelnder Arzt: Professor Flechsig. Für diesen Quälgeist ersann er einen Stammbaum, dessen Ursprung er nach *Tuscien und Tasmanien* versetzte, wobei er die Geschichte seiner eigenen Familie ebenfalls mit diesem Ort verband. Am Höhepunkt einer seiner Krisen verwandelten sich ihm alle Menschen, insbesondere die Männer, in *flüchtig hingemachte* Wesen.

Als die Aufzeichnungen Schrebers vor eineinhalb Jahrzehnten neu erschienen, widmete ich mich ausführlich dem Buch. Das hatte einen persönlichen Grund. Während einer Fieberattacke, die mich für eine Woche ins Bett warf, wurde ich von einer Gottesbegegnung der besonderen Art heimgesucht. Es war mitten im Hochsommer bei glasklarem Himmel, da saß ich von Marie sorgsam in eine Decke gewickelt auf dem Balkon. Über mir zersprang der knallblaue Horizont, als wäre er aus Glas. Nicht von unten war er von unsichtbarer Hand aufgehackt worden, sondern von oben. Und durch das entstandene Loch meldete sich Gott. Zwar sah ich ihn nicht, aber ich hörte seine Worte. Er sprach mit donnernder Stimme zu mir, nur zu mir. Was er sagte, war wichtig, äußerst wichtig. Es hatte das Zeug, mein Leben umzukrempeln. Schrecklicherweise vergaß ich schon nach wenigen Minuten, was Gott zu mir gesagt hatte. Seine Rede war von so überwältigender Bedeutung gewesen, daß mein Verstand sie nicht hatte fassen können. Aber ich wußte, die Zeit war gekommen, mein Leben zu überdenken.

Was ist daraus geworden? Zu wenig, das ist sicher. Eine grundlegende Veränderung meines Denkens und Verhaltens stellte sich leider nicht ein. Ich hatte eine einmalige Chance verpaßt. Inzwischen bin ich auch nichts anderes mehr als ein flüchtig hingemachtes Wesen, das allerdings auf eigene Rechnung herumspukt und nicht den Kopf eines Senatspräsidenten heimsucht.

Jenseits der Grenze

Wieder ist es Nacht. Vermutlich spät. In einem Haus in der Pestalozzistraße ist die Balkontür im dritten Stock geöffnet, leise dringt Musik heraus. In den vorderen Zimmern ist niemand. Ich schaue mich in den anderen Räumen um – auch dort kein Mensch. In der Küche liegen eine Pfanne, zwei Teller und gebrauchtes Geschirr in der Spülsenke, vermutlich haben die Leute, die hier wohnen, gerade gegessen. Ihre Wohnung ist verspielt eingerichtet, auf den Sesseln und Stühlen liegen bunte Stoffe, Männer- und Frauenkleider hängen auf Bügeln im Schlafzimmer, über dem Doppelbett ist eine aus rötlichen Vierecken zusammengenähte Patchworkdecke gebreitet, darüber hängt ein riesiges französisches Filmplakat aus den frühen dreißiger Jahren mit dem Titel *Jeunesse*. Regie geführt hat offenbar ein Georges Lacombe, der mir gänzlich unbekannt ist. Zwei schicke junge Damen mit Hütchen biegen sich zum Schein etwas schamhaft vor einem Beau mit elegantem Hut zurück, der sie gerade auf der Straße anspricht.

Vermutlich lebt auch ein Halbwüchsiger in der Wohnung, denn es gibt einen geduckten Raum mit viel Technokram und Postern an der Wand, auf einem zieht eine schiefmäulige Bulldogge die Lefzen hoch und zeigt ihre krummen Zähne, auf einem anderen zielt ein punkhaft gestylter Cyborg mit einer Plastikwaffe auf eine Pyramide mit Erdbeertörtchen.

Die Musik, die im Wohnzimmer spielt, erkenne ich sofort. Es ist mein Liebling Bruce Springsteen, der da aus zwei Lautsprechern singt, die bodenläufig einen Vitrinenschrank rahmen, in dem Sammeltäßchen stehen, zu kleinen Fächern zusammengebundene Vogelfedern und eine Ariadne auf Naxos aus Porzellan. Kurioserweise sitzen in einer Etage lauter Insekten, die ziemlich naturgetreu wirken, vermutlich sind sie aus Glas. Schwarze Ameisen und zartgliedrige Moskitos sind darunter, aber auch Prachtkäfer, die, falls es sie noch gibt, vermutlich in den letzten verbliebenen Urwäldern zu Hause sind. Ein grünschillerndes Exemplar mit schwarzen Streifen auf dem Rücken und weit auseinandergebogenen Fühlern fasziniert mich, ebenso ein gelbbraun gemustertes Viech, vor allem aber ein orangebraun gefärbtes Großinsekt, das sicher nicht aus dem europäischen Raum stammt. Daneben nehmen sich zwei dicke Kartoffelkäferchen recht putzig aus. Im direkten Kontakt mit ihnen war ich kein Freund der Insekten, auch erschienen mir die mit einer Nadel durchstochenen Exemplare befremdlich, die Ernst Jünger einst so fleißig gesammelt hat. Aber mit Käfern aus Glas kann ich mich problemlos anfreunden.

Schmetterlinge und anderes Getier auf alten Gemälden haben mich immer begeistert. Einer meiner Lieblingsmaler war und ist (wofern dieses *ist* noch so gedacht werden darf) Otto Marseus van Schrieck. Absolut hinreißend sind seine porträtierten Schlangen, die Frösche, Echsen, das Gezeuch von allem, was da kreucht und fleucht. Stillgestellt mit erhobenem Kopf und offenem Maul verharren die Schlangen am dunklen Boden als Inbild der Sünde und Ausgeburten der Hölle, jederzeit bereit, zuzubeißen. Schriecks Gemälde treiben das Schreckenerregende der Natur und die Verdorbenheit der Schöpfung ins Unheimliche, aber seine Malerei ist so überaus fein und gekonnt, daß beim Anblick der Bilder der Genuß die düstere Bedeutung verscheucht.

Springsteen singt von einer aktuellen Höllenhaftigkeit, die man schwerlich in so anziehenden Gemälden festhalten könnte. *Across the border* erklingt zu Akkordeon, Gitarre, ein bißchen Harmonika und verhaltenem Schlagzeug. Ein ruhiger, zutiefst melancholischer Song, der von einem Mann handelt, der sich darauf vorbereitet, in der Nacht die mexikanische Grenze Richtung USA zu passieren, ein gedämpft vorgetragenes Lied, dessen Wortlaut ich immer noch auswendig kann – mich hat es berührt, gleich, als ich es zum ersten Mal hörte. Es paßt zur aktuellen politischen Lage unter Trump, obwohl es bereits vor mehr als zwanzig Jahren geschrieben wurde. Und wie gut paßt es jetzt zu meiner Lage, obwohl ich kein Flüchtling bin und dennoch einsam wie der Mann, der hier von sich selbst spricht, während ihm der gefährliche Grenzübertritt vor Augen steht. Springsteen hält sich dabei so sehr zurück, daß er sogar einige Silben verschluckt, der Gesang erhebt sich nur knapp über ein Gemurmel. Ein Flüchtling in der Nacht muß leise sein, um nicht aufzufallen, seine Gedanken gleiten in einem melancholischen Tiefflug dahin, in der eine von Trauer ummantelte Hoffnung aufblitzt, an die er verzweifelt glaubt, obwohl die tristen Begleittöne etwas anderes erzählen.

Tonight my bag is packed
Tomorrow I'll walk these tracks
That will lead me across the border

Tomorrow my love and I
Will sleep 'neath auburn skies
Somewhere across the border

We'll leave behind my dear
The pain and sadness we found here
And we'll drink from the Bravo's muddy water

Where the sky grows gray and wide
We'll meet on the other side
There across the border

For you I'll build a house
High upon a grassy hill
Somewhere across the border

Where pain and memory
Pain and memory have been stilled
There across the border

And sweet blossoms fill the air
Pastures of gold and green
Roll down into the cool clear waters

And in your arms 'neath open skies
I'll kiss the sorrow from your eyes
There across the border

Tonight we'll sing the songs
I'll dream of you my corazón
And tomorrow my heart will be strong

And may the saints' blessing and grace
Carry me safely into your arms
There across the border

For what are we
Without hope in our hearts
That someday we'll drink from God's blessed waters

And eat the fruit from the vine
I know love and fortune will be mine
Somewhere across the border

Von einem Mann in mittleren Jahren wurde gerade die Wohnungstür geöffnet, er ist häuslich gekleidet, war vielleicht bei den Nachbarn oder hat den Müll runtergebracht. Die Kühle der Nacht streicht herein, der Mann schließt die Balkontür und legt sich aufs Sofa, wo er kuriose Übungen mit seinen Beinen anstellt, indem er ein imaginäres Fahrrad in der Luft fährt. Dazu brummt er die letzten Töne mit, die Springsteen singend verschleichen läßt. Die CD ist nun zu Ende, der Mann steht auf und schaltet den Fernseher an, mitten in die *Tagesschau* hinein. Die Nachrichten zeigen eine lange Schlange von Leuten mit armseligem Gepäck, die einen staubigen Weg entlangziehen. Darunter sind auch mit Rucksäcken bepackte Frauen, die Kinderwagen schieben. Laut Kommentar handelt es sich um eine Flüchtlingskarawane aus Honduras und Guatemala, die sich auf die mexikanische Grenze zubewegt, in der Hoffnung, von dort aus weiter in die Vereinigten Staaten zu gelangen. Eine seltsame Verbindung, die sich hier zwischen Springsteens Song und der Realität ergibt. Ist es bloßer Zufall? Inszeniert für mich, damit ich als Zuhörer und Zuschauer Mitleid empfinde und … ja was? Will man mir zeigen, daß das Leben schlimmer sein kann als der Tod? Daß ich mich glücklich schätzen soll, dem entronnen zu sein, weil es sich nur um eine leere Überschreitung handelt?

Von trügerischen Auswegen ins Unvermeidliche habe ich allmählich die Nase voll. Es ist nur ein scheinbarer Trost, in ein dunkles Zentrum zu geraten, das alles Gewesene verblassen läßt. Aber vielleicht auch eine Falle, wer weiß.

Duftanhänger

Wie um Gottes willen bin ich in dieses Auto geraten? In dem
zwei von der Decke baumelnde Duftanhänger einen durch-
dringenden Geruch verströmen? Den ich gottlob nur in ab-
geschwächter Form wahrnehme, da meine nicht mehr vorhandene Nase nicht mehr so sauber funktioniert wie ehedem.
Vielleicht verströme ich selbst als Seele noch ein bißchen Lei-
chengeruch, und man will mir deshalb höflicherweise das Riechen ersparen. Außer mir sitzt niemand im Wagen, und ich
sitze genaugenommen ja auch nicht. Auf der Rückbank liegt
eine erbauliche Schrift, auf ihrem graurosa Umschlag prangt
der Titel *Bis hierher und nicht weiter*. Darunter steht in kleine-
rer Schrift: *Ihr habt einen Freund. Und der heißt Christus*. Der
erste Teil will vielleicht zu meiner eingesperrten Situation passen, der zweite nicht. Selbstredend würde ich das Gehäus, in
das ich geraten bin, nur zu gern wieder verlassen, aber irgendwas scheint mich daran zu hindern. Daß ich einen Freund namens Christus besitzen soll, ist allerdings mehr als zweifelhaft.
Wer weiß, vielleicht hat er sogar dafür gesorgt, daß ich hier gefangen bin, obwohl es mir ausgesprochen unsinnig erscheint,
daß Christus sich eigens wegen mir der Mühe unterzogen haben soll, mich in einen Wagen einzusperren, und zwar ausgerechnet in einen kakaofarbenen Subaru Outback. Demzufol-
ge bin ich ein Inback im Outback. Woher ich weiß, daß der
Wagen ein Outback ist? Gerhard hat so einen Wagen mal
für ein paar Tage gefahren, als sein alter Jaguar in Reparatur
war. Allerdings keinen mit Kakaoüberzug, sondern einen
knallroten. Als er mit mir herumfuhr, hat er den Outback
wortreich verspottet. Er lästerte über die *Memory-Funktion*,
mit der man den Fahrersitz verstellen konnte, und über die
wortreichen Erklärungen im Prospekt, daß die Scheibenwi-

scher so angebracht seien, daß sie im Falle eines Aufpralls Fußgänger nicht verletzten.

Draußen ist es taghell, auf dem Gehweg zu meiner Rechten sind viele einzelne Leute mit Aktentaschen und kleinen Rucksäcken unterwegs, die es eilig haben. Vermutlich sind es Angestellte, die ihren Büros zustreben. Auf der linken Seite befindet sich ein Gebäude der Commerzbank, darüber kann ich einige blaue Himmelssplitter erkennen – offenbar ist es noch früh am Vormittag, und es herrscht gutes Wetter.

Eine junge Frau mit Dutt und weitem Glockenrock kommt auf das Auto zugelaufen und öffnet per Fernbedienung das Schloß der Fahrertür. Sie ist klein und zierlich, setzt sich hinters Lenkrad, kramt noch ein bißchen in ihrem Beutel herum, findet darin eine CD und läßt sie im schmalen Schlitz des Abspielgerätes verschwinden. Noch fährt sie nicht weg, sondern hört auf die männliche Stimme, die jetzt das kleine Gehäus füllt.

Ein Prediger mit gut trainierten Stimmbändern hat losgelegt. Er ist sich seiner Sache todsicher, fackelt nicht lang, kommt gleich auf Jesus zu sprechen. Jesus mit dir, Jesus in dir, Jesus oben, Jesus unten, Jesus allerorts. Wer sehen kann und sehen will, der erkennt die Marksteine Christi, die überall herumliegen und den rechten Weg anzeigen. Der Mann spricht von den glanzvollen ersten Schöpfungstagen, von Evas gierigem Apfelbiß – er spricht das Wort *gierig* geradezu zungenschnalzend aus, als hätte Eva den Apfel erst angeschleckt und ihn dann mitsamt Stiel und Gehäus auf einen Haps verputzt – und kommt dann sofort wieder auf Jesus zu sprechen, was mir in der flotten Geschwindigkeit, in der dabei über die biblischen Zeitspannen gehopst wird, nicht recht einleuchten will.

Hängen bleiben bei mir allerdings die Worte des Predigers vom *borstigen Gras*, auf dem sich unsere Ureltern nach der Vertreibung aus dem Paradies abgestellt sahen. Meine Fahrerin ist derzeit mit dem Ausparken beschäftigt, offensichtlich fällt es ihr nicht leicht, denn sie fährt ruckhaft vor und zurück, was wiederum gut zur Rede des Predigers paßt, denn Jesus ringt inzwischen mit dem Leibhaftigen zu unser aller Nutzen und Frommen.

Jetzt ist sie endlich aus der Lücke heraus. Die Frau hat einen eigenartigen Fahrstil, sie schleicht, wenn die Möglichkeit gegeben ist, zügig zu fahren, sie beschleunigt zu stark, wenn absehbar ist, daß sie gleich wieder bremsen muß. Außerdem hat sie einen Tick. Ihre Hände umklammern das Lenkrad, doch löst und spreizt sie für Sekunden abwechselnd die Finger der einen oder anderen Hand und greift dann wieder zu. Das Ganze im Rhythmus der Rede des Predigers, der jetzt davon spricht, daß die Zunge Christi in unseren Mündern nicht stillstehen darf.

Irgendwie scheine ich verpaßt zu haben, wie diese Zunge in unsere Münder gekommen sein soll. In meinen Mund ganz bestimmt nicht. Auch bauchrednerisch hat sich Christus nie in mir betätigt. Aber es muß großartig sein, wenn man sich dazu berufen fühlt, mit Christus im Gepäck, beatmet von Christus, zungenrhythmisiert von Christus und am unsichtbaren Schnürlein gelenkt von Gottes Sohn seiner Wege zu ziehen. Und es ist völlig gleichgültig, wieviel davon echt ist oder gerissene Schauspielerei, um naiven Leuten den Stempel der eigenen Macht und Besserwisserei aufzudrücken. Auch ein Scharlatan, der aus der Bibel seine Potenz zieht, muß ohne Nebengedanken in der Rolle aufgehen, die er gerade spielt. Hauptsache, es schlagen in ihm als Taktgeber das eiserne Herz des Erlösers und ein Geschäftssinn, der niemals ruht.

Als Kind habe ich durchaus an Christus geglaubt, aber was sich dabei zugetragen haben mag, spielt inzwischen auf einer fast geleerten Fläche der Erinnerung. Dafür kehrt meine Orts-

kenntnis wieder. Offenkundig fahren wir an der Charité vorüber. Und eine ganz andere Erinnerung steht mir plötzlich
vor Augen – an einen vor zig Jahren stattgehabten Besuch
eines berüchtigten Schauraums der Klinik, gefüllt mit einem
schier irrsinnigen Sammelsurium von Mißbildungen an Fö-
ten und gerade zur Welt gekommenen Kindern, die kurz nach
ihrer Geburt starben. Darunter waren auch größere Säuglin-
ge zu bestaunen, einäugige Zyklopen etwa, auf deren Stirn
das eine Auge prangte, ganz wie in der griechischen Mythologie beschrieben. Hat Christus, der so gern die Kindlein zu
sich kommen ließ, es gewollt, daß so schreckenerregende Geschöpfe sich in den Bäuchen ihrer entsetzten Mütter entwik-
keln?

Doch das absolute Schauerstück der Sammlung bestand
(oder besteht noch?) aus einem ungeheuer geblähten Darm
voller Scheiße, der von einem Mann stammt, der sich monatelang nicht von seinem Kot befreien konnte und daran starb.
Unter den verblüfften Zuschauern waren damals auch zwei
halbwüchsige Jungs, die sich natürlich über die Mißgeschöpfe
lustig machten, um ihr Grauen voreinander zu verbergen. Vor
dem Ungetüm mit akkuraten Flicknähten, das in einem ton-
nenhaften Glasbehälter schwamm, verstummten sie allerdings.
Mir ging der Anblick monatelang nicht aus dem Hirn. Sobald
ich nur die kleinste Irritation im Bauch verspürte, baute sich
der Riesendarm vor mir auf, während ich unbehaglich auf der
Kloschüssel saß und glaubte, sofort einen Gastroenterologen
aufsuchen zu müssen. »Du wirkst wie dein eigener Schatten«,
sagte Marie in jener Zeit zu mir, »irgendwie verdruckst. Was
ist denn los?« Wochenlang hatte ich ihr nichts von meiner
monströsen Exkursion erzählt, als es endlich soweit war, lachte
sie sich schlapp und strich mir dabei aber tröstend über den
Kopf, wie man's mit heulenden Kindern tut, die *aua, aua*
schreien.

Gelobt sei der Herr. Gelobt seien die Moneten, die in die Taschen des Predigers fließen. Seine erste Redepartie ist zu Ende, und meine Fahrerin stoppt die CD. Nun hält sie auch den Wagen an und versucht, ihn in eine Parklücke zu manövrieren. Das gleiche Gemurkse wie vorhin, nur diesmal mit umgekehrtem Effekt. Ein, nicht aus. Endlich geschafft. Sie öffnet die Tür. Als sie den Gurt löst und sich ihren Leinenbeutel vom Beifahrersitz schnappt, nutze ich die Gelegenheit, aus dem Gehäus zu entkommen, und fliege nun vor ihr her, während sie entschlossen die Straße entlanggeht. Ihre dunklen Augen glänzen. Bestimmt ist sie von einer wichtigen Mission erfüllt. Sie hält vor einem lieblos renovierten Altbau in der Hessischen Straße und klingelt. Offenbar befindet sich darin das *Mikon Eastgate*, was ein ziemlich aufgebockter Name für so ein drittklassiges Klingelingelinghotel ist, in dessen Zimmern sich gedanklicher Schmutz nicht so leicht in Pracht verwandeln lassen dürfte. Wer weiß, vielleicht ist ihr Guru mitsamt der Flamme Christi dort abgestiegen. Ihm legt die frohgemute Adeptin nun die aufgewühlten Gemütsschätze aus ihren zarten Händen zu Füßen, blind vom Leuchten der Zukunft, um sich schließlich mit Haut und Haar an ihn zu verschenken. Eine der Ehrfurcht verhaftete Frau ist leicht rumzukriegen, wenn solche Massen an Sinn um sie herumschwimmen. Denken wir momentan lieber nicht darüber nach und geben auch kein Zeugnis davon.

Dafür erlebe ich im Moment einen ganz anderen, ziemlich tumultreichen Aufwuchs von Wörtern, allesamt keine christlichen. *Kaltmachen, abquetschen, niederhauen, zu Brei schlagen, zerstückeln, röcheln, röhren, versauen* und zu allem Überfluß auch noch das Wort *Lammficker*, und zwar mit dem Zusatz: *Leeren wir das Magazin auf ihn!* Was mir unerklärlich bleibt, weil gewalttätige Obszönitäten in meinem Vokabular bisher kaum vorgekommen sind. Irgendwie muß mich die

blöde Jesussuada derart gereizt haben, daß ich in einen spät-
pubertären Explosivzustand versetzt wurde und auch mal zeigen will, was für ein toller Scheißkerl ich bin. Jeder Buchstabe,
der nicht laut wird, ist ein Verschwörer in meinen inzwischen
zersetzten Eingeweiden und wühlt, wühlt darin herum. Worin? In einer chronischen Magenleere des Nichts, die schmerzt.
Meine Stimme füttert niemanden mehr, ich aber werde ange-
füttert mit Zeugs, vor dem's mir graust, weil ich es nicht mehr
verdauen kann. Und keine wichtige Stimme da, die ernsthaft
mit mir redete und alles wieder zurechtrückte.

Vielleicht können meine Worte über die Hochhäuser fliegen und auf das Kleingehäusel der Einfamilienbehausungen
am Stadtrand niederrieseln, wo ihre Silben voneinander weg-
bröseln und die Vokale in laubverstopfte Dachrinnen fallen.
Quatsch, alles Quatsch. Inzwischen befinde ich mich in der
Hannoverschen Straße, direkt vor der Katholischen Akademie. Eine schwarze Limousine fährt die ansteigende Einfahrt
hoch. Ein hochgewachsener Würdenträger und sein Adlatus
steigen aus. Wahrscheinlich ein Kardinal, aber da ich mich
bei den Katholiken schlecht auskenne, weiß ich nicht, wer er
sein könnte. Ein kleines Empfangskomitee wartet schon auf
die hohe Person und geleitet sie hinein in der Hoffnung, daß
sie den echten Worthimmel mitbringe und nicht nur einen
auf Kitschpostkarten gemalten.

Ich verfolge die kleine Delegation, die nach links schwenkt,
der große Kardinal inmitten. Nun befinden wir uns in einem
breiten Gang, einem Vorraum zum eigentlichen Veranstal-
tungsraum. Diese öden weißen Stehtische stehen dort, die
ich noch nie leiden konnte, um sie herum haben sich Leute
gruppiert, die Kaffee trinken und Croissants essen. Offenbar
handelt es sich um einen Kongreß, unterbrochen von der ersten morgendlichen Pause. Der Würdenträger scheint bestens
gelaunt zu sein, von der Statur her geht etwas Imposantes von

ihm aus. Er verströmt Ruhe und Sicherheit, muß nicht laut werden, um sich Gehör zu verschaffen, denn er ist es gewohnt, daß man sich um ihn schart. Soeben wird er mit *Eminenz* angesprochen.

Vielleicht ist er ein konservativer Geist, vielleicht einer, der sich um eine moderne Definition der christlichen Freiheitslehre müht, indem er das selbstsüchtige Geflacker der Egoismen nicht in der verantwortungslosen Leere züngeln läßt, sondern die Würde des Menschen betont und diese klug vor zersetzenden Anfeindungen in die Hut nimmt. Menschen, die anderen Religionen anhängen oder an keinen Gott glauben, sind dadurch ebenso geschützt wie die Katholiken. Mir sind diese an freiheitliche und humane Bedingungen geknüpften Botschaften sympathisch, da sie einer enragierten Überwältigungsrhetorik der selbsternannten Prediger widersprechen, die ihre Adepten kleinmachen und sie unter ihre Fuchtel bringen wollen.

Nun füllt sich der Saal, die Eminenz nimmt in der ersten Reihe Platz. Auf die Wand hinter dem Podium ist das Thema der Zusammenkunft projiziert, es geht um die Erzählungen vom Tod großer Männer in der Antike, um Sokrates und Jesus. Angekündigt sind ein Professor Theobald und ein Pfarrer Wellmann, um darüber zu sprechen. Schierlingsbecher, Dornenkrone, Seitenwunde, wichtig, wichtig, alles sehr, sehr wichtig. Große Männer der Antike, kluge Männer der Gegenwart, ich empfinde sie als niederdrückend, vielleicht bin ich insgeheim sauer, weil ich bloß ein Wicht ohne Krone bin, um den sich die ganz große Erzählung niemals ranken wird.

Höchste Zeit, daß der kronenlose Kleine wieder an die frische Luft kommt, damit er mit dem Genörgel aufhört. Es verlangt ihn nach der Freiheit himmelwärts, dahin, wo die Wolken ziehen. Stadt, Land, Sonne, blauer Himmel, Tag, Nacht, ihr Auf und Ab, das Pulsieren der großen Stadt, das mähliche Verdämmern ihrer Außenbezirke. Nach solchem Verdämmern ist mir – trotz der sonnenhaften Schmuckhelle ohne Regenfeuchte, die sich über mich breitet. Mir ist nach Schlaf, umhüllt von einer ruhigen Nacht. Doch bevor ich in der augentrüben Schlappheit untergehe, fällt mir wieder ein Gedicht ein, das in die Kategorie der aufgetummelten und sich wieder beruhigenden Nachtgedichte fällt, quasi als Ausgleich zu meinem Besuch bei den Katholiken nun eines von protestantischer Seite. Es stammt von Christian Lehnert, dessen sanfte, insistente Dichterstimme mich berührt, und ich staune, daß mir seine schönen Zeilen beifallen, als hätte ich sie auswendig gelernt (was jedoch, wenn meine Erinnerung auch nur einigermaßen korrekt ist, nicht der Fall sein kann). Werde ich dümmer, harmloser und bin zugleich klüger in meinem derzeitigen Zustand? Auch merkfähiger?

Mitternacht

Die Wolken branden hoch an eine Zeitenwand.
　　Der ferne Schein der Stadt trifft auch versprengte Schauer,
　　wo Strahler aus dem Tal aus Streulicht eine Mauer
errichten, Staugewölk treibt bäuchlings übers Land.

Inmitten dieser Nacht zerbricht der hohe Deich.
　　Die Zeit ist kalt und fließt allseits auf Wiesen hin,
　　allseits davon, im Wind, wo ich durchfroren bin,
sie sickert, rinnt, verströmt, ein tausendfacher Laich.

Ich bin so müde, geh zu Bett und leg mich nieder.
Gewiß, es treibt die Welt ins Schwarz. Sie dämmert wieder,
　　erwacht aus einem Traum an ihrer eignen Stelle.

Jetzt wendet sich das Los und bald verlischt mein Blick.
Es kehrt der Tag bei Nacht, im Schlaf der Mensch zurück
 und findet sich gesetzt an seine eigne Schwelle.

Meine Köder für die Nacht sind bereits ausgelegt, schon sehe ich mich wieder an meine verfluchte Schwelle mitten hinein ins Nirgendwo gesetzt. Wer immer dafür Verantwortung trägt, er lasse mich die kommende Nacht blind durchqueren, mit oder ohne Schwelle, aber vielleicht mit der Würde eines Toten, vielleicht besiedelt von den Träumen der Lebenden, aber bitte: nicht abgestellt auf *borstigem Gras.*

Ich streiche meinen Merkzettel
wieder mal glatt

Wie üblich – Nacht. Eine dünnrandige Nacht, sie scheint mir fragil zu sein. Schlickreste des vergangenen Wachseins kleben noch an mir, aber ich bringe den Sinn, den sie enthalten haben, nicht mehr zusammen. Wäre ich noch auf zwei Beinen unterwegs, würde ich den obersten Knopf meines Hemdes schließen. Eine alte Gewohnheit, die immer zur Ausübung kam, wenn ich mich unbehaglich fühlte. Der Knopfverschluß bedeutete: Ich bitte inständig darum, das Schweigen bewahren und mich innerlich davonschleichen zu dürfen. Ich mag ja kleinmütig sein, vielleicht ein Jammerlappen, aber wer bitte ist das in so manch entscheidendem Moment seines Lebens nicht? Es ist von Vorteil, hin und wieder unerkannt in sich selbst verborgen zu bleiben. Ein Intellektueller darf nicht unentwegt am eisernen Barren seiner Gelehrsamkeit Kunststückchen vorführen, um sich selbst zu beweisen, daß sein Geist sprüht, aber seine Tatenlust kümmerlich ist. Das ödet an.

Allerdings muß bezweifelt werden, daß ich diese kluge Verhaltenslehre früher berücksichtigt habe. Das schläfrige Gefühl der Beliebigkeit, das viele meiner altgewordenen Zeitgenossen nach und nach überkommen hat, reizte mich derart, daß ich meinen versammelten Intellektualdonner auf sie losließ. Mit mäßigem Erfolg. Kant, Hegel, Nietzsche, Heidegger, Wittgenstein lieferten die scharfgemachten Sätze; oft war's nicht mehr als eine ärgergetriebene, aus dem Zusammenhang gerissene Unsinnskanonade. Vorbei. Mir hört eh niemand mehr zu. Das zeichnete sich bereits seit Jahren ab, während derer riesige Datenwogen, fast ununterscheidbar gemixt aus Quatsch und echter Information, durch immer mehr, ins-

besondere jüngere Köpfe schwallten und die Gespräche er-
lahmten. Gezwungenermaßen verdrossen und auch beschei-
dener geworden, verbarg sich meine geistige Inbrunst fortan
in der Manteltasche, bildete Zuckerkristalle aus altersverbohr-
tem Starrsinn mit Anhaftungen von bißchen Dreck und
Flusen.

Irgendwas ist anders, mir ist flau zumute, hänge wieder
mal über dem beleuchteten Stadtfladen, hänge irgendwie fest,
als hätte man mich ins Universum genagelt, damit ich –
was, ja verdammt noch mal, was? In mich gehe? Aus mir
herausgehe? Aber wie, wohin, wozu? Wozu sollte das überhaupt gut sein, da mich sowieso keiner hört? Soll ich zu einem Sündeninspektionswurm mutieren, um in der Leere des
Alls …

   … in mich zu gehen
     was ja nicht geht, weil ich
       eh schon auswendig inwendig draußen bin
         kann mir nicht selbst an den Kopf klopfen
           bin hochgezogen und in die Tiefe geworfen
         als atomares Wimmelbild
           weil ich nicht mehr ich bin
             und nicht mehr weiß, wohin
              als into *the nothingness of God* …
                laut Padgett in seinen *schönsten Streichhölzern*
              hihi, haha, hoho, my holy nothingness
              hinab, hinab im Sauseflug hinab
                auf den Asphalt zu fällt sie, dear Ron
                oder auf ’ne Fensterbank im Stadtbrei
              oder, oder, oder
                ins nichtende Nichts
                ins ewige Ade
                  ins Aus-die-Maus
                  doch halt

anscheinend gewinn
ich wieder mal an Höh
holladiho, auf geht's
fang an mich zu schrauben
himmelwärts, gottwärts, leerwärts
paraplü, ideenmüh, superflüh
was raschelt und rädelt und sprüht
in meinem nicht mehr vorhandenen Hirn
woher die Flocken, die weißen
durch die ich fleuche und fliege
ins Flockennirvana, trudelidü
die Universumsstille, sie leuchtet
ins grandiose Schweigen hinein
ach, bin ich klein, so klein
schneeschmetterlingfein
mit millimeterkleinen Flügelspannen
tanz ich den Cha-Cha-Cha
der dreieckigen Faltigkeit ...

... abgeblüht und aufgeblüht, mein Ich-ich-ich voller Inbrunst hinausgekräht. Als kreischender Jammerlappen geboren, als Streberchen das Ärmchen gereckt und mit den Fingern geschnipst, in die scheinbedeutsamen Höhen des Geistes
gekrachfaxelt, erotisches Geflacker hie und da, dann der Sturz
ins Meer haltloser Erklärungen, als fauliger Jammerlappen
dem Tod entgegengeschwitzt, und ihn dann ... Das wär's (gewesen).

Weil ich nie einen Platz in der Welt gefunden habe, der mir
für meinen geistigen Reichtum angemessen erschien, wurde
ich mit zunehmendem Alter zum kleinkarierten Spießer, der
Tag für Tag sein Merkzettelchen abarbeitete. Keinen Mumm,
es sofort zu zerknüllen, nein, nie! Erst wenn alles brav erledigt
war und mit einem Häkchen versehen. Aus den Fugen in die
Fugen. Nicht weich, sondern hart. Obwohl ich weiß, daß es

nicht sein kann, sehe ich die Erdkugel von einer Schale aus Kristall umhüllt, Mond, Sonne, die Planeten unseres Systems darin enthalten. Alles andere, Milchstraßen, schwarze Löcher, junge Sterne, alte Sterne, zerborstene Sterne, außerhalb. Was da an Fluggeräten von der Erde ins All geschickt wurde, entfernt sich nur zum Schein immer weiter, in Wirklichkeit beschreiben die Flugbahnen einen riesigen Kreis. Wahrscheinlich bilde ich mir den Quatsch ein, weil ich früher mal ein Dante-Aficionado war und mich an der *Commedia* schier besoffen gelesen habe, Kristallhimmel und Empyreum als Wohnung der Seligen inbegriffen.

Heilandzack! Über mir wird jetzt wieder mal der Eispanzer von oben aufgehackt – oder ist es die ätherische Schädeldecke, die da zerkracht? –, und eine Stimme ertönt. Klar, es ist Gott (kommt mir so vor). Er ruft mich. Mich, mich, nur mich (wen sonst). Aber wenn nur ich gemeint sein sollte, wieso bleibt diesmal rätselhaft, was die Stimme sagt? Ausgerechnet jetzt, wo es so wichtig wäre, daß ich alles haargenau verstehe. Statt dessen gibt sich irgendein Kauderwelsch aus verhackstückten Konsonanten und langgezogenen Aaaaaaaas zu hören. Wenn das tatsächlich *die* wichtige Stimme und keine vermurkste Einbildung meines geschwächten Hirns ist, wenn gar die Stimme von IHM persönlich sich zu hören geben sollte, warum, verdammt noch mal, verstehe ich sie dann nicht? Warum klingt sie abwechselnd fiepsig und dann wieder donnernd? Die Vokale scheinen sich ins Unhörbare verschleichen zu wollen, die Hhhhhhhhs mit dem flockentreibenden Wind zu verwehen, während die anderen Konsonanten herausplatzen und -spratzeln. Salopp gesagt: Aussprache ziemlich feucht.

Nonsens. Einbildung pur. Kommt mir so vor, als sei mir für meine Frechheit eine transzendentale Kopfnuß verpaßt worden, denn ich sinke wieder oder trudele und taumele herab, geradeso wie die Flocken, die mit mir niedersinken und mich vielleicht zudecken werden, sollte ich besinnungslos am Boden ankommen und mich nicht mehr fortrühren können.

Andersartiges Meer

Mir ist, als würde ein Schluchzen aus meiner hohlen Seele ausbrechen, als wäre ich in Liebeskummer versunken, ohne jemanden zu lieben. Als würde die Vergangenheit in mir klaftertiefe Schneisen schlagen, ohne daß ich mich dagegen wehren könnte. Etwas in mir verbleibt statisch und wird gleichzeitig gegen meinen Willen fortgezogen. Zwar ist die Nacht des großen Fort, des weit und immer weiter Fort, über mir zusammengeschlagen, aber die Seelenmotte, zu der meine Substanz verkümmert ist, will wieder ans Licht, das ihr nicht zuträglich ist.

Gerhard hat einmal behauptet, es gäbe den Tod aus Überdruß. Leute, die davon befallen seien, hätten bereits zu Lebzeiten ein Leichenkleid an. Wie immer neigte er zur Übertreibung und konnte den Gedanken nicht auf sich beruhen lassen. Er sei der einzige, der ein detektivisches Gespür habe, um solche Leichenkleider zu erkennen. Zum Spaß fummelte er an meiner Anzugsjacke herum und behauptete: »Noch kein echtes Leichengewand, aber eine Vorform, die farblich in Richtung Motte tendiert.« Wenn ich an Gerhard denke, hat mich mein mulmiges Gefühl nicht verlassen. Einst hatte ich ihm gegenüber in hochtrabenden Phantasien geschwelgt, etwa, daß wir beide in einen Kugelhagel geraten wären und ich mich vor ihn warf, um das Geschoß abzufangen und damit den Heldentod zu sterben. Was für ein Schwachsinn! Vor langer Zeit dachte sich ein Mann von über vierzig Jahren etwas so Lächerliches aus und sonnte sich damit in seiner einzigartigen Opferrolle. Es beweist nur, wie abhängig ich von ihm war und wie sehr es mich danach verlangte, mich seiner Freundschaft in spektakulärer Form würdig zu erweisen. Es zeigt aber auch – philosophisches Hoheitsgequatsche her oder hin –, daß ich aus der Pubertät nie richtig rausgekommen bin.

Wie zu erwarten, gerieten wir nie in einen Kugelhagel, nicht mal in eine Schlägerei. Wir beide waren nur dem üblichen Neutrinoschauer ausgesetzt wie jedes Lebewesen auf der Erde. Wüst ist mein Herz, wüst und zunehmend leer, wenn wir davon ausgehen, daß mein imaginäres Herz in einem Wimmelkomposit aus tanzenden Teilchen weiterlebt. Die linkshändigen und die rechtshändigen Neutrinos tanzen den Boogie-Woogie und lassen dabei Erinnerungssprengsel aus der Schatztruhe meines Ichs ins All fliegen, wo sie zum Beispiel auf die Mondoberfläche stoßen, um die Materie des Planeten mit minimal abgebremster Geschwindigkeit zu durchhuschen.

Die Mondoberfläche! Ihre Klüfte und Krater haben mich immer angezogen. In meinen frühen Studentenjahren durchstöberte ich die Antiquariate nach Büchern aus dem 18. und 19. Jahrhundert, die sich der Astronomie widmeten. Exzellent illustrierte Bücher waren damals für wenig Geld zu bekommen. Ich sammelte sie wie besessen, insbesondere Mondbücher, die sich mitsamt Kolorit den Schründen, den Becken und Steinseen der Felsformationen, den menschenleeren Wüsteneien mit großer Hingabe und phantastischer Zutat widmeten. Leider war es mir bei meinen bisherigen Flugmanövern nicht vergönnt, die Mondoberfläche näher in Augenschein zu nehmen; soweit mein Gedächtnis reicht, blieb ich bisher immer knapp über der Erde, und zwar ausschließlich über Berlin. Von den Rändern der Stadt konnte ich allenfalls Blicke in die Umgebung werfen, die hie und da einem Wasserlauf folgten, der aus der Stadt hinausreichte.

Aber der Mond! Nicht nur der Blutmond regte die Phantasie der Menschen an, auch der gewöhnlich als kalt geltende Erdtrabant war für so manche Projektion gut. Wenn sich meine Mutter über mich ärgerte, behauptete sie gern, sie würde mich am liebsten auf den Mond schießen und dort müsse ich dann mutterseelenallein zurechtkommen, was mir gar nicht so unlieb war, denn ohne sie zurechtzukommen erschien mir höchst erstrebenswert.

Peterchens Mondfahrt, Tim und Struppi auf dem Mond, schließlich *Moonraker*, mit Roger Moore in der Hauptrolle verfilmt – auch lange vor der Landung der Amerikaner war das Gestirn ein begehrtes Reiseziel und regte die Auswanderungsträume an. Kolonien siedelten in den phantastischen Hirnen so mancher Europäer schon einige Jahrhunderte zuvor auf dem bleichen Himmelskörper, ihm wurde zugetraut, ein idealer, für Menschen bewohnbarer Ort werden zu können. Als die Landefähre *Eagle* von der Apollo 11 abgekoppelt wurde und am 20. Juli 1969 auf dem Mare Tranquillitatis, dem Ruhigmeer, ihre staksigen Beine entfaltete, kannte die Begeisterung weltweit keine Grenzen mehr. Auch meine Mutter und ich waren schon Tage zuvor aufgeregt und konnten es kaum erwarten, bis die Fernsehübertragung begann. Die Mutter verstieg sich zu dem Witz, sie hätte mich zwar am liebsten schon x-mal auf den Mond geschossen, aber jetzt hätten's halt die Amerikaner doch vor mir dorthin geschafft.

Die Astronauten, die auf der Vorgängermission von Apollo 11 unterwegs waren, ohne auf der Oberfläche des Mondes zu landen, zeichneten bei ihrem Flug entlang dessen erdabgewandter Rückseite mysteriöse Geräusche auf – so etwas wie langgezogene *Huuuuuuuus*, ein Pfeifen von dunklem, gesättigtem Klang. War das die Sprache des Universums? Brummte und pfiff womöglich Gott so vor sich hin? Um nicht als Spinner zu erscheinen, trauten sie sich zunächst nicht, ihren Eindruck von dem Gehörten mitzuteilen. Als sie es schließlich doch taten, erkannte die Nasa auf keine vom Mond selbst verursachten Geräusche, sondern auf die Überlagerung von Funksignalen.

Vor dem Restaurant *Grosz* am Kurfürstendamm sitzt ein einsamer Raucher in der Kälte. Er hat die *Süddeutsche Zeitung* aufgeschlagen und sich in eine Meldung vertieft, die meine

Neugier weckt. Da steht, daß die auf dem Mars gelandete Sonde *InSight* Klopfgeräusche auf dem Planeten eingefangen hat, die sich auf der Erde allerdings nur schwach zu hören geben, weil die Atmosphäre als Schalldämpfer wirkt. Die Nasa ließ verlauten, es handele sich um Starkwinde, die um den Mars brausen und diese Klänge erzeugen. Leider wurde in beiden Fällen bisher verneint, daß es sich um eine göttliche Lauterzeugung handeln könne.

Ansonsten, wenn nicht gerade ein Stern kollabiert und Materie ins All geschleudert wird, herrsche in der riesigen Leerzone des Weltraums Flugstille. Die Sternkollisionen mit ihren Wahnsinnsexplosionen und Kernschmelzprozessen können in bezug auf den Riesenraum des rasenden Sich-Ausdehnens nur wenig daran ändern, obwohl deren Lautreste weit unter der Hörschwelle von Menschen und Tieren noch immer durchs All fegen.

Mag sein, daß es so ist. Aber ich will mich damit nicht abfinden. Vielleicht spricht das All in lauter klugen Sentenzen auf einer unbekannten Frequenz vor sich hin, vielleicht gebiert es aus Sätzen, die einer höheren Grammatik gehorchen, immer wieder sich selbst, doch die Töne können mit unseren technischen Geräten, und seien sie noch so ausgeklügelt und fein, nicht eingefangen oder gar dechiffriert werden. Vielleicht gibt sich darin ein Gottesgewisper zu hören, das sich mehr und mehr in sich selbst zurückzieht, vielleicht handelt es sich um eine unendliche Verdünnung Seiner ins Zarte entweichenden Stimme, die zu biblischen Frühzeiten noch fähig war, mit entsetzenerregender Macht auf die Menschen herabzudonnern. Sollte diese Stimme in Äonen gänzlich entwichen sein, würde das All dann seine Stabilität verlieren und ins *nichtende Nichts* stürzen? Und hätte Heidegger mit seiner kuriosen Formulierung vielleicht in diesem Fall recht, die in Menschenohren immer etwas albern klang und klingt?

Von der Extravaganz dieses sonderbaren Nichts, das eine imaginäre Schleppe der Auslöschung von allem, was sich regt und rührt oder einfach nur weilt, nicht hinter sich herzieht, sondern *vor sich* herschiebt, geht eine eigentümliche Faszination aus, weil sie zum Schein beruhigt, aber eigentlich den Schrecken birgt. Vielleicht geht es bei diesen aparten Wortspielen aber nur darum, den Kopf hoch zu tragen und sich nicht von der Angst auffressen zu lassen, daß alles, was wir je gedacht, gefühlt und getan haben, vollkommen bedeutungslos sei.

Vielleicht, vielleicht und abermals vielleicht. Vermutlich schlummert in mir doch ein Romantiker, der einfach nicht wahrhaben will, daß es außer der grandiosen Stille keinen von höherer Warte aus erzeugten Sinn gibt, in dem sich unsere Existenz begründet und bewahrheitet, auch wenn dieser Sinn vielleicht todtraurig ist wie in dem Liedtext –

Guter Mond, du gehst so stille
in den Abendwolken hin,
bist so ruhig, und ich fühle,
daß ich ohne Ruhe bin.
Traurig folgen meine Blicke
deiner stillen heitern Bahn.
O wie hart ist mein Geschicke,
daß ich dir nicht folgen kann.

Inzwischen ist schier alles traurig. Von den vielen Missionen zum Mond hat sich bereits eine Menge Weltraumschrott auf ihm angesammelt. Ich glaube nicht, daß das Zeug korrodiert und sich allmählich selbst zerlegt, im Boden versinkt oder da so verbleibt, wie es gelandet ist, zumindest für die Dauer der Zeit, die dem Mond noch vergönnt ist, in der Form vorhanden zu sein, wie wir ihn kennen. Sicher ist nur, inzwischen kreisen fast siebentausend Tonnen Trümmerstücke von vergangenen Weltraummissionen um die Erde, wobei es noch Abertausende mehr davon gibt, wenn man die Winzlinge hinzuzählt. Und sie scheinen hochgefährlich für alle weiteren Erkundungen des Alls durch bemannte Flugkörper zu sein. Auch die Raumstation ISS muß hin und wieder den größeren Teilen ausweichen, die mit ungebremster Geschwindigkeit durchs Universum sausen und sie beschädigen könnten. Was auch immer der Mensch unternimmt, und sei es noch so spektakulär und bewundernswert, er hinterläßt Schrott. Ich will mich jetzt aber bitte nicht mit Schätzungen befassen müssen, wieviel Abfall sich in den siebenundsechzig Jahren meiner irdischen Existenz angesammelt haben mag. Angesichts dieses Problems versagen meine Rechenkünste. Meine Zeit scheint jedenfalls eine Verfallszeit zu sein, bestenfalls eine Aufschubzeit, die noch kurz währt, bevor sie sich allmählich in eine auseinanderdriftende Illusion zerlöst, deren winzige Teilchen sich nie mehr vereinen werden, aber ungefährlich sind, weil sie dem Metallkörper einer Rakete oder eines Raumgefährts nichts anhaben können.

Die Mutter von Marie hatte auf dem Totenbett gesagt: »Komm Tödlein, gib mir die Hand und führ mich in den Kosmos.« Mag sein, daß der Satz, den die Sterbende vor sich hinmurmelte, nicht ganz korrekt überliefert wurde, aber er paßt zu ihr. Beide Eltern hatten nicht studiert, dennoch waren sie gewissenhafte Leute, die die Kultur hoch schätzten. Maries Mutter war eine begeisterte Gottfried-Keller-Leserin und sprach oft vom Tödlein. Tödlein, das klingt so nett. Fast frei. Auf jeden Fall schrottfrei. Hat nichts mehr gemein mit Angst und Schrecken. Wenn ich daran denke und noch weinen könnte, würde ich jetzt in Tränen ausbrechen. Schon höre ich das Geräusch eines riesigen aufgehenden Fensters, durch das Frische hereinweht. Es erzeugt Angst. Eine radikale Verzagtheit hängt über mir und läßt mich wieder bis auf den Grund sinken.

Wunderbare Fingerzeige

Mit einem Mal bin ich wacher als sonst. Mich verlangt's nach einem bedeutsamen Fingerzeig, natürlich von hoher Warte aus, es muß nicht unbedingt im Bierernst geschehen, es dürfte auch ein Kalauer auf meine Kosten sein, aber es verlangt mich dringend danach, aus dieser antwortlosen Stummheit gerissen zu werden, in der mein Inneres geradezu tobsüchtig mit Worten um sich wirft. Sie bewirken rein nichts, diese Wortschwalle, weil niemand, kein Gott nicht und kein Mensch, sie hört. Offensichtlich gehöre ich zu den erdfixierten Totenfliegern, die trotz sehnsuchtsvoller Ausflüge Richtung Mond weder von ihren fragmenthaft aufblitzenden Erinnerungen lassen können noch von dem, was sich vor ihren Augen abspielt.

In Filmen ist das oft anders. Spielfilme lügen. Sie müssen es sogar, um wenigstens ein Minimum an Unterhaltung zu garantieren. In ihnen blicken die weltabgewandten Totengeher noch einmal versonnen zurück auf den Ort, den sie im Begriff sind zu verlassen. Ihr Hingang hat auf mich immer kitschig gewirkt. Unfallopfer, denen sämtliche Knochen gebrochen, Menschen, deren wundenübersäte Leiber auf gräßliche Weise verstümmelt wurden, stehen als intakte Wesen urplötzlich wieder auf einer saftigen grünen Wiese und werfen einen melancholischen und rätselhaft verständnisinnigen Blick auf das entsetzliche Geschehen, dessen Opfer sie gerade wurden. Dann kehren sie der Szene den Rücken und marschieren in ein immer blasser werdendes Nirgendwo. Was ihnen als Erinnerung geblieben sein mag, schwebt mit ihnen davon. Meist geschieht es zu süßlichen Klängen, die besinnlich wirken sollen.

Süßliche Klänge geben sich derzeit nicht zu hören, besinnlich ist mir nicht zumute, ich fühle mich erschöpft und aufgekratzt zugleich. Und die Vergangenheit läßt mich nicht los, vielleicht, weil ich mich wieder mal in der Nähe des Hauses aufhalte, in dem ich so lange mit Marie gewohnt habe. Präziser gesagt: vor der Haustür. Es gibt so viele Schicksale, die ich gern enträtseln würde, Schicksale von Menschen, die meinen Weg gekreuzt haben, auch Zufallsreisende, denen ich nur flüchtig begegnet bin und deren Seitenblicke bisweilen ins Leere gingen. Wie haben mich all diese Leute gesehen oder nicht sehen wollen? Wie hat sich ihr Dasein mit meinem verwoben, und sei es auch nur für kurze Zeit?

Es schneit ein bißchen, aber nur wenige Flocken trudeln herab. Ihr sanftes Fallen hat mich immer fasziniert. Noch ist es allerdings nicht so weit, daß sie Gehwege und Straße überziehen könnten und auf den Dächern der Häuser liegenblieben. Sieh nur, der volle Mond hängt am kalten Himmel und läßt die Schneekristalle bei ihrem Treiben glitzern. Die Sterne sind wie leuchtende Stecknadelköpfe an den Himmel geheftet. Ich hoffe auf Schnee, auf viel Schnee, der sich auf alles legt und die Stadt einhüllt. Dicke Schneehauben auf den Dächern der Häuser, die Fenster von Schneekristallen überzogen, Schneehütchen auf den Kirchturmspitzen, Schneehauben auf den Fenstersimsen, die Äste der kahlen Bäume geschmückt mit Schnee. Und weiter draußen im Brandenburgischen schlafende Äcker und Wiesen unter einer weißen Decke, wo kein Glühwürmchen mehr über den raschelnden Halmen irrlichtert.

Es ist nicht so ruhig, wie ich es mir wünsche, die Flocken fallen sacht und spärlich, das zartweiß gesprenkelte Berlin schläft noch nicht still wie eine Maus, noch geben sich die Geräusche der fahrenden Autos zu hören, noch regt sich der Flügelschlag des einen oder anderen Nachtvogels. Von weit her tönt die Sirene der Feuerwehr.

Ganz leise rieselt der Schnee,
sag Leid und Freuden ade,
der Schnee deckt den Kummer,
der Schnee deckt das Leid,
decket auch Herzweh und Freud.

Flocken, die falln auf die Kapp
von weit, weit oben herab,
auf Dächer und Bäume,
der Schnee deckt sie zu,
bettet die Feinde zur Ruh.

Ein kleines Gedicht, geschrieben für meine Lieblingslehrerin, das Fräulein Heiz, da war ich fünfzehn. Sie hatte rein gar nichts Fräuleinhaftes an sich, im Gegenteil, sie war die einzig amüsante und schicke Lehrerin an unserer Schule, und wir Kerle waren alle in sie verknallt. Ihre Fingernägel waren rot lackiert, allein das war schon eine Sensation. Eines Tages blieb ihr Unterricht aus, und wir bekamen einen Ersatzlehrer, der uns wenig behagte. Erst allmählich erfuhren wir, daß unser geliebtes Fräulein Heiz nicht wiederkehren würde. Der Direktor kam in die Klasse und sprach recht knapp von einem Schicksalsschlag, der die Lehrerin getroffen habe. Er war ein Hagestolz, der normalerweise keine Gefühlsregungen zeigte. Aber ein Schwanken in seiner Stimme verriet uns, das etwas nicht in Ordnung war. Absolut nicht. Sie würde leider nicht an unsere Schule zurückkehren. Wir waren natürlich neugierig, aber mehr war aus dem Direx nicht rauszukriegen. Doch einer aus der Klasse wußte bald mehr. Wenn ich mich recht erinnere, war es Hanspeter Wollensack, der die Klappe aufriß und verkündete, unsere Heiz habe eine Riesenmenge Schlafmittel gefressen und sich damit umgebracht. Aus Liebeskummer. Er sagte wortwörtlich *gefressen*, weil er den starken Maxe markieren wollte, denn Wollensack war in unser todschickes Fräulein mindestens so verliebt gewesen wie ich. Später fanden wir heraus, daß sie mit dem Lehrer einer anderen Schule eine Affäre gehabt hatte; der war ein Familienvater mit drei Kindern und hatte sie sitzenlassen.

Das mit den Schlafmitteln stimmte aber nicht. Zwei Tage später überraschte uns der Klassenstreber mit der Nachricht, die Heiz habe sich unter einen Schnellzug geworfen, auf der Strecke zwischen Stuttgart und München. »Wie Anna Karenina«, fügte er bedeutungsschwer hinzu. Wir waren zunächst sprachlos, aber dann behielten markige Sprüche die Oberhand, denen man anmerken konnte, daß wir die gräßliche Vorstellung niederkämpfen mußten. Vorstellungen, wie der plattgefahrene und zerfetzte Leib unserer Lehrerin ausgesehen haben mochte, wie Leute mit Signalwesten die Gewebereste von den Schienen kratzten, fraßen sich in unsere Hirne, das war unerträglich. Zwar versuchte ich krampfhaft, mich an dem blöden Geschwätz meiner Kameraden zu beteiligen, aber es wollte mir nicht recht gelingen. Die Nachricht war mir hart auf den Magen geschlagen, wochenlang fühlte ich mich flau und mußte immer wieder gegen die Neigung ankämpfen, in Tränen auszubrechen.

Irgendwann erfuhr auch meine Mutter davon, wie unsere Lehrerin gestorben war (nicht von mir). Sie zeigte keinerlei Mitleid, sondern erging sich in langen Reden, als Lehrerin dürfe man seinen Schülern so eine Sauerei nicht zumuten. Ohnehin gehöre es sich nicht, sich mit einem verheirateten Mann einzulassen. Es fehlte nur noch, daß sie davon faselte, das sei nun die gerechte Strafe dafür. Wie habe ich meine Mutter für ihr dummes Gerede gehaßt! Tagelang sprach ich kein Wort mehr mit ihr, sondern beschränkte mich auf ein maulfaules Geknurre.

Nur zu gern würde ich erfahren, wie mich meine Lieblingslehrerin damals gesehen hatte. Sie mochte mich, das war klar. Aber als tapferer kleiner Liebhaber wäre ich wohl nicht in Frage gekommen. Kurioserweise schmerzt es mich jetzt wieder, daß sie sich selbst getötet hat, obwohl ich jahrzehntelang nicht mehr an sie gedacht habe. Wäre sie heute noch am Leben, wäre sie eine Frau, die auf die achtzig zuginge, vermutlich immer noch todschick und ziemlich gewitzt, dann würde ich gern mal durch das sanfte Gestöber Richtung Stuttgart fliegen und nachschauen, was sie so treibt.

So oder so wüßte ich gern genauer, wie es um die Eindrükke des Fräulein Heiz bestellt war – hinsichtlich der Klasse, des Lehrkörpers unserer Schule und der damaligen Zeit. Ob sie wohl bemerkt hatte, wie sehr ich in sie verliebt gewesen war? Dabei geht es um eine Idee, von der ich zeitweise regelrecht besessen war: Fügte man die Blicke und Empfindungen aller Menschen, denen man im Lauf seines Lebens begegnete, zu einem Komplettbild zusammen, dann wüßte man vielleicht alles über sich, wirklich alles. Dann hätte man fast den göttlichen Rundumblick und das göttliche Gehör, gerichtet auf sich selbst, mitsamt Haar, Haut, dem Klang der Stimme, den Bewegungen, dem Geruch, den Gesten, dem Geschwätz und der verborgenen Bedeutung, die das Geschwätz mit sich führt.

Natürlich hatte die Idee eine Menge an irrealen Voraussetzungen. Wären die Begegnungen mit den vielen Leuten auch noch so flüchtig gewesen, hätte deren Erinnerungsvermögen exakt sein müssen, damit es funktionierte. Selbstverständlich hätten auch die Familienmitglieder, die Freunde und Liebesfiguren, die einen intensiv gekannt haben, in das Experiment einbezogen sein müssen. Auch was uns früher alles an Ungesagtem im Hirn herumrauschte und aus dem Rauch der Zigaretten und Joints entwölkte, wäre von Belang. Das ist natürlich komplett gaga, was sonst. Aber ich hatte mich vor langer

Zeit in die Vorstellung verrannt, indem ich einen Monat lang versuchte, aufzuzeichnen, was andere von mir vielleicht zu Gesicht bekommen hatten und was sie von mir gedacht haben mochten. Eine kleine Manie, die bald erlosch, weil das Manöver anstrengend war und letztlich unergiebig, weil es unmöglich ist, sich zuverlässig in die Blicke und Gedanken von Menschen hineinzuversetzen, mit denen man in Kontakt geraten ist, auch wenn es nur wenige Tage zurückliegt. Die Selbsttäuschung ist eine starke Wehr, die uns immunisiert gegen den Andrang von Kritik und Geringschätzung derer, die uns beobachten.

Es ist wie mit dem Schnee. Einzelne Flocken erkennt man noch, man kann verfolgen, wie sie zu Boden fallen und schmelzen. Im Gestöber verliert sich die einzelne Flocke, wie sich unter Tausenden, gar Abermillionen von Menschen der einzelne verliert. Einige schaffen es, sich nach ihrem Tod noch einige Zeit im Gedächtnis der Nachlebenden zu erhalten. Auch das Fräulein Heiz befindet sich noch im Gedächtnis einiger Leute, aber schon in hundert Jahren dürfte das vorbei sein. In mir lebt sie noch ein bißchen, und einige ihrer Worte sind als Lauthülsen noch da, etwa wenn sie sagte *gemessenen Schritts* und dabei die Silben in die Länge zog. Aber der Zusammenhang, in dem diese Worte fielen, stellt sich nicht mehr her.

Bezogen auf die Zeitdimension, die das Universum durchherrscht, ist das alles nicht der Rede wert. Ein gläubiger Mensch würde nun einwenden, alle Erinnerung sei in Gott aufbewahrt. Das klingt gut, aber was geschieht mit diesen Erinnerungen? Werden sie zum Leben erweckt, komponiert sich daraus, falls erlöst und nicht verworfen, ein neues Seelengebild zurecht? Und speziell gefragt: Was geschieht mit den Selbstmördern? Sind die, weil sie das Leben geschenkt bekommen haben und es nicht zu schätzen wußten, aus dem

Gedächtnis Gottes ausradiert? Sind im Gegensatz dazu die Selbstmörder, die unerträgliche Qualen litten oder wußten, daß ihnen Folter und Vernichtung bevorstünden, noch darin enthalten?

In feiner Gesellschaft

Wieder wach. Viel Zeit kann inzwischen nicht vergangen sein, der halbe Mond hat kaum zugenommen. Einem Schild entnehme ich, daß ich mich in der Matterhornstraße befinde, einer Gegend im Süden des alten Berliner Westens, in der vorwiegend reiche Leute wohnen. Vor einem imposant hingelagerten Altbau steht eine Konifere, dekoriert mit roten und goldenen Kugeln als Vorboten der Weihnachtszeit. Das Haus wurde mondän ausgebaut, mit einem erweiterten Terrassenvorbau versehen. Hinter dem schmiedeeisernen Gartengitter zieht sich eine Reihe von Buchsbäumen entlang, die so perfekt aussieht, als hätte sie der Gärtner erst vor wenigen Tagen gepflanzt. Auf der großen Metalltafel am Eingang zum Garten steht nur: *Goreg*. Darüber befindet sich ein kleiner Bildschirm, unter dem Namenszug ist der Klingelknopf angebracht.

Die Terrassentür im ersten Stock, die auf den Vorgarten zeigt, steht einen Spaltbreit offen. Gebrüll dringt heraus. Zwei große, ineinander übergehende Wohnzimmer tun sich vor mir auf. Zur Linken krümmt sich eine Frau zwischen zwei identischen chinesischen Schränken mit angezogenen Knien am Boden und hält sich die Hände vors Gesicht, während ein Mann, vermutlich ihr Ehemann, mit beiden Fäusten auf sie einschlägt. Er prügelt methodisch, schimpft sie in Intervallen von etwa drei Sekunden, während derer er die Klappe hält, wieder und wieder eine Drecksau, die keine Ordnung hält. Mir kommt Kafkas Prügler aus dem *Process* in den Sinn, der allerdings in einer Rumpelkammer auf zwei männliche Opfer einschlägt, ebenfalls methodisch, als handle es sich um eine intime Theateraufführung. Auch das Gebrüll des Mannes wirkt nicht so, als habe das spontane Aufwallen einer

Wut die Sicherung bei ihm durchbrennen lassen. Die edlen Schränke mit den runden, ziselierten Schmuckblechen, von denen große Eisenringe herabhängen, bilden einen schaurigen Kommentar zu dem brutalen Geschehen. Natürlich kann ich nicht einschreiten, ich weiß es ja längst. Aber es quält mich immer wieder, der tatenlose Zeuge einer Gewalttat zu sein. Dem Krawall will ich nicht länger zusehen, zumal es mir so vorkommt, als sei dies die x-fache Wiederholung einer eingeübten Szene, wobei ich nicht den Eindruck habe, daß die Frau die Schläge genießt, die auf sie niedergehen.

In den beiden Zimmern herrscht makellose Ordnung. Alles ist blitzsauber. Die Gegenstände wirken mit Vorbedacht so verteilt, als dürfe man sie um keinen Zentimeter verrücken. An der roséfarbenen Rückwand des zweiten Raums hängt ein riesiger Flachbildschirm, exakt in der Mitte gegenüber der Wand, an der sich die Gewalt vollzieht. Er ist auf stumm geschaltet, zeigt die Bilder eines rennenden Gepards auf der Jagd nach einer Antilope. Außer zwei Kunstbänden auf einem Stuhl gibt es nirgendwo Bücher, statt dessen sind auf einem langgestreckten Tisch, der beide Räume verbindet, Reise- und Modemagazine zu einem Fächer angeordnet, als würden sie in der Praxis eines Schönheitschirurgen zur Dekoration ausliegen. Exakt in der Mitte hat ein großer Nikolaus Posto gefaßt, aus dem noch keine Schokoladenstücke herausgebrochen wurden. Die Glanzpapierhülle ist intakt. Zu Paaren geordnet stehen vor ihm sechs stoffbezogene Rentiere; samt ihren zierlichen Geweihen sind sie perfekt nachgebildet. Ein Schlitten fehlt allerdings. Und der Nikolaus ist auch zu groß, als daß er von den viel kleineren Tieren fortgezogen werden könnte. Am anderen Ende des Tisches, dem Paar zugewandt, wo der Mann gerade eine kleine Pause einlegt, während die Frau vor sich hinwimmert, stehen eine Kristallkaraffe mit dekantiertem Rotwein, ein Brotkorb, Butter, ein Brett mit Käse und eine Schale mit Oliven. Der Zwist muß da schon angefangen haben, denn ein Glas ist umgekippt und zerschellt, der Wein hat sich über den Käse ergossen, ein angebissenes Brot ist vom Teller gefallen, Messer und Gabel liegen unordentlich herum.

Ansonsten gibt es noch so manch Intaktes zu bestaunen. Asiatische Preziosen und modernes europäisches Mobiliar zeigen sich in raffiniertem Wechselspiel. Zwei Kerzenleuchter stehen auf einem Wandtisch, von dem ein Teil der Fläche abgeklappt ist. Zwischen ihnen befindet sich die Skulptur einer antiken Madonna mit Kind, ein schönes Exemplar, das aus dem 17. Jahrhundert stammen könnte. Kein Kitsch. Im Gegenteil, die Madonna blickt mit inniger Anteilnahme auf ihr Kind, und etwas davon strahlt auf den Betrachter aus.

Darüber hängt ein Ölgemälde des Malers Michael Triegel, das den perfekten Körper eines schwebenden jungen Mannes mit verhülltem Kopf zeigt. Mysteriös bleibt für mich, daß ich plötzlich den Namen des Malers kenne, obwohl mir bisher kaum Bilder von ihm begegnet sind und nur ein winziges *T* im linken unteren Bildrand auf seinen Namen weist. Seltsam auch, daß mir eine innere Stimme den Titel des Bildes zuzuflüstern scheint – *Auferstehung*. Weil sich der raffiniert gemalte Körper (die gekrümmten Zehen des rechten Fußes befinden sich nur knapp einen Zentimeter an der Luft) eingekastelt in eine Fensteröffnung in der Schwebe hält, deutet zwar einiges darauf hin, daß hier vorausweisend die Auferstehung in den Blick genommen ist, aber mit einer markanten Veränderung. Jesus wird meistens mit unverhülltem Kopf dargestellt, vorzugsweise mit einer Neigung des Kopfes nach oben oder unten, entweder, um die himmlische Seligkeit zu erschauen, oder, um auf die Schar der Sünder zu blicken, die unter ihm vorbeidefiliert. Bei diesem Bild kippt das Gnadendrama ins Unheimliche, weil der gesenkte Kopf verhüllt ist. Damit ist er als Erlöser geschwächt, denn er ist uns entzogen, und wir sind ihm entzogen. Doch ich bringe weder die Madonna noch den kopfhängerischen Jesus mit dem mondänen Paar in Verbindung, wo der Mann brutal zuschlägt und die Frau sich nicht wehrt.

Inzwischen haben die Schläge wieder Fahrt aufgenommen. Ein kleiner Junge im Schlafanzug, höchstens sechs Jahre alt, ist gerade zögernd die Treppe heruntergelaufen, er hält sich am Türrahmen fest, schaut kurz ins Prügelzimmer hinein, dreht sich um und rennt die Treppe wieder hoch, rennt weiter in sein Kinderzimmer, schließt die Tür, verkriecht sich im Bett, dreht sich zur Wand und drapiert die Bettdecke so, daß ein Zipfel über sein freiliegendes Ohr zu liegen kommt. Der arme Kerl summt vor sich hin und reibt die Beinchen aneinander, um sich in den Schlaf zu wiegen. Ich glaube, sein aufgeregtes kleines Herz pochen zu hören, und würde ihn gern trösten, muß mich aber damit begnügen, eine Weile über seinem zugemummelten Kopf zu schweben, obwohl ihm meine Nähe keine Linderung verschaffen kann. Wer weiß, vielleicht denke ich dabei insgeheim mehr an mich selbst als an ihn.

Lange Zeit hatte ich geglaubt, mein Kinderschicksal sei das fürchterlichste von allen gewesen. Deshalb haben mir später die Romane von Thomas Bernhard so gut gefallen, weil bei ihm alles, was ihm vor die Flinte kommt, immer das Allerfürchterlichste ist, und dieses Allerfürchterlichste speist sich aus der Erfahrung, ohne Vater aufgewachsen zu sein, ein Schicksal, das dem meinen ähnelt. Mag sein, daß ich mich deshalb so mit ihm verbunden fühlte.

In bezug auf meine Schulkameraden hatte ich immer gedacht, sie hätten es allesamt viel besser als ich. Ein Irrtum, wie sich in einigen Fällen herausstellen sollte. Der zarte Johann Bettenhäuser, ein Einzelgänger, an den wir uns nicht herantrauten, weil er so verschlossen wirkte, war von seinem Vater einmal fast totgeprügelt worden (wovon wir erst viel später erfuhren) und hatte wochenlang im Krankenhaus gelegen. Als er in die Klasse zurückkehrte, konnte er dem Unterricht nicht mehr folgen und wurde von der Schule genommen. Ob er noch lebt und was aus Johann geworden ist, weiß ich leider nicht.

Das Zimmer des kleinen Jungen ist extrem aufgeräumt. Auf einer Konsole sind zahlreiche Steifftiere aufgereiht, ihrer Größe nach geordnet: eine hochbeinige Giraffe macht den Anfang, den Schluß bildet eine Schildkröte. Kein Spielzeug liegt unbedacht herum, obwohl es eine Menge davon gibt. Ein Kaufladen ist bis ins kleinste Detail als Schauobjekt hergerichtet, die Leutchen, die gerade darin einkaufen, sind sorgfältig plaziert, geradeso, als stünde der Laden in der Auslage eines Spielwarengeschäfts. Bilderbücher liegen auf drei Stapeln, das größte zuunterst, das kleinste zuoberst, in einem Regal. Eine *Carrera Digital 132*-Rennbahn ruht in einem großen Pappkarton. Niedliche Häschen- und Hundebilder sind an der Wand aufgehängt, alle gerahmt in exakt derselben Größe, zwischen ihnen sind die identischen Abstände auf den Millimeter genau ausgemessen. Auf einem niedrigen Tisch, am Bett des Kindes, wirft eine runde Nachtleuchte in langsamer Drehung unaufhörlich Sonne, Mond und Sterne als gezogene Schemen an die Wände und über die Decke hin. Um den lächelnden Mond schweben Engelchen, die sich an den Wänden zu rosafarbenen Streifen verzerren. Vor der Lampe befindet sich ein Tyrannosaurus Rex aus Plastik mit erhobenem Kopf. Neben ihm steht Micky Maus und sieht zu ihm auf.

Mir kommt's so vor, als würde mir von der Drehlampe langsam schwindlig, ich sehne mich danach, die Schlangengrube dieses Familienelends zu verlassen. Mein nicht vorhandener Leib fühlt sich von kühlen Nachtfingern betastet, denen ich gern entrinnen würde. Und schon tauche ich ab, taumele und falle und tauche …

Liebreiz, Hiebreiz

… in ein schwarzes Loch, bin aber alsbald wieder wach. Vermutlich herrscht noch dieselbe Nacht, allerdings befinde ich mich nun im Freien auf dem Weg nach Norden in Richtung Spandau und lande vor einem alten Fabrikgebäude, das ich noch nie gesehen habe. Ein rot erleuchtetes Neonschild, bei dem das *z* ein wenig flackert, tut kund, daß dieser Ort den *Ladies of Aranjuez* gewidmet ist. Das klingt exotisch und melancholisch zugleich, andalusische Klänge bewildern die nicht mehr vorhandenen Ohren, und ich muß an die Worte Schillers aus meinem Lieblingsstück, dem *Don Karlos*, denken: *Die schönen Tage von Aranjuez sind nun zu Ende.* Aranjuez, das ist ein Name voller Anmut und Größe, zu dem man sich einen steil emporgeschwungenen Arm während einer Tanzbewegung vorstellen kann. Auch Peter Handke scheint der Name fasziniert zu haben, denn er hat ihn im Titel eines seiner Theaterstücke auffunkeln lassen. Die Frage ist nur, was ausgerechnet in Spandau englische Ladies mit der berühmten spanischen Stadt zu tun haben sollen, die unter Philipp II. zu bedeutendem Ansehen gelangte. Kurzum, ich bin neugierig und schwebe zwischen zwei jungen Frauen hinein, die gerade ihre Mitgliederausweise vorzeigen und damit die Eingangskontrolle passieren. Beide haben größere Taschen dabei, als gingen sie zum Sport und müßten ihre Kleider wechseln.

Vor mir öffnet sich eine sehr hohe ehemalige Fertigungshalle, darin ist bereits einiges los. Weit über hundert Menschen mögen hier versammelt sein. Es geht zu wie in einer Disco, allerdings keiner gewöhnlichen, denn es ist mal dunkler, mal gleißend hell, mal rötlich oder bläulich beleuchtet, und es ertönen Weihnachtslieder im Wechsel mit Rock 'n' Roll.

Einige der Frauen tragen Lederzeug mit hohen Stiefeln. Vor

einer Domina kniet eine schmale junge Frau mit Schieber-
mütze, gekleidet wie ein kesser Bub aus den zwanziger Jahren.
Der falsche Bub hat einen altmodischen Schuhputzerkasten
dabei und cremt der Gebieterin, die ein Bein auf dem Kasten
abgestellt hat, den bis weit übers Knie reichenden schwarzen
Stiefel ein. Wenn ich früher solche Stiefel auf der Straße sah,
mußte ich immer an Huren und zugleich an Fußpilz und
Fußschweiß denken.

Doch nun kommt das Putztuch zum Einsatz. Hingebungsvoll wird gerieben, der Lappen wie in einer Theateraufführung geschwungen, um von der Vorderseite auf die Hintersei-
te des Stiefels zu wechseln. Die Domina schaut dabei herrisch
auf die eifrige Kleine hinab und läßt die Peitsche über ihren
Rücken gleiten, aber nicht, um sie zu strafen. Es wirkt fast so,
als führe der Peitschenstrang ein neugieriges Eigenleben und
wolle etwas ertasten. Einige der Frauen sind im Military-Look
erschienen, wobei die Kostüme nicht ganz hasenrein wirken,
weil sie teilweise mit Phantasieaufnähern bestückt sind; eine
großgewachsene Blondine in Naziuniform trägt statt des Ha-
kenkreuzes eine silberne Rose am Revers.

Ein Unikum kommt auf vier Beinen dahergetrabt und bahnt
sich seinen Weg durch die Menge. Es ist ein Mann in einem
hautfarbenen Ganzkörperanzug, der ein bißchen schlumpfar-
tig wirkt. An seinem Hintern ist ein Schweif befestigt, er trägt
Scheuklappen vor den Augen, ein Rentiergeweih thront auf
dem spärlich behaarten Kopf. Ernst Jandl hätte das komische
Viech gut für ein Gedicht gebrauchen können, denn beim
Dichter hirschelte es mit dem Geweih auch in die erogenen
Zonen hinein, wobei mir dazu Zeilen von ihm in den Sinn
kommen:

und den Weibern ward so pfingstlich ums heil
zumahn: wenn ein knie-ender sie hirschelte.

Pfingstlich geht es hier nicht zu, sondern vorweihnachtlich. Fehlt nur der künstliche Schnee, um Schlitten darauf zu fahren. An deren Stelle sind hier Gespanne auf Rädern unterwegs. Am Mund des Mannes mit Geweih ist eine Trense angebracht, die Zügel führen zu einer Frau mit Nikolausmütze, die auf einem Sulky sitzt, wie sie bei Trabrennen gebräuchlich sind. Von ihren Schultern wallt ein roter Mantel herab, verdeckt aber nicht ihre nackte Vorderseite. Offenbar sind mehrere Sulkys unterwegs, von oben betrachtet zähle ich vier. Sobald das Gebimmel von Glöckchen ertönt und weihnachtliche Klänge durch den Raum sirmeln, als würde kitschiger Glitter herabrieseln, werden die Peitschen wie Dirigierstäbe langsam hin- und hergeschwungen. Hin und wieder kommt es vor, daß ein langer Lederriemen in die Höhe geschleudert wird – ohne den Rentiermann zu berühren. Ertönt Rock 'n' Roll, gehen Hiebe auf die Rücken aller Männer nieder. Ich sehe noch zwei, drei Kellner herumschwirren, ansonsten gibt es in diesem Raum fast nur Frauen.

Die beiden jungen Besucherinnen, zwischen denen ich hineingeschlüpft bin, steigen gerade mitsamt ihren Taschen eine Treppe hoch. Oben befindet sich das Büro. Die Tür steht offen. Eine ältere Dame sitzt am Schreibtisch, auch sie hat eine Nikolausmütze auf dem Kopf, wirkt dabei seriös und ist ansonsten unauffällig gekleidet. Die Begrüßung fällt herzlich aus, als wären sie schon miteinander bekannt. Es geht um ein besonderes *Exclusive Package*, das die beiden buchen wollen, über das sie sich nun im einzelnen informieren lassen, etwa einen Workshop, in dem mit Flammen gearbeitet wird und mit Schaum, den auch die Feuerschlucker benutzen. Er fühle sich sehr angenehm auf der Haut an, preist die Empfangsdame dieses Angebot an, wobei sich ihre rauhe Stimme plötzlich samtweich anhört. Die Kundinnen nicken artig, scheinen davon aber nicht sonderlich angetan zu sein. Kurzer Blickwechsel genügt, und die Stämmigere der beiden sagt: »Is nich so ganz genau, was wir uns vorgestellt haben, Feuer is ja in Ordnung, aber für uns irgendwie nich so 's Richtige.«

Sofort wechselt die Dame das Thema. Da gäbe es noch etwas sehr Besonderes. »Für unsere anspruchsvollsten Gäste«, fügt sie hinzu. Hart werde es dabei zugehen, betont sie mit freundlicher Miene, man gelange an seine Grenzen, aber gerade darum gehe es ja. Grenzen austesten. Ihre Stimme klingt sanft. Es handele sich um das Spezialangebot einer vierzigstündigen *Session*, bei der man allerdings jederzeit aussteigen könne, wenn's einem zu viel würde. Man gehe dabei von der Knasterfahrung in einer Diktatur aus. Aber nicht immer, es gebe auch ganz andere Kombinationen. »Letztlich geht's um spannenden Sex«, fügt sie hinzu, »und davon kann man ja nie genug kriegen.«

Sie erwähnt noch, daß die Gefangenen manchmal etwas besonders Phantasievolles planten – vor kurzem hätten einige Leute vorher abgemacht, sie gehörten insgeheim zu einer Rokkerbande, getarnt als Anglerclub. »Angler statt Angels, ist doch ziemlich witzig, oder? Drogenhandel, Waffen, Frauenhandel, die ganze Palette haben die sich ausgedacht, alles bis ins kleinste, sogar Futterwürmer hatten die sich besorgt und dann bestimmt, wer als Beifang galt und wer als Rädelsführer. War wirklich 'ne witzige Truppe, die Leute hatten einen Mordsspaß.«

Sie schaut erwartungsfroh auf ihre Kundinnen, bei denen ihre Rede offenbar gezündet hat. Vorab werde man sie beide trennen, fährt sie schwungvoll fort, und jeweils mit einer anderen Teilnehmerin in eine Zelle des Knasts stecken, wo man des öfteren herausgeholt und zum Verhör gebracht werde. Bei der *hochnotpeinlichen Befragung* (die Empfangsdame ruht sich förmlich auf dem Begriff aus den Zeiten der Inquisition aus, so gut gefällt er ihr) kämen Foltermethoden zum Einsatz, wie sie insbesondere die Spanier einst entwickelt hätten: »Wir müssen dem Namen unserer Institution ja Ehre machen«, fügt sie schelmisch hinzu, aber natürlich handhabe man die Vorgänge spielerisch. Durchgeführt würden die Befragungen und die Sonderbehandlungen wechselweise von weiblichen und männlichen Wärtern. Mit einem gewinnenden Lächeln verkündet sie, auf ein vorher verabredetes Stoppzeichen hin würden die Prozeduren selbstverständlich sofort (sie betont dieses *Sofort* wie eine Lehrerin, die eine Schulklasse anzischt) eingestellt. Um die allgemeine Sicherheit sei man sehr besorgt. Für die beiden jungen Damen gebe es einen Frühbucherrabatt, die Session koste normalerweise zweihundertsechzig Euro, jetzt sei das Package noch für zweihundertvierzig zu haben. Bei frühzeitigem Abbruch der Behandlung gebe es allerdings keine Teilerstattung der Kosten. Bezahlung im voraus, vor Beginn der Veranstaltung.

Eine der Anwärterinnen fragt, mit welchen Strafen man denn genau zu rechnen habe. Die Empfangsdame nimmt einen Kugelschreiber zur Hand, legt den Daumen auf dessen Knopf, um die Mine raus- und wieder einzuholen – raus, rein, raus, rein, sie kann den Knopf gar nicht in Ruhe lassen –, dazu lächelt sie: »Natürlich wird da auch mal der Rohrstock ausprobiert. Und sonst? Ein bißchen Überraschung muß sein. Auf die wollen wir doch keineswegs verzichten, nicht wahr?« Vielsagend lächelt sie die beiden Kundinnen an: »Und am Ende, wenn alles überstanden ist, sind wir um eine Erfahrung reicher. Alles in Butter. Spätestens wenn der Gefangenenchor von *Nabucco* ertönt, sind die Leute überglücklich. Liegen sich erschöpft in den Armen, weil sie's so tapfer miteinander durchgestanden haben. Man wird härter, kommt an seine Grenzen, obendrein hat es ja auch Spaß gemacht. Kommt durchaus vor, daß da manchmal Freundschaften fürs Leben geschlossen werden. Muß nicht sein, aber kann. Das hatten wir schon öfter hier.«

Damit hat sie die Kundinnen überzeugt. Zwei Verträge werden in jeweils doppelter Form ausgefolgt. Die etwas Kräftigere der beiden, die gerade gefragt hat und noch recht kindlich wirkt, nimmt sich den Kugelschreiber vom Tisch und zeichnet sorgfältig, mit großer runder Schrift, ihren Namen und die Adresse auf. Sie heißt Monika Heller und wohnt in der Treskowstraße 26.

Um ihr beim Schreiben zuzusehen, befinde ich mich nun über dem Kopf der Freundin, die das braune Haar raspelkurz trägt und mit ihrer zarten Schädelform verletzlich wirkt. Sie benutzt einen eigenen Füller, den sie wie ein kostbares Schmuckstück aus einem Seitenfach der Sporttasche gegraben hat. Mit dessen breiter Feder gerät eine Dickschrift mit ungewöhnlicher Zeilenverhäkelung aufs Papier, da sie die Buchstaben im Feld *Sonderwünsche und Tabus* so eng untereinanderschreibt, daß sie teilweise ineinanderlaufen und ich sie nicht entziffern kann. Noch ungewöhnlicher sind allerdings die Strichentgleisungen bei Anschrift und Namenszug – das wechselt zwischen sehr kurz und überlang, manchmal sind die Striche, die nach oben gehen, unterbrochen und werden doppelt oder gar dreifach angesetzt. In früheren Zeiten hätte so mancher Nervenarzt ein derart chaotisches Schriftbild als Merkmal einer schweren psychotischen Störung gewertet. Heute wird man damit wohl vorsichtiger sein, weil die jungen Leute so selten mit der Hand schreiben, daß es schwierig sein dürfte, allein aufgrund ihrer Schrift ausgeprägte Charaktermerkmale festzustellen. Mit Müh und Not läßt sich daraus entnehmen, daß sich hier gerade Ann-Kathrin Sobotnik eingetragen hat, die, falls ich das richtig sehe, in Reinickendorf wohnt, und zwar Am Nordgraben 28.

Die Dame des Etablissements nimmt ein Glöckchen zur Hand, das bisher unbeschäftigt auf ihrem Tisch gestanden hat, und macht damit ein bißchen Klingelingeling: »Ist ja bald

Weihnachten!« Man verabschiedet sich herzlich voneinander, die Dame schaltet kurzerhand vom *Sie* auf *Du* um und wünscht den beiden Mädels eine vergnügliche Nacht: »Ihr wißt ja, wo sich die Umkleide befindet, und nun hopp, hopp, auf ins Vergnügen!«

Meine Neugier, in den Saal zurückzukehren, ist eigentlich gesättigt, aber da entdecke ich eine Treppe, die ins Untergeschoß führt, und gelange tatsächlich in den Kerker, von dem vorher die Rede war, dessen Zellen im Moment allerdings nicht besetzt sind. Die Türen sind offen oder angelehnt, pro Zelle steht ein doppelstöckiges Bett, es gibt jeweils ein Klo und ein winziges Waschbecken, zwei Stühle und einen schmalen Tisch, der mit Winkeleisen an die Wand geschraubt ist.

Aus einem Nebenraum ertönen merkwürdige Geräusche, ein langgezogenes Stöhnen, Keuchen und etwas, das sich wie Spuckhusten anhört. Die Wißbegier treibt mich hinein, und ich sehe: hier ist alles von oben bis unten hellblau gekachelt, in der Mitte steht eine Art Bahre mit abschüssiger Fläche, auf der eine magere, fast abgezehrte ältere Frau, die nur ihre Socken anhat, mit dem Kopf nach unten liegt, Arme und Beine an das Gestell gefesselt. Über ihr Gesicht ist ein Tuch gebreitet, das von einem Wärter wieder und wieder, durchsetzt von kleinen Ruhepausen, mit Wasser übergossen wird. Eine Frau im weißen Arztkittel steht daneben und beaufsichtigt das Ganze. Gut möglich, daß sie tatsächlich Ärztin ist, denn bei derart gewaltsamen Praktiken kann leicht etwas schiefgehen. Die Frau auf dem Brett stöhnt und hustet. Dann geht es weiter. Die Ärztin setzt sich nun auf die Oberschenkel der Frau und schaut – tja, wie soll man's nennen? – *gierig* zu. »Noch zehn Sekunden«, sagt sie, »dann ist Mayday.« Mir fällt es schwer, den Anblick auszuhalten, ich fasse es nicht, warum sich jemand freiwillig einer derartigen Folter unterzieht, schaue mir deshalb die Ärztin genauer an. Ihre Augen sind geweitet, das Gesicht glänzt. Offenkundig genießt sie den Anblick des Waterboarding. Unheimlich, das.

Ich kann mich nur schwer in die innere Reise von Menschen versetzen, die so etwas mit sich machen lassen, noch weniger von solchen, die Vergnügen empfinden, anderen dabei zuzuschauen. Auch in meinen Phantasien geisterte viel grausames Zeug herum, besonders während der Pubertät, sogar später noch im Erwachsenenalter. Phantasien in der Wiederholungsschleife, die mit der Zeit mehr und mehr, zu guter Letzt fast romanhaft ausgebaut wurden. Ich, eiskalt. Der beste Schütze der Welt. Ein gottgleicher Vollstrecker der Gerechtigkeit. Naturgemäß gutaussehend, besser als Robert Redford. Frauen ohne Ende.

Der Kern meines Brutalogeschäfts kreiste um die Verbrechen der Nazis beziehungsweise um mich als Helden und Rächer, der mit einem Trupp Engländer ein Konzentrationslager befreite, wobei von mir persönlich der Befehl gegeben wurde, daß die Wärter ihre Kleider ausziehen mußten, damit die Häftlinge, die man bisher dazu gezwungen hatte, die Gaskammern zu bedienen, nun hinter ihren Peinigern die Stahltür schlossen und die Giftbehälter durch ein Loch im Dach in die Kammer warfen. Kurioserweise agierte ich Seit' an Seit' mit einem hochdekorierten britischen Soldaten, der Humphrey Bogart hieß und auch genauso aussah. Bogart wiederum wollte mich daran hindern, das Strafgericht durchexerzieren zu lassen, wie ich es angeordnet hatte. Da hielt ich ihm meine Pistole an den Schädel, zwang damit ihn und seine Leute, sich meinem Befehl zu fügen. Sehr zu meiner Befriedigung! Die Rache nahm ihren Lauf, und ich sah mit unbewegter Miene zu. Doch halt – urplötzlich erkenne ich, daß der KZ-Wärter, der sich zuerst ausziehen muß, aussieht wie mein Vater. Heilandzack, das sitzt! Es *ist* mein Vater. Ist mir früher nie aufgefallen. Mit einem verschrumpften Angstpenis steht das Männlein da und zittert. Ich spüre, wie mir der nicht vorhandene Schweiß aus allen gewesenen Poren bricht. Wie konnte mir das nur so lange verborgen bleiben?

Davon muß ich mich erst wieder erholen. Gut möglich, daß mir für einige Augenblicke das Bewußtsein schwand, aber diesmal erinnere ich mich an die vorangegangenen Szenen genau. Auch der nackte Vater steht wieder zitternd vor mir, sagt keinen Ton, schaut mich nur an. Ängstlich schaut er mich an.

Inzwischen befinde ich mich in einem anderen Raum, da stehen zwei Särge, einer geöffnet und mit weißer Seide ausgeschlagen, der andere geschlossen. Im offenen ist keiner drin. Statt dessen befindet sich jemand auf einer verstellbaren Liege, mit dem Kopf in erhöhter Position. Diesmal ist es ein kräftiger Mann, er dürfte schon über sechzig sein, angekleidet mit blauem Hemd und breitrippiger Cordhose, sein dicker Kopf ist an beiden Seiten fixiert. Auch über ihn ist eine Frau gebeugt, eine schmale Brünette im weißen Overall. Sie näht. Und zwar seinen Mund zu. Gerade ist sie damit fertig geworden und knipst den Faden ab. Die Kopffixierung wird gelöst, der Mann richtet sich auf und tastet an den Nähten herum. »Alles paletti«, sagt die Frau, »is gut geworden, perfetto! Können sich entspannen. Jetzt is erst mal wieder für 'ne Weile Ruhe angesagt. Reden kann man ja immer. Die Leute quasseln sowieso immer viel zu viel. Reden sich den Mund fusselig. Fressen, saufen, reden. Reden, reden, reden und kein Ende. Wird davon ja nix besser. Da lob ich mir den Mann, der schweigt. Schweigen is eine Kunst, die beherrscht sein will.«

Der Angesprochene nickt, wird jedoch von einem Hustenkrampf gepackt, dessen Unterdrückung ihn Anstrengung kostet, weshalb er die Hand auf den Mund preßt und sein Gesicht rot anläuft. Schweißtropfen perlen ihm von der Stirn. Die Frau tätschelt ihm begütigend die Schulter, aber damit läßt sich der Krampf nicht beschwichtigen. Sie verfällt in den Ton einer beherzten Gouvernante: »Nu is aber nicht der Zeitpunkt, um ein Bäuerchen zu machen, gelt? Wollen wir doch nicht. Nein, nein, wollen wir ganz bestimmt nicht. Alles gut, wirklich alles, alles gut. Bleiben ja keine Löcher zurück, der Faden is hauchdünn, mit dem könnten die Elfen nähen. Da muß sich einer schon auf sein Handwerk verstehen, sonst wird das nix. Ja, sooooo is gut. Braver Mann, so ein braver, tapferer Mann, der will doch nicht, daß wir das gleich wieder aufschneiden müssen. Schön zuhalten, immer schön zuhalten, damit's nicht reißt.« Der Mann nickt wieder brav, aber so schnell gibt der Husten nicht auf. Wieder mal reicht mir, was ich gesehen habe. Das Mundzunähen wird normalerweise in einem autoritären Regime praktiziert, von tapferen Gegnern eines Autokraten, der sein Land als persönliche Beute betrachtet und es unter Verschluß hält. Die Münder der Oppositionellen sind dann nicht so fein vernäht, sondern mit grobem schwarzem Garn verschlossen. Das wirkt wie ein Gatter vor dem Mund und setzt damit ein deutliches Zeichen. Was das Ganze hier zu bedeuten hat, wie es mit Sex zusammenhängen soll, bleibt mir allerdings schleierhaft. Tun die Leute, die so etwas bei den Ladies of Aranjuez mit sich machen lassen, es um einer obskuren Buße willen? Weil sie sich für den Oralsex bestrafen müssen, den sie praktizieren?

Die Tür zu einem weiteren Raum ist angelehnt. Ein unmißverständliches Angebot, da hineinzuschlüpfen. An der Wand hängen Blechreifen, an denen Riemen befestigt sind, und ein Andreaskreuz. Rohrstöcke und Peitschen verschiedener Länge und Machart stecken der Reihe nach in Halterungen. Dazu gibt es Fotos von Frauen und Männern in Lederkostümen, die mit diesen Objekten befaßt sind.

Inmitten des Zimmers, auf einer Art Zahnarztstuhl, sitzt eine etwa Dreißigjährige, in deren Zöpfe bunte Bänder geflochten sind. Sie trägt einen Ring am Nasenflügel und an den Ohrläppchen schwere Gehänge, von denen die Läppchen längelang nach unten gezogen werden. Auf ihrem ärmellosen T-Shirt steht in leuchtend roten Buchstaben: GÖNN DIR WAS!

Über einen ihrer Oberarme beugt sich eine dicke Frau mit glänzendem Schwarzhaar, aufgesteckt zu einem lockeren Knoten, während der junge Mann in vorgebeugter Position auf einem Stuhl sitzt und auf die Bewegungen starrt, die sie mit einem schmalen Messer vollführt. Konzentriert geht die Arbeit vonstatten, aus der Haut des Arms wird etwas herausgeschnitzt, was vielleicht ein Frosch mit Krönchen werden könnte. Mit sterilen Tüchern wird immer wieder an der Wunde herumgetupft. Die dicke Frau hat eine ruhige Hand, leise summt sie während der Arbeit vor sich hin. Der schmächtige Jüngling, der über der Stirn eine Locke auf seinem ansonsten haarlosen Schädel trägt, ist vermutlich ihr Lehrling. Sie spricht zu ihm hin und wieder auf englisch, erklärt die verschiedenen Arten von Messern, die zur Anwendung kommen: »It is absolutely necessary that you use a knife suitable for the task, so you can minimise the risk.« Der eifrige Adept nickt. Die Atmosphäre wirkt ruhig und konzentriert. Auch die Patientin, falls man sie so nennen will, bleibt dabei ganz still, schaut nur zu. Wahrscheinlich wurde die Stelle vorher betäubt.

All das mag nicht sonderlich schmerzvoll gewesen sein, doch es hat mehr mit dem Tod zu tun als mit der Lust oder vielmehr mit einer Lust, die eigentlich den Tod begehrt. Das macht den ganzen Zinnober so unheimlich, der hier aufgeführt wird. Ratlose Hemmungslosigkeit mag dabei auch im Spiel sein, eine Verlorenheit, die schmerzt, wenn man versucht, sich in sie hineinzudenken. Auch wenn ich noch so sehr versuche, in mich zu gehen, und die eigenen gewaltsamen Phantasien befrage, kann ich den Grund nicht finden, von dem aus es mir möglich wäre, zu verstehen, weshalb sich Leute derartigen Praktiken verschreiben und ihre Körper malträtieren lassen. Es dient ja auch keinem heroischen Zweck, hat nichts damit zu tun, wenn ein Mensch, gefangen in einer wirklichen Diktatur, es schafft, der Folter zu widerstehen, um seine Kameraden nicht zu verraten. Eine solche Haltung ist nicht läppisch, sie hat unnachahmliche Größe. Vielleicht ist bei den Ladies of Aranjuez auch eine sonderbare Tollheit im Spiel. Wenn ich mich recht erinnere, hat Ernst Bloch einmal gesagt, vor manchen Amüsiersüchtigen sei nichts sicher, vor diesen koketten Wanzen, die so lange nach dem Unendlichen röchen, bis das Unendliche nach Wanzen rieche.

Beim Hinausgleiten fällt mein Blick noch auf einen Werbezettel, der auf einem der Tische liegt. »Bloody Phoenix kommt aus Arizona und gilt als die Beste ihres Fachs. Sie ist Spezialistin für Tiermotive«, steht da. Abgebildet sind Mäuse, Tiger, Wolf und Papagei, Hasen in verschiedenen Positionen, horchend, stehend, rennend. An mir würde Bloody Phoenix vergeblich mit ihrem feinen Besteck herumschnitzen. Ich bin nicht mehr von dieser Welt, war's vielleicht auch früher nie so ganz, weil ich als Kind mit den Fleißbildchen von Ida Bohatta-Morpurgo aufgewachsen bin, in denen eine liebe Hasenmutter ihren vier Kindern nacheinander den Gutenachtkuß gibt und dabei jedes mit einem Verslein bedenkt.

Schwarze Gesänge

Es gibt sie, die schwarzen Gesänge, die die Folter besingen, als gewähre das Zuschandenmachen eines Körpers eine besonders intensive und delirante Art der Erkenntnis. An derlei Botschaften, die hochtourig in den Sarkasmus schießen und ihre Worte an Fleischerhaken hängen, habe ich nie geglaubt, trotzdem haben sie mich angezogen. Da wird viel geschmäht und in Leibern gewühlt. Schwimm endlich, du Sau! Scheiß ins Gebüsch! Ramm dich selbst! Laß deinen Armstrunk heulen! Was sich da spannt von Atemzug zu Atemzug, quetsch's platt unter dem Daumen! Kapores, kaputt. Der Leib als Abflußrohr, in dem's gurgelt und pfeift. Zu guter Letzt: Madenfraß.

Sirrsing, Irrsinn singt wirr. Vier Saiten der Geige zerrissen und damit sich aufgeknüpft: Ingo, Schlingo, Wingo, Gringo. Zerkaut, zerfetzt, verdaut. Let the tiger go on smiling. O weh, mein Zahnfleisch haut ab, all Fleisch ist an den Tod geschnallt. Hoho, Frauen mit abgebeizten Haaren blättern in X-Ray-durchleuchteten Magazinbeilagen. Hubschraubergeknatter über der Landezone im Ia-Drang-Tal in Vietnam. Kernwaffentest. Viele Kuschelplätzchen im Herzen der Tyrannei. Energisch ist man da, wo nicht lang gefackelt wird. Schicken wir mal eben das 20. Jahrhundert in Rente. Sieh mal, wie der Stank vor deiner Nase auseinanderspritzt. Schimmel leuchtet in allen Farben der Verwesung. Ach, und sieh nur: die Hitlermarken, so liebevoll mit der Pinzette ins Album verfrachtet! So sauber! Schön aufbewahrt in schnurgeraden Cellophanzeilen. Der Führer war ja ein sehr sauberer Mann. Wer wollte ihn dafür schelten? Nicht Gott sei's geklagt, sondern dem Teufel, klagt Rudolf Borchardt in seinem Jambenheft:

Dreck. Trockener, angemachter, aufgeweichter Dreck,
  Zerfallener Dreck, gespresster Dreck,
Gedruckter, Scheissdreck, Dreckgesinnung, dreckige
  Visage, frech wie Strassendreck,
Dreckseelen, Selbstverdreckung, Schund und darum Dreck,
  Halbecht, einen Dreck wert, nachgemacht,
Gepatzt, gekitscht, gepfuscht, gestohlen, falschgemünzt,
  Mit Dreck zu Dreck und wieder Dreck.

Wollen sehen, was passiert, wenn der Körper und sein Schatten sich ineinanderschlingen, alles zu Dreck und dann mitsam-
men verschlungen wird. Bis auf die Seitenwunde. Sieh nur, sie
blutet noch. Mein Liebes, das sollte dir als Warnung dienen:
leg deine Finger in die Seitenwunde, aber sauf bitte nicht aus
meinem Schädel!

Blut ist ein ganz besonderer Saft. Das klingt inzwischen ab-
genutzt und harmlos. Erst recht, wenn man das Blut von Mär-
tyrern in den Blick nimmt. Deren Blutvergießen hat rein nichts
mit dem Sadogeplänkel der Ladies of Aranjuez zu tun. Das
Martyrium ist inzwischen zutiefst beschädigt durch den flau-
en Unernst der christlichen Religion. Doch in die Perversion
getrieben wird es von Islamisten, die sich mit Hilfe ihrer Blut-
sudelei den Gottesgnadenpaß selbst ausstellen.

Dagegen wurde in jüngster Zeit ein loderndes Fanal gesetzt.
Schier unglaublich ist die Haltung von einundzwanzig christlichen Kopten, die fast alle aus Oberägypten stammten und
am libyschen Strand von IS-Leuten niedergemacht wurden.
Martin Mosebach hat sie in seinem Buch *Die 21* beschrieben.
Jeder einzelne von ihnen lebt darin weiter und wird mit seinem Photo geehrt. Sie heißen Tawadros, Magued, Hany, Ez-
zat – kurios, daß sämtliche dieser mir völlig fremden Namen
nun in meinen Gedanken siedeln, als wären es alte Bekannte –,
Malak (der Ältere), Samuel (der Ältere), Malak (der Jüngere),

Luka, Sameh, Milad, Issam, Youssef, Bishoy, Samuel (der Jüngere), Abanub, Girgis (der Ältere), Mina, Kiryollos, Gaber, Girgis (der Jüngere), Matthew.

Alle stammten aus bitterarmen Familien, die meisten von ihnen konnten vielleicht ein wenig lesen, schreiben eher nicht. Sie arbeiteten als Wanderarbeiter, abends eingepfercht in einer Baracke schickten sie das hart verdiente Geld an ihre Familien in der Heimat. Vom IS wurden sie verschleppt und zum Meeresstrand geschleift, wo ihnen die Köpfe abgeschnitten wurden.

Ihrem grausamen Schicksal hätten sie entgehen können, wenn sie sich zum Islam bekannt hätten. Das Halsabschneiden darf man sich nicht scharf und schnell vorstellen. Die Guillotine ist ein präzis arbeitendes Gerät. Am libyschen Strand ging's anders zu. In einer Reihe mußten sich die in orangefarbene Sträflingsoveralls gekleideten Männer niederknien, hinter ihnen standen ihre Mörder. Nicht von Schwertkämpfern, wie man sie aus chinesischen Filmen kennt, wurden die Köpfe von den Rümpfen getrennt, um malerisch durch die Luft zu sausen. Die koptischen Wanderarbeiter wurden mit Messern niedergemacht, dazu war ein längeres Herumsäbeln an ihren Kehlen nötig. Von den Entführern wurde das Gemetzel auf Video festgehalten.

Erstaunlich tapfere Menschen, die ihr Risiko kannten und wissend in den Tod gingen, gab es und gibt es immer wieder. Georg Elser, Hans und Sophie Scholl, Dietrich Bonhoeffer, Adam von Trott zu Solz, Berthold Schenk Graf von Stauffenberg und viele andere werden bei uns zu Recht geehrt. Etliche katholische und evangelische Priester wanderten in die KZs. Ich habe solche Menschen immer bewundert, weil ich ein Feigling bin und schon bei der leisesten Androhung von Schmerzen bei jedem Verhör einknicken würde. Nur in meinen Phantasien war ich kühn, ein Rächer der Gepeinigten, ein knallharter

Nazijäger. Wie albern ich mir vorkomme, wenn ich daran denke! Im Grunde war ich eine Heulsuse, die schon alles verraten hätte, wenn man mich nur ein winziges bißchen mit dem Messer geritzt hätte. An-den-Armen-Aufhängen, Waterboarding, die Bogerschaukel wären gar nicht erst nötig gewesen, um mich zum Reden zu bringen.

Lieblos, aber gesittet

Vielleicht bin ich schlecht gereift. Immerzu in kindischen Trotz verbissen. Vielleicht habe ich mir eine hymnenhaft heilige Mutter gewünscht oder eine mondäne Weltfrau, mit allen Wassern gewaschen. Bei meiner Geburt stand alles unter einem schlechten Zeichen. Um meinem schlechten Omen zu entgehen, habe ich krampfhaft versucht, mir selbst etwas Bedeutendes und Weihevolles zu verschaffen, indem ich mir zeitweise einbildete, an meiner Wiege seien die *Kindertotenlieder* von Gustav Mahler gesungen worden. In der Gewalt einer seelenvollen Musik, die den Tod beschwor und durch die Ergriffenheit, die sie erzeugen konnte, den Himmlischen nahe war, sah ich rückwirkend meine Existenz von Kindesbeinen an umhüllt und erhöht. Weil alles um mich herum so bedrückend und kleinlich war, sehnte ich mich nach einem großartigen Drama, das sich um meine ins Erhabene katapultierte Person rankte, und da kamen die Lieder gerade recht. *In diesem Wetter, in diesem Braus* flatterte mein geistiges Ich verzückt in die Höhe, von einer edlen Trauer durchdrungen, die mich zu einem wichtigen Menschen machte und mein geistiges Schweben durchlässig und fein werden ließ, weil ich mich bis in die Fingerspitzen hinein allem entwichen fühlte, was dumm, verrannt, unduldsam und böse war.

Die Realität meiner Kindertage hatte nichts von einem Braus. Ich hatte kein liebevolles Verhältnis zu meiner Mutter, ganz und gar nicht. Als sie vor vielen Jahren starb, war ich zwar schockiert, weil es so unerwartet geschah, zugleich war es mir lästig, mich nun um die Beerdigung auf dem Stuttgarter Waldfriedhof kümmern zu müssen. Meine Trauer kann man als reduziert bezeichnen. Der Vater war schon Jahre vorher gestorben, wann, wo, wie, woran kümmerte mich nicht.

Wenn ich mich recht erinnere, ist er irgendwo in Saarbrücken beerdigt. Sein Grab habe ich nie besucht, wozu auch. Gerhard und Marie begleiteten mich nach Stuttgart, ansonsten nahm das Begräbnis der Mutter einen eher kümmerlichen Verlauf, Tante Gerda und zwei Nachbarinnen hatten sich noch eingefunden und ein mir unbekannter Mann aus dem Kirchenkreis, mit dem meine Mutter in den letzten Jahren offenbar befreundet gewesen war. Tante Gerda flüsterte mir zu: »Derre ihr Notnagel, wie du ja weisch, an ausdrechselter Holzkopf!« Genaueres wußte ich darüber aber nicht und hatte auch keine Lust, es zu erfahren. Tante Gerda sprach im übrigen nur zu mir in einem derartigen Starkschwäbisch, wandte sie sich an Gerhard oder Marie, redete sie in einem allgemeinverständlichen Honoratiorenschwäbisch und verzichtete auf Kraftausdrücke. Für die Tante und mich war das extremere Schwäbisch jedoch zu einer Art Geheimsprache geworden, mit der wir einander wechselseitig unsere Verbundenheit anzeigten.

Statt meiner Mutter war mir die Mutter von Albert Cohen ans Herz gewachsen, was natürlich merkwürdig ist, für mich konnte sie ja nur auf dem Papier existieren, und zwar in einem schmalen Buch, das auch das Wort *Buch* im Titel trägt und auf seinen Seiten Cohens Mutter in schwindelerregende Höhen trägt. Schlicht heißt es: *Das Buch meiner Mutter*. Von den ersten Sätzen an hat es mich angezogen, ja, mich in einem regelrechten Glückstaumel schweben lassen. Herzkrank, ängstlich, ein Vögelchen mit starkem Kammerflimmern, von Erinnerungen an Pogrome geplagt, eine gute Seele, über die ihr liebender Sohn wacht und im Flüsterton die Töchter Jerusalems darum bittet, sie nicht aufzuwecken, während sie schläft – so wird sie geschildert.

Hat je ein Sohn schöner darüber geschrieben, wie seine Mutter Fleischklopsen Klapse mit dem Löffel versetzt? Um sie Ehemann und Sohn mit glühenden Bäckchen vorzusetzen, gerötet von unterschwellig glimmendem Stolz? Meine Mutter servierte mir zwar auch *Fleischküchle*, wie dasselbe Gericht bei uns in Schwaben heißt, aber sie waren kleingeschlegelt, nicht liebevoll zurechtgehauen, und schmeckten fad. Jeder Topf, jede Pfanne hielt eine Zumutung für die Mutter bereit. Sie schaltete und waltete in der Küche wie eine beleidigte Matrone, selten lächelnd, nie singend oder gar pfeifend. Auf den Ehemann mußte sie eh nie warten, allenfalls auf mich, und das war an sich schon eine Beleidigung für ihre schwachen Nerven.

Die Religiosität von Cohens Mutter ist von herzergreifender Naivität, dabei kühn in den Auslegungen, weil sie die ihr in den Sinn kommenden Bibelsprüche kurzerhand so zurechtschneidet, daß sie geeignet sind, ihrem Sohn zu nutzen. Meine Mutter hatte mit der Bibel eigentlich nichts am Hut, obwohl sie evangelisch war und in späteren Jahren regelmäßig zur Kirche ging. Vermutlich eher aus Einsamkeit als zur Stärkung und Auffrischung ihres Glaubens. Man traf sich in der Gemeinde ja auch hin und wieder zu Kaffee und Kuchen.

Ich weiß nicht, warum ich mir gerade diese Äußerung von Cohen gemerkt habe, gewissermaßen mit Ausrufungszeichen: Nach ihrem Tod throne die geliebte Mutter im Mittelpunkt seines Gehirns in einem senkrechten Sarg. Senkrechter Sarg! Ein schreckliches Pflanzzeichen! Als ich das las, bin ich erschrocken. Vielleicht ist es nicht nur günstig, wenn man seine Mutter über alles liebt. Vielleicht ist es besser, man liebt sie und liebt sie wieder nicht, in unaufgeregtem Wechsel, der nach ihrem Tod das eigene Leben nicht weiter stört.

Mein seelischer Gleichmut war nach der Beerdigung meiner Mutter rasch wiedergefunden, allerdings auf niedrigem Level, sie spukte ja nicht in meinen Gehirnwindungen herum, trat in den Nächten auch nicht mit schweren Schritten an mein Bett heran. Ich mußte nicht stundenlang voller Sehnsucht auf die paar Habseligkeiten blicken, die ich aus ihrer Wohnung mitnehmen wollte, bevor die Möbel von einer Räumungsfirma abgeholt wurden und die Kleider in einem Straßenbehälter landeten, darunter auch ein beige-schwarz gefleckter Kunstfellmantel, den ich immer besonders scheußlich fand. Mitgenommen habe ich einen Schildpattkamm, einen Aschenbecher mit Druckmechanismus, der mich schon als Kind fasziniert hat. Wenn man den Knopf nach unten preßte, sprang ein rechteckiges Loch auf, um die Asche darin zu versenken. Dazu sechs Untersetzer aus Bakelit, einen alten Schulatlas und eine hölzerne Schachtel, gefüllt mit kuriosen Knöpfen, die Marie gern haben wollte. Und das war's. Damals war ich noch Raucher und habe den Aschenbecher in Berlin eine Zeitlang benutzt. Alles in allem eine armselige Hinterlassenschaft, die mich schmerzlich daran erinnerte, daß ich nicht in so wohlhabenden bürgerlichen Familien zur Welt gekommen bin wie fast alle meiner Freunde, bis auf Marie.

Ein Drama war nicht in Sicht, Tröstung auch nicht, weil ich mir partout nicht vorstellen konnte, meine Mutter sei im himmlisch erneuerten Garten Eden angelangt oder vorläufig mit geschlossenen Augen an einem paradiesfähigen Ort aufbewahrt, harrend der endgültigen Befreiung und Umformung in eine luftige Wandelexistenz von unbeschreiblicher Schönheit. Wo sah ich sie denn abgelegt? Zwar nicht im Nichts, eher in einem unbestimmbaren Irgendwo zwischen Hölle und Paradies, in der das Böse trillert und pfeift und höhnt und sich in einem kalten Spiegel erblickt, während das Gute sanftmütig vor sich hindämmert, will heißen: Ich sah sie in einer flauen Schwebe des Vergessens aufgehoben, von gemeinen Turbulenzen durchzittert und mitunter in Wallung gebracht.

Obwohl ich mich in meiner derzeitigen Lage nach Geselligkeit sehne, reizt mich die Idee nicht sonderlich, hier oben auf meine Mutter zu treffen, erst recht nicht auf den Vater. Anscheinend sende ich für meine Mutter lauter ins Leere zielende Pfeile ins All, an deren Spitzen schwach leuchtende Signallichter befestigt sind, die gar nicht zu ihr durchdringen wollen. Ganz anders Albert Cohen. Wäre er an meiner Stelle gewesen, hätte er alles drangesetzt, seine Mutter wiederzufinden, um mit ihr das Jenseits zu durchstreifen. Angesichts des Todes seiner Mutter wurde er zu einem guten Menschen, der sich in Liebe nach ihr verzehrte, ich zu einem schlechten, der keinen Aufwand betrieb, sich die Mutter in Erinnerung zu rufen.

Über seinen Vater erzählt Cohen nicht viel, nur daß er ein ehrbarer Mann gewesen sei. Liebend gern würde ich das von meinem Vater auch behaupten. Aber da tut sich der Graben der Geschichte auf. Wenn ich mich recht erinnere, ganz sicher bin ich mir da nicht, kam er 1916 in Saarbrücken zur Welt, als Sohn eines Lebensmittelhändlers. Darüber weiß ich allerdings so gut wie nichts. Sicher ist nur, daß aus ihm ein begeisterter Nationalsozialist wurde und er einen gesellschaftlichen Aufstieg geschafft hat, denn er wurde Architekt. Kein berühmter, keiner mit bedeutenden Aufträgen, im Krieg war er im Schlepp der Wehrmacht beim Einmarsch in Frankreich unterwegs, weil er als Brückenbauer gebraucht wurde. Er entsprach dem Idealbild der damaligen Zeit: großgewachsen, blond, schlank. Tante Gerda behauptete, er sei unangenehm gewesen, arrogant und ordinär zugleich, ein Erznazi obendrein, der auch nach der Kapitulation Deutschlands einer blieb. Die Verbrechen der Wehrmacht, die Existenz von Vernichtungslagern soll er geleugnet haben. Das habe ich von Tante Gerda erfahren, denn meine Mutter sprach darüber nie, wie sie überhaupt jeder Frage nach der deutschen Vergangenheit auswich. Es wunderte mich nicht, daß mein sogenannter Vater in mir einen minderwertigen Sohn sah, denn ich maß nur einssechsundsechzig, interessierte mich nicht für Sport und hatte dunkelbraune Haare, alsbald auch eine Mähne, die ihm zuwider war.

Was soll ich Gutes über meine Eltern sagen? Da fällt mir nichts ein, auch über meine Mutter nicht. Marie hatte einen Vater, zu dem sie aufsehen konnte, weil er immer ein Mann der SPD gewesen ist und ihr ein guter Vater war. Ihre Mutter war witzig, fürsorglich und beherzt. Alles Eigenschaften, die ich bei meinen Eltern nicht finden konnte. Die Eltern von Gerhard waren weltläufig, besonders seine Mutter flößte mir Bewunderung ein, weil sie sehr schön und elegant war. Im Vergleich mit Gerhard und Marie hatte ich in puncto Familie eine Niete gezogen. Auf mir lastete etwas vom Totgewicht der vielen Leichen, die aufs Konto der Lieblingspartei meines Vaters gingen, und machte mich unfrei.

Fügsamkeit, die zur Schönheit gehört, habe ich nie erlernt. Wurde ich still und zog mich zurück, kam etwas Markloses, Memmenhaftes über mich, als wären mir alle seelischen Gaben der Stärke entzogen. Zugleich blieb meine Trauer unverbindlich, in einem ewigen Sozusagen gefangen. Ob ich? Ob ich nicht? Diese öden Spielchen konnten mich stundenlang beschäftigen. Auf Marie muß ich manchmal gewirkt haben wie ein hohler, egozentrischer Trauerkloß. Vielleicht roch ich in diesem Zustand sogar schlecht, weil ich mich den im Normalbetrieb sorgfältig ausgeführten Reinigungsritualen nicht mehr hingeben konnte, mir selbst dabei zusah, wie ich mit angeekelter Miene vor mich hin rottete. Kaum schwelgte ich in genialischen Hoheitswolken, kaum hatte ich deren Gipfel erklommen, sank ich in den Abgrund der Nichtswürdigkeit. Es kann kein Vergnügen gewesen sein, es mit mir aushalten zu müssen, obwohl ich manchmal … aber die möglichen Einwände, die sich jetzt gegen mein marodes Selbstbild melden wollen, sind zu schwach, als daß sie Gestalt gewinnen könnten, deshalb sinke ich wieder in den Keller, wo ich hingehöre.

Geschwätz

Warum bin ich so verschwätzt, warum rede ich unablässig in die Leere hinein, aus der heraus keiner antwortet? Allenfalls ich mir selbst? Mich erinnert das an Franz Kafkas Held K. im *Process*, der angesichts der bodenlosen Umtriebe, die ihn heimsuchen, auch zu einem haltlosen Schwätzer wird, natürlich in strengerer Manier, als ich es hier betreibe, denn der scharfe Wächter über seine Sätze war Jurist und durchgehend um Präzision bemüht, das Romanfragment hätte auch von einem literaturbegabten Knochen geschrieben sein können, deshalb ist seine Wirkung so unheimlich, von ungleich höherer Schlagkraft als das mäandernde Gestammel, das ich zuwege bringe. Im Vergleich zu Kafka, den ich verehrt habe wie niemanden sonst, kam ich mir immer vor wie eine klatschsüchtige Qualle. Hinzugefügt sei: eine Qualle ohne Mumm!

Wann mir der Prozeß gemacht werden wird, ist nicht absehbar, aber auf einem stickigen Dachboden, vollgepackt mit johlenden Zuschauern, wird er wohl nicht stattfinden. Ich stelle mir (falls es dazu kommen sollte) meinen Prozeß sublim vor, als würde mit extrafeinen Luftmessern alles zerstückelt und zerschnitten, was ich von mir gebe. Als würden meine Gedanken seziert, von meinen Erinnerungen alles weggeschnitten, was erlogen ist, und von unsichtbarer Hand etwas an mich geschraubt, das so sehr schmerzt, daß ich zusammenbreche. Andererseits kommt es mir unwahrscheinlich vor, einst überhaupt vor Gericht gestellt zu werden. Oder doch? Befindet es sich irgendwo im Weltall? Etwa auf der noch kaum erforschten, von der Erde abgewandten Seite des Mondes? Oder nähert es sich unauffällig in einer harmlos erscheinenden, fast unkenntlichen Gestalt?

Vergessen wir mal wieder den Mond. Ich fühle eine gewisse

Verwandtschaft mit K., dem allein Kafka den papiernen Existenzbefehl erteilt und ihn gegen jegliche Wesenseinsicht gewappnet hat. Ich hingegen bestehe inzwischen aus etwas noch Dünnerem als Papier: aus Luft. Das Papier hält fest, was auf ihm geschrieben steht, meine Gedanken sind dagegen unstet, verfliegen im Äther so schnell wie gekommen. Wollte jemand sie aufzeichnen, hätte er den Salat.

Kafkas umstellter Prokurist will nichts und kann nichts wahrhaben, vermag wahre Anschuldigungen von solchen, die allenfalls ein Körnchen Wahrheit enthalten, nicht zu unterscheiden, wobei unter schärferem Hinsehen, etwa unter einer Sündenlupe, auch aus diesen Körnlein veritable Mühlsteine emporwachsen könnten, geeignet, diesen sehr speziellen Sünder zu zermahlen. Doch K. versucht krampfhaft, sich den Selbstausweis der Unschuld auszustellen, was zunehmend mißlingt. Solange man in der breiig hingelagerten Gegenwart lebt, die ihre Frische nur vorgaukelt und in Wahrheit alles Wichtige erstickt, rudert man in seinem Sündensumpf herum und wähnt sich dabei frei. Bei mir war es ebenso. Das ist nun vorbei.

Rund um K. sind Merkzeichen aufgestellt, die den Leser vermuten lassen, daß es mit der sich selbst anbehaupteten Unschuld nicht allzu weit her sein könne. Gleich eingangs in seinem Zimmer, in dem ihn die Wächter überraschen und ihn dann wieder für eine Weile allein lassen, denkt K. erstaunlicherweise darüber nach, er könne sich ja auch umbringen. Und obwohl er den Gedanken sogleich wieder sausen läßt, bleibt im Leser eine Spur davon zurück. Steht es um den Mann so ernst, daß Selbstmord vielleicht doch der einzige Ausweg wäre? Aus der Verfahrenheit einer Situation heraus, in der eine lauthals vorgetragene Sündenlosigkeit zwar mit Nachdruck behauptet, aber nicht bewiesen werden kann? Gekonnt wird hier ein Zustand der Arglosigkeit sich selbst gegenüber beschrieben, der bei niemandem Glauben findet, erst recht nicht beim Leser. Bei K. sind alle weiteren Versuche bekannt, seinen Prozeß zu torpedieren und ihn als Posse zu entlarven, die versucht, ihm sämtliche Lebensadern abzuschneiden. Das eigentlich Unheimliche begegnet dem verfolgten Mann allerdings, sobald er in dem Gebäude, in dessen Dachkammer die Verhandlung stattfindet, die unteren Stockwerke aufsucht und auf völlig entleerte und verzagte Beschuldigte trifft, die kaum mehr den Mut aufbringen, sich zur Wehr zu setzen. Eine abgezehrte Schar von Kopfhängern schleicht da herum und schleppt sich von dannen. Keiner verfügt mehr über die Kraft, aufrecht, erhobenen Hauptes gegen die über sie verhängte Bedrohung anzukämpfen.

Ich? Womöglich bin ich auch einer dieser Kopfhänger. Das stimmt allerdings nicht ganz. Kafkas Verzagte sind Leute, die noch am Leben sind und etwas Böses erwarten, jedenfalls keinen gewöhnlichen Schuldspruch, mit dem sie sich notfalls arrangieren könnten. Ich hingegen bin bloß eine driftende Seele, die ihren nicht mehr vorhandenen Kopf gar nicht hängen lassen kann. Aber eine böse Ahnung sitzt auch mir in den gewesenen Knochen. Doch mich trennt viel von Kafkas K. Ich wurde einst nicht von zwei Herren auf den Richtplatz verschleppt und mußte mich somit auch nicht vor ihren reinen Gesichtern ekeln (oh, diese reinen Gesichter, auf deren Flächen sich nicht die geringste Emotion zu erkennen gibt. Kafka treibt's hier auf die Spitze, denn seinen Wärtern haftet etwas Engelhaftes an, zugleich sind sie die absolute Perversion von Engeln, allein ihre Kaltblütigkeit, mit der sie K. auf offenem Feld mit dem Messer niedermachen und die Köpfe aneinanderlegen, Wange an Wange, um in aller Ruhe zuzusehen, wie ihn das Leben verläßt, ist der Beweis).

Ich ... lassen wir das, es führt zu nichts. Vielleicht sollte ich leiser werden, leise in mich selbst und in die Klanglosigkeit gehen, um in die zeitentfernte Echte zu entweichen, aus der nichts gespielt Geheimes mehr entsandt wird, in eine Sphäre, in der jedes Jota zählt und verpflichtet, während lächerliche Beweisgründe ungehört verhallen, die triftigen aber fein gewogen werden, wo sich ein Gericht in der Schwerelosigkeit herumtreibt, das bis in jede gewesene Hautpore hinein alles hört, alles sieht, alles weiß und sich vom trügerischen Seelendunst nicht beeinflussen läßt, ein Gericht, das keine szientifischen Seziermesser und keinen metaphysischen Impulsgeber braucht, um in seinem ureigenen, von der Apokalypse genährten Blendlicht zu verstehen, was sich in der Entkörperlichung als nackte Wahrheit erhalten und sich in den tumultreichen Schwächegründen der menschlichen Existenz einst abgespielt hat, wo das Gute niemals reinsten Wassers gut und selbst das böseste Böse niemals ohne ein trügerisch glimmendes Fünkchen des Guten daherkommt, weshalb eine radikale Verurteilung des Bösen, ist es einmal aus seiner ureigenen Dunkelkammer ans grelle Licht einer scharf urteilenden Justiz getreten, zwar möglich und oft auch wünschenswert ist, im entgegengesetzten Fall jedoch ein Freispruch niemals so erteilt werden kann, daß er auf einen Haps die gesamte Existenz durchdringt und befreit, sondern sich nur auf partielle Teile beschränken kann, denen es bereits vergönnt ist, sich an der Freiheit zu erfrischen, während die beschmutzten Teile einem Läuterungsprozeß unterzogen werden müssen, der schmerzt. Kafka hatte mit seiner Vermutung ganz recht: Die wirklichen, sofortigen, alles umfassenden Freisprüche sind Legende, um die sich eine ins Kraut schießende Hoffnung rankt.

Woher ich das urplötzlich weiß? Wissen kann man das nicht nennen, nichts davon kann bewiesen werden, aber es drängt sich mir immer mehr die Gewißheit auf, daß es so sein muß. Kosmisches Breitbandpanorama hin oder her, schwarze Löcher, explodierende Sterne her oder hin – will man sich nicht der kompletten Sinnlosigkeit der Existenz ausliefern, *muß* es eine Instanz geben, die urteilt und dabei über einen schärferen Blick verfügt, als er uns gegeben ist, selbst wenn wir versuchen, möglichst redlich auf die gelebten Jahre zurückzublicken. Etwas in uns muß freischwebend zur Ruhe kommen dürfen. Doch das geht nicht einfach so, als wären wir Kindlein, denen man ein Gutenachtlied singt; wir sind keine leicht zu beruhigenden Unschuldslämmer. Angesichts der mörderischen Probleme, die sich da auftun, bin ich wieder mal dabei, mich in mir zu verheddern, deshalb darf ich darum bitten, mich ins Reich des Ungesagten, Unerklärten, Ungedachten zurückziehen zu dürfen, um mich von einer Strapaze zu erholen, die an meinen luftdurchrissenen Eingeweiden frißt.

Das Hübschlein von Monrepos

Während meiner Kinder- und Jugendzeit geisterte ein Mann auf dem Killesberg in Stuttgart herum, manchmal sogar nackt – er nannte sich *das Hübschlein von Monrepos*. Dieses Hübschlein stammte aus einer reichen Familie, es wohnte allein in einem großen Haus in der Birkenwaldstraße. Seine Eltern waren bereits tot. Der Vater war Mathematikprofessor an der Hochschule für Technik gewesen, die Mutter stammte aus einer pommerschen Gutsbesitzerfamilie. Das Hübschlein war ihr einziges Kind. Anfangs hatte ihn die Polizei bei seinen Eskapaden in Gewahrsam genommen, dann gewöhnte man sich allmählich daran, daß das Hübschlein bisweilen munter, aber falsch singend und komisches Zeug vor sich hinbrabbelnd nackt die Straße entlangspazierte. Zumal es mit zunehmendem Alter des Hübschleins immer seltener vorkam und alle Anwohner wußten, daß der Mann harmlos war. Die Polizei sah bald keinen Grund mehr, ihn wegen Erregung öffentlichen Ärgernisses festzunehmen.

Wenn ich mich recht erinnere, war in seinen Reden des öfteren von einem windigen Röcklein die Rede gewesen. Manche Leute behaupteten, das Hübschlein sei zwar verdreht, aber es spreche ungeheuerliche Weisheiten aus, nur seien diese leider schwer verständlich, etwa wenn ihn sein Lieblingsthema am Wickel hatte, das von Gottes urplötzlichem Erscheinen handelte. Er, Gott, sei dahergeschlängelt und dahergezackt gekommen, um Seinem unaussprechlichen Namen eine Gestalt zu verleihen, in der die ursprünglich nur vorgedachte Welt zu einer wirklichen geworden sei. Im großen Schall sei Er zu sich selbst gekommen und habe alles erzeugt.

Um das Hübschlein rankten sich die merkwürdigsten Geschichten, die vermutlich nur bedingt auf dem Boden der Realität siedelten. Er sei ein schöner und kultivierter junger Mann gewesen, das Prachtstück der Familie. Was ich nie recht glauben konnte, denn das Hübschlein ging schief, und ein merkwürdiges Zucken überrann sein Gesicht in regelmäßigen Abständen. Tragischerweise sei er mit einem Mädchen im Park von Schloß Monrepos verabredet gewesen, als ein Gewitter aufzog und ein Blitz in unmittelbarer Nähe des Paares in einen Baum einschlug. Das Mädchen sei sofort tot gewesen, das Hübschlein zwar mit dem Schrecken davongekommen, aber es habe sich davon nie wieder erholt. Das schlagende Erlebnis habe seinen Geist zerrüttet und ihn dabei die Phantasie entwickeln lassen, Außerirdische hätten ihn entführt, und zwar ausgerechnet Wesen vom entfernten Planeten *Supernom*. Gott, Jesus, der Heilige Geist, die schöne Ruhestätte, die ihm zum Menetekel wurde, funkelnde Schmuckstückchen, die in seinen Schoß fielen, der Universalschlüssel, den er glaubte, für einige Sekunden in Händen zu halten – das alles sei zu viel für ihn gewesen und habe in seinem Kopf ein Tohuwabohu bewirkt. Die Hypostasen von Gott, Vater und Heiligem Geist seien bedrohlich auf das Hübschlein zugerückt und hätten sich vor seinen Augen in obszöne Aliens verwandelt, die ihm nach dem Leben trachteten. Nicht ganz so schmuck, wie ich sie hier wiedergebe, wurde die Geschichte von verschiedenen Leuten erzählt, aber im Kern dürfte sie stimmen, auch wenn das Wort Hypostase in deren Reden vermutlich nicht vorkam.

Die Geschichte hat mich als Bub intensiv beschäftigt, da sie von einigen Leuten auch in bezug auf die Geschlechtsteile der Außerirdischen ausgeschmückt wurde, die diese an langen Schnüren herabhängend offen herumgetragen hätten, weshalb das Hübschlein den Tick entwickelt hatte, sich splitternackt zu zeigen. Das erzählte mir Bennie, mein Kamerad in der Grundschule, der in der Nähe der Lamparters wohnte;

so lautete der Familienname des Hübschleins. Der Mann starb, als ich in die Endphase meiner Gymnasialzeit eingebogen war. Obwohl ich mit ihm nie ein Wort gewechselt hatte, bedauerte ich sehr, daß er nun tot war. Das Hübschlein hatte für Abwechslung gesorgt und mir kuriose Phantastereien bezüglich der Geschlechtsorgane beschert. Sein Haus hätte ich nur zu gern inspiziert. Ich hatte mir zeitweilig vorgestellt, daß es dort von merkwürdigen Apparaten nur so wimmelte, mit deren Hilfe kosmische Botschaften empfangen werden konnten, die das Hübschlein sich merkte und bei seinen Spaziergängen zum besten gab.

Das Haus der Lamparters verkam mit den Jahren und wurde später zwangsversteigert, aber da lebte ich bereits in Berlin, und mein Hübschlein war längst zu einer entfernten Chimäre geworden, die nur noch selten am dünnen Rand meines Bewußtseins herumtänzelte und alsbald wieder verschwand. Jetzt gäbe ich viel darum, mich mit dem Mann unterhalten zu können. Offenbar verfügte er über eine gewaltige Erfahrung, die schlagartig auf ihn gekommen war und ein Wissen im Schlepp führte, das vor seinen Augen in tausend Teile zersprang. In einem Nu wurde er zu einem Enterbten. Von einem kraftstrotzenden Gewalthimmel war ihm alles Bedeutende und Schöne genommen worden. Wie soll sich ein schwacher junger Mensch von so etwas erholen?

Schneeflocken trudeln herum, aber auf den Dächern und Gehwegen will sich noch keine kompakte weiße Decke bilden. Offenbar habe ich Weihnachten verschlafen, denn die ersten Bäumchen wurden schon auf die Gehwege geschafft, um von der Straßenreinigung abgeholt zu werden. An manchen hängt noch Lametta oder der eine oder andere verbogene Kerzenhalter, ein trauriger Anblick. Im Geäst einer stattlichen Tanne liegen sogar die Reste einiger zerbrochener Kugeln, wer weiß, vielleicht hat sich da ein Familiendrama abgespielt, und dabei sind sie zu Bruch gegangen. Mich beschleicht eine leise Bangigkeit, wieder in einer Nacht zu versinken, die mir einen leeren Spiegel vorhält, weil sie aus lauter Abwesenheit besteht, worin nicht einmal der unfaßbar Eine sich in Erscheinung bringt, weder als Tetragramm noch als Splitter, erst recht nicht in duftigen Wortschleiern, die als dezent verschattete Sätze mit den Wolken dahinziehen.

Noch eine Verrückte

Halbverrückte, die frei herumliefen, gab es während meiner Studienzeit in Berlin in größerer Zahl. Ein aufregendes Exemplar ist mir Ende der siebziger Jahre begegnet, als der *Dschungel* vom Winterfeldtplatz in die Nürnberger Straße umgezogen war. Im neuen Raum herrschten das Neonlicht und die Kühle von gekachelten Wänden, in der hochgelegenen Etage saß man auf ziemlich unbequemen spilligen Stühlen. Ein kleiner quadratischer Raum diente als Tanzfläche. Das aufregende Wesen, das ich da traf, hieß Therese. Obwohl sie einen altmodischen, in Süddeutschland geläufigen Namen trug (so hießen häufig Frauen aus dem bäuerlichen Milieu), war sie in Essen geboren und die Tochter eines Industriellen. Therese hatte große dunkle Augen und einen leicht schiefen Mund, mit dem sie entfernt an Charlotte Rampling erinnerte.

Sie tanzte allein für sich, ihre Bewegungen wirkten abgehackt und puppenhaft, zugleich graziös. Ich hatte sie noch nie zuvor gesehen und schaute ihr dabei zu, plötzlich drehte sie sich in meine Richtung und sagte: »Komm, wir gehen nach oben und setzen uns.« Ich war ziemlich verblüfft, zockelte aber brav hinter ihr her die Treppe hoch. Therese hatte eine phantastische Figur, schlank, aber nicht dürr, und sie war einen halben Kopf größer als ich. Als der Kellner kam, bestellte sie ohne mich zu fragen zwei Cocktails, sagte dazu nur: »Wenn du den noch nicht kennst, mußt du unbedingt probieren!«

Sie hatte das Heft von Anfang an in der Hand und behandelte mich wie einen kleinen Schulbuben, obwohl ich älter war als sie. Ich lobte ihr Kostüm, das wirklich außergewöhnlich war – perfekt geschnitten in den Farben Grün, Rosé, Gelb, aus einem Stoff, dessen Oberfläche so aussah, als bestünde sie aus lauter winzigen Knoten. Es stand ihr ausgezeichnet und hob sich von allem ab, was Studentinnen für gewöhnlich trugen. Sie studierte Philosophie und Religionswissenschaft an der FU, was mir seltsam vorkam, denn ich hatte sie dort noch nie gesehen. Therese erklärte mir, daß sie nur Dior tragen könne, darin fühle man sich einfach wunderbar, so natürlich, als sei man im Grunde nackt, Yves Saint Laurent sei ihr zu vulgär, leider sei auch Chanel nach Cocos Tod nicht mehr ganz das, was es einst gewesen war. Ich nickte stumm, weil ich einer derartigen Tiefenschürfung in Sachen nobler Mode nicht gewachsen war.

Überhaupt bestritt sie die Unterhaltung, ich beschränkte mich aufs Fragen, um ihren Redestrom in Fluß zu halten. Offenkundig schätzte Therese meine Zurückhaltung, denn sie ging alsbald dazu über, meinen Arm zu streicheln und mir zu eröffnen, ich sei ein ganz, ganz feiner Kerl, den sie sehr gern besser kennenlernen würde. Ich vernahm das mit gemischten Gefühlen, denn damit war klar, daß sie mich in erotischer Hinsicht nicht für voll nahm. Und ja, sie plapperte gern vor sich hin, wobei Plappern nicht das richtige Wort dafür ist – ich hatte vielmehr den Eindruck, daß ich einem merkwürdigen Vogel gegenübersaß, der in hoher Tonlage zwitscherte. Und dieser Vogel faszinierte mich außerordentlich. Die Reden der jungen Frau waren zwar etwas seltsam, aber nicht dumm. Sie gebrauchte Wörter wie *das Unvorhergesehene* oder *die Einkehr*, auch *die schicksalshafte Geworfenheit* oder *die Abgründe der Existenz* gingen ihr flott über die Lippen. Sie lobte auch mein Haar, das mir *bürstenwild* vom Kopf abstand. Der Ausdruck gefiel mir besonders gut, weil sie mir damit auf gewitzte Weise ihre Wertschätzung zu verstehen gab.

Doch im Grunde sprach sie fast nur über sich selbst. Mit zwölf war sie mit einem schwedischen Drogati namens Leif Sture Sörensen von zu Hause durchgebrannt. Sie hatten beide

Jack Kerouac gelesen und wollten zusammen nach Afghanistan, kamen aber nur bis zur österreichischen Grenze, von wo aus sie zu ihren Eltern ins Ruhrgebiet zurückverfrachtet wurde. Leider konnte ich nur damit kontern, daß ich gern Profifußballer geworden wäre und mit dreizehn bei den Stuttgarter Kickers in die Jugendmannschaft aufgenommen worden war.

Ein bißchen gönnerhaft lobte sie mich dafür und kam sogleich auf ihr eigentliches Lieblingsthema zu sprechen: die Psychoanalyse. Sie brauche unbedingt eine, schließlich sei sie ziemlich verrückt. Aber die Westberliner Analytiker taugten allesamt nichts, die Freudianer nicht und die Lacanianer erst recht nicht. Für sie käme überhaupt nur das Original in Frage, Jacques Lacan höchstpersönlich. Als ich einwandte, daß der inzwischen zu alt für sie geworden sein könnte, widersprach sie mir vehement. Gerade das Alter, die Erfahrung sei wichtig! Ihretwegen könne Lacan hundert sein, sie würde trotzdem zu ihm pilgern. Von jungen, dummen Analytikern erwarte sie rein gar nichts, die wollten ihr doch bloß an die Wäsche. Dann hüpfte sie zu einem anderen Gesprächsstoff, zu den Professoren an der FU, die alle ziemlich öde waren. Nur zwei hatten ausnahmsweise ein bißchen was zu bieten: Jacob Taubes bei den Philosophen und Klaus Heinrich bei den Religionswissenschaftlern, aber mit den großen französischen Philosophen Derrida und Deleuze/Guattari konnten die beiden leider auch nicht mithalten.

Und hopplahopp ging's wieder zurück zur Psychoanalyse. Dabei wurde ihr Tonfall, der sich zuvor eher im Erhabenen herumgetrieben hatte, plötzlich vulgär. Diese deutschen Analies seien allesamt saudumme Scheißsäcke, lauter Wichtigtuer, sie verstünden weder was vom Spiegelstadium noch vom *Objekt klein a*. Ich versuchte verständnisvoll zu nicken. Zwar hatte ich vom Objekt klein a schon öfter gehört, konnte mir aber beim besten Willen nicht vorstellen, was damit gemeint sein könnte. War dieses Objekt ein winziger Anus? Oder eine psychoanalytisch präparierte Maus? Trotz ihres Gequassels, das ich zunehmend anstrengend fand, hatte sie etwas ungemein Reizvolles, und ich wäre liebend gern mit ihr ins Bett gegangen, traute mich aber nicht, gleich bei der ersten Begegnung darauf loszusteuern.

Wir trennten uns auf der Straße voneinander mit einem Kuß und verabredeten uns für den übernächsten Abend wieder im *Dschungel*. Voller Enthusiasmus bereitete ich mich auf die Wiederbegegnung vor, rasierte mich gründlich, bügelte sogar mein Hemd, wählte meine schönsten Socken – und tatsächlich, sie war sogar schon vor mir da und winkte mir von oben herab zu. An diesem Abend war die Musik lauter als sonst, damals noch nicht Punk, sondern Roxy Music im Wechsel mit schräg ins Hohe gespitzten Tönen à la Klaus Nomi, deshalb hatte ich zunächst Mühe, genau zu verstehen, was sie sagte. Ansonsten jedoch: *same procedure as every year.* Sie übernahm wieder das Bestellen der gleichen grünlichen Cocktails mit Rohrzucker und Limette und redete auf mich ein.

Erst nach einigen Minuten begriff ich, daß sie mir dieselben Geschichten erzählte wie bei unserer ersten Begegnung. Wieder war sie zwölf und wurde an der österreichischen Grenze mit ihrem Lover Leif geschnappt und zu ihren Eltern zurückgebracht. Noch irritierender war allerdings, daß sie die Geschichten haargenau mit denselben Worten erzählte. Vor meinen Augen wurde eine Schallplatte aufgelegt, und es ertönten dieselben Sätze mit denselben Betonungsauf- und abschwüngen, nur diesmal etwas lauter, denn sie mußte ihre Stimme mehr anstrengen, um über die Musik hinwegzukommen. Ich blieb ziemlich stumm, warf hin und wieder ein *ach ja* oder *ach so* in den Strom ihrer Rede, wobei ich das Gefühl nicht loswurde, vor einem sprechenden Automaten zu hokken, dem von einem genialen Handwerker die verführerischen Züge einer schlanken jungen Frau angehext worden waren.

Der Wunsch, sie ins Bett zu kriegen, war plötzlich erloschen. Ich sah sie neben mir liegen, wobei sie dieselbe Geschichte wie vorhin mit denselben Gesten an die Zimmerdecke hocherzählte. Wir verabschiedeten uns draußen eine Spur kühler als zuvor, und sie rief mir noch hinterher, am nächsten Montag könnten wir uns hier wiedersehen.

Als ich tags darauf Gerhard davon erzählte, grinste er. Offenbar kannte er Therese, hatte aber schon bei der ersten Begegnung beschlossen, ihr nicht unbedingt noch mal begegnen zu wollen. Gerhard konnte mit Frauen wenig anfangen, die die Initiative ergriffen, um zusammen im Bett zu landen. Es raubte ihm den Reiz, eine Frau über eine kleine Widerspenstigkeit hinweg zu verführen, und das fand er schlicht fade. Da er Therese nur ein Mal getroffen hatte, hatte er allerdings nicht mitbekommen, wie verstörend sie war, wenn sie die immerselben Geschichten vom Stapel ließ. Ein halbes Jahr später war die junge Frau tot. Gerhard und ich erfuhren es im *Dschungel* von einem Bekannten. Therese hatte Schlafmittel genommen und konnte nicht mehr gerettet werden. Vermutlich hatte sie es nicht rechtzeitig zu ihrem verehrten Guru Lacan nach Paris geschafft. Ich versuchte mich gedanklich noch an einem Witzchen über das Objekt klein a, verkniff mir aber, es auszuplaudern. Daß eine anziehende junge Frau, die bestimmt nicht dumm war, sich so sehr in die Verzweiflung hineinmanövriert hatte, daß sie sich töten mußte, stimmte mich traurig. Auch Gerhard senkte den Kopf und schwieg. Passenderweise ertönte *Beauty Queen* von Roxy Music, als wir mit unseren Cocktailgläsern ratlos auf die verspiegelte Tanzfläche starrten.

Die Schule der Dummen,

so heißt ein Buch von Sascha Sokolow. Als es Anfang der neunziger Jahre auf deutsch erschien, kannte die Begeisterung in unserem kleinen Kreis kein Halten mehr. Wobei in Sokolows Romanschule gar kein wirklicher Dummkopf durch die Gegend streunt, sondern ein höchst eigenartiger junger Mensch, der sich gegen die Zumutungen eines abgründig öden Lebens trickreich, geradezu mit Meisterschaft zur Wehr setzt, um nicht von ihm gefressen zu werden. Ein Roman von quecksilbriger Frische und bohrendem Witz aus dem sowjetischen Absurdistan. Obwohl ich es später kein zweites Mal gelesen habe, vielleicht, weil der erste Eindruck so stark war, daß ich ihn nicht schwächen wollte, blieb das Werk äußerst lebhaft in meinem Gedächtnis hängen.

Gerhard und ich gründeten alsbald eine eigene Schule der Dummen, allerdings eine ganz andere, denn die drei Leute, die darin Aufnahme fanden, waren wirklich strohdumm. Es reizte uns einfach nur Sokolows Titel, als wir uns eine Sonderbewahranstalt für Nicodemus Lombart, Gerhild Reusch-Deter und Alexander Dell ausmalten, im Grunde eine Art Vorhölle selbdritt, besiedelt von zwei Männern und einer Frau. Lombart war der Älteste und Bekannteste von ihnen. Er stammte aus einer wohlhabenden bürgerlichen Familie und war im Grunewald aufgewachsen. Auf den ersten Blick sah der ältere Herr gut aus, er war groß, schlank und hatte noch volles Haar, das er kunstvoll drapiert auf seinem edel geschnittenen Kopf trug. Sein Gehabe war durch und durch das eines Geistesmenschen, der im ersten Moment glaubhaft wirken konnte. Beobachtete man ihn etwas genauer, wurde bald klar, daß er mit einer maßlosen Eitelkeit gesegnet war und den Intellektuellen bloß spielte oder vielmehr *gab*. Die meisten Leute fielen darauf herein, denn er führte einen Salon, in dem er aus seinem Sessel heraus die langen Finger zum Spiele seiner Gedanken regte, einen Reigen aus lauter kostbaren Sentenzen zum besten gebend, die er dem staunenden Publikum mit der Miene eines mühselig beladenen Denkers in schweren Gewässern zu Gehör brachte. Gerhard haßte ihn, er nannte ihn einen Chichi-Intellektuellen, eitel, gewissenlos, verlogen. Besonders empörte ihn sein Kokettieren mit Carl Schmitt, dem er als Jüngling in seinem Elternhaus begegnet war, wobei der große Schmitt damals schon seine, will heißen des jungen Lombarts, herausragende intellektuelle Begabung erkannt haben wollte. Gerhard war durchaus in der Lage, über Carl Schmitt ein faires Urteil zu fällen, weil ihm (und mir ebenso) dessen Schrift *Land und Meer* außerordentlich gefallen hatte. Aber der Schmitt-Spaß hörte sofort auf, wenn es um dessen Judenhaß ging und um seine weinerliche Rechtfertigungsschrift nach dem Krieg *Ex Captivitate Salus*.

Lombart war ein Poseur, der unablässig Stuß zum besten gab. Allerdings begleitet von einem bedeutsamen Mienen- und Gebärdenspiel. Das Publikum hing zumeist willig an seinen Lippen und war bereit zu glauben, die kostbaren Gedanken, die der Mann ausfolgte, seien unter größter Anstrengung geboren, als habe er lange darüber nachsinnen müssen, um ihnen den richtigen Schliff zu verpassen. Darüber hinaus war er bekennender Erotomane, die Fotos, die den langen Flur seiner Berliner Wohnung zierten, zeigten ihn in entsprechenden Posen. Seine Eitelkeit hatte eine gefährliche Schlagseite, denn er schrieb ein Buch über seine erotischen Erlebnisse im besetzten Frankreich, in dem er die Frauen, mit denen er es getrieben hatte, mit Namen nannte, was durchaus gefährlich für diese werden konnte, weil sie sich während des Zweiten Weltkrieges mit dem deutschen Feind eingelassen hatten. Mit den langen Fingern, auf die er stolz war, hatte er allerdings kein

Glück. Sie mußten ihm im hohen Alter abgesägt werden, weil sie von der Gicht so verkrümmt waren, daß sie sich ihm in die Handteller gruben.

Die Dame unseres Trio infernal war eine blondgelockte Langmähnige mittleren Alters, groß und von breiter Statur, mit dicken Beinen, die meistens in schwarzen Lederstiefeln steckten, über denen das Fleisch herausquoll. Sie war beherrscht von einem unmäßig stakkatohaften Redezwang. Ihre Art zu sprechen bügelte alles platt, was ein Zuhörer gerade denken mochte, denn ihre mit Volldampf herausgepreßten Sätze waren dermaßen wirr, und so ziemlich alles, was darin auftauchen mochte, derart aus dem Zusammenhang gerissen, daß einem schier schwindlig wurde. Zwar ungleich gröber geartet als Lombart, hatte auch sie einen unseligen Hang zum Sex, der sie dazu drängte, bevorzugt über weibliche Körperteile zu reden. Unvergeßlich blieb uns ein Auftritt von Gerhild an der Akademie der Künste. Zuvor hatte einer ihrer Ex-Liebhaber seinen Vortrag gehalten, ein kleiner Soziologieprofessor, der an ihrer Seite wie ein mundtot gemachter Zwerg wirkte, aber dennoch die Unverschämtheit besessen hatte, sie zu verlassen.

Die Reusch-Deter stellte sich genau an die Stelle, an der zuvor ihr Ex auf der Bühne gestanden hatte, und drehte einen ihrer Stiefelabsätze mit aller Gewalt am Boden hin und her, als wolle sie mit ihm alles ausradieren oder in den Boden reiben, was an diesem Fleck von dem Männlein übriggeblieben sein mochte. Sodann begann eine entfesselte Körpersuada ohnegleichen, die sich der Potenz der weiblichen Geschlechtsteile widmete, wobei die Walküre mit ihren strammen Armen Bewegungen vollführte, als würde sie aus ihrer Vagina eine ellenlange Nabelschnur ziehen. Der Auftritt war so grotesk, daß Gerhard, Marie und ich zusammenrückten, weil wir einfach nicht glauben konnten, was uns da geboten wurde.

Der Jüngste im Bunde unseres Trios war eines der ersten antiautoritären Kindergartenkinder in West-Berlin gewesen und hatte davon vermutlich einen schweren Schaden davongetragen. Zwar hörte der junge Mann auf den schönen Namen Alexander, aber das half ihm nicht. Er war ein Unglückswurm sondergleichen, dabei hochtrabend und verworren. Zweifellos hielt er sich für ein Genie, ein musikalisches wie philosophisches. Stand irgendwo ein Klavier herum, machte er sich daran zu schaffen wie ein exaltierter Stummfilmschauspieler, der die Frackschöße zurückwirft, den Kopf theatralisch hebt und nach einer Sinnierpause in die Tasten haut wie nicht gescheit. Sodann ertönte in falscher Dauerwucht das schrecklichste Geklimpere, das wir je gehört hatten. Es wollte kein Ende nehmen, bis eines Tages ein unerschrockener Mensch den Deckel auf die Finger des unglücklichen Pianisten herunterfallen ließ und der schauerlichen Vorführung ein Ende machte.

Alexander sah noch ganz andere Talente in sich schlummern. Eines Tages verkündete er stolz, er habe sich am Kurfürstendamm ein Büro gemietet, um dort eine philosophische Beratungspraxis zu eröffnen. Wohlgemerkt, keine psychologische, sondern eine philosophische. Stolz verteilte er seine Visitenkarten mit goldener Schrift auf hellblauem Grund. Gerhard kommentierte das mit den Worten, Alexander sei noch in seiner blauen Babyphase und würde gerade das philosophische Krabbeln lernen. Im nachhinein finde ich es schade, daß wir uns nie in seiner Praxis hatten beraten lassen, es wäre sicher ein Riesenspaß gewesen. Leider mußte sie nach wenigen Monaten schließen, weil sich kein Kunde zu ihm verirrt hatte. Vielleicht lag's am Kurfürstendamm, womöglich wäre er mit seinem Angebot am Winterfeldtplatz erfolgreicher gewesen.

Lombart und Reusch-Deter sind längst tot. Von Alexander haben wir nie wieder gehört. Wer weiß, vielleicht lebt er noch und hat sich inzwischen aufs Brandenburger Land zurückgezogen, um seinen Hühnern philosophischen Rat zu erteilen. Oder er lebt mit einem gelehrigen Wollschwein zusammen, das sanftmütig quiekt, wenn er sich in seinen aufgetummelten Betrachtungen verliert.

Eines muß man diesen Hochstaplern und Verrückten lassen – ohne sie wären wir ärmer dran gewesen, weil wir nichts Lustiges zu bereden gehabt und uns mit wohlfeilem Vernunftgeplauder hätten begnügen müssen. Außerdem bergen diese Leute ein großartiges Potential, weil sie uns in der Sicherheit wiegen, daß wir erheblich klüger, taktvoller, gewissenhafter, vor allem weniger peinlich sind. Womöglich ist das ein Trugschluß. Meiner Überheblichkeit, die immer auf ein williges Opfer lauerte, um es zu schlachten, will ich jetzt nicht länger hinterhergrübeln. Die Verachtung, die mich ritt, war bisweilen maßlos. Sie schoß eigentlich immer übers Ziel hinaus.

Inzwischen ist nicht mehr viel davon übrig. Ich bin so traurig und entsetzlich einsam. Fast jeder wäre mir jetzt recht, wenn ich nur mit ihm sprechen könnte, selbst der Dümmste wäre willkommen. Könnte ich wählen, wäre mir allerdings ein Musiker angenehm, einer, der sich nicht nur auf sein Instrument versteht, sondern, von einem höheren Empfinden getragen, sich mir anschließt, um zu erkunden, was es mit der geistlichen Musik auf sich hat, die auf andere Sphären zielt, um in den Genuß der seelischen Eintracht zu gelangen. Vielleicht wäre mir schon damit gedient, wenn mein Flug mich in den großen Konzertsaal der Philharmonie entführen würde, in der Werke von Pergolesi oder Monteverdi zur Aufführung kämen, die ich liebte, weil sie mir in manchen Augenblicken zu einem beschwingten Auftrieb verholfen haben, in denen die trüben Schlacken des Gleichmuts und des Hochmuts von mir abfielen und eine freiherzige Gelöstheit mich ergriff. Noch schöner wäre allerdings, könnte ich in einer Kathedrale die

Matthäus-Passion hören. Wie würde ich schmelzen bei den Worten: *Buß und Reu knirscht das Sündenherz entzwei; daß die Tropfen meiner Zähren angenehme Spezerei, treuer Jesu, dir gebären.*

Die Musik ist auch an dieser Stelle so schön, daß ich nicht dagegen aufbegehren würde, obwohl Jesus längst keine erstrangige Andachtsfigur mehr für mich ist, sondern eine edle Person, die in der Geschichtsschreibung zwar zu einem gewissen Recht gekommen ist, allerdings zu einem kleinen, denn er tritt darin nicht mehr als der strahlende Erlöser auf, an den ich mich nun in kindlicher Bittform wenden könnte. Die Zwinghaft des analysierenden menschlichen Triumphgeistes, dem ich mich ergeben habe, hat ihren Preis, und der ist schrecklich.

Auf der Jakobsleiter

wurde schon viel herumgeklettert. Nur zu gern würde ich sie besteigen, um mich auf den aktuellen Stand des Betriebs zu bringen, wer weiß, vielleicht würde ich bei dem Manöver sogar meinen kindlich vertrauten Jesus wiederfinden und wäre von der Trübsal befreit. Der sagenumwobenen Leiter wurde ja Wesentliches zugetraut. Wer oder was auf ihr emporstieg, verlor seine rohen Anteile und erreichte eine reinere Form der Materialität, befreit von der Vergänglichkeit. Mit diesem Aufstieg würde die zweite Welt, die Welt der entschlackten Formen erreicht, so wurde es verheißen. Auf und ab. Ab, auf. Doch die Leiter entzieht sich meinem Anblick. Ebenso die 72 Engel, die laut einiger Kabbalisten unentwegt auf ihr hinauf- und hinabsteigen. Vielleicht ist sie derzeit auf einer von Berlin entfernten Seite der Erde in Betrieb, in einer religionshörigen Gegend, einer vorwiegend jüdisch oder katholisch besiedelten selbstredend. Etwa auf den Philippinen? Dagegen spricht, daß in dem geschundenen Land Rodrigo Duterte an der Macht ist, auf dessen Konto eine gewaltige Zahl von Morden geht. Wollen wir mal hoffen, daß die von ihm Gefolterten, Erschlagenen und Erschossenen justament auf dieser gerechten Leiter mit Hilfe von Engeln in eine bessere Welt transportiert werden.

Leider ist das zu schön, um wahr zu sein. Die Leiter müßte nämlich über eine Länge verfügen, daß sie bis an den Rand des Universums hinaufreichte. Und das vermag sich selbst ein Mensch, dessen Glaube im Kindlichen hängengeblieben ist, nicht mehr vorzustellen, ohne daß ihm dabei schwindelte. Anzunehmen ist jedoch, daß auf anderen Himmelskörpern Leben existiert, es ist sogar wahrscheinlich, aber was auch immer sich dort befinden mag – Elefanten, Giraffen, Löwen, Rauhhaardackel und Springmäuse wird man auf ihnen vermutlich nicht finden. Auch scheint mir die Vorstellung abwegig, daß sich in weiter Ferne außerirdische Intelligenzen von einer Art tummeln, wie sie in den Phantasien des Hübschleins herumspukten und in einem Roland-Emmerich-Film zu besichtigen sind, mit dreieckförmigen Köpfen, Riesenaugen und schlabbrigen Gehängen, die an merkwürdig ausgezogene Geschlechtsteile erinnern, mit denen sich diese häßlichen Murkswesen in der Leere des Alls fortzeugen oder in ihren verbunkerten Riesenflugscheiben herumsexeln.

Viel wahrscheinlicher ist, daß sich Gott (falls es Ihn gibt) in ein Paralleluniversum (falls es dies gibt) zurückgezogen hat, womöglich in eines, das sich noch im Aufbau befindet, worin Er eifrig schaltet, waltet und neue Existenzbefehle erschallen läßt. Inzwischen hat Er sich dort neue Lieblinge verschafft, die sich folgsamer und zutraulicher gebärden, als Adam und Eva es taten. Luzifer ist bei diesem Versuch nicht mit von der Partie, weil sich der an uns Menschen müd gewordene Gott diesmal Geschöpfe in vollendeter Traulichkeit und Reinheit erträumt hat. Ein von Seiner Hand in Betrieb genommenes Füllhorn schüttet nun Schätze im parallelen Universum aus, die sich in bebenden Wortaufschwüngen aus Ihm entgeistet und im Leuchtfeuer der göttlichen Sprache flugs ihre eigene Körperlichkeit gewonnen haben. In einer durchdringend erlösenden Sprache, in eleganten Bögen und lyrischen Schleifen, von einer Herde sehr beweglicher Metaphern und einem selbstgewissen Enthusiasmus getrieben, der nicht dem tötenden Buchstaben folgt, zirkulieren die göttlichen Laute unter den Wesen, stiften Freude und Gelächter in beschwingter Dynamik. Weil sie in sich selbst schön ist und in freiheitlichen Bewegungen einherschwingt, weder zu explizit noch verschwommen sich äußern muß noch Konventionen sich fügen, ist sie frei von satanischen Überredungskünsten. Sprache und Schrift sind eins, die Schrift kann auf Satzzeichen verzichten, die sich in ihren Teilen festhaken, denn die neuen Wirklichkeiten, die diese Sprache schafft, können auf trennende Setzungen verzichten.

Schönschön, alles sehr schön, wortreich und in edlen Wellen dahergesülzt. Als müßte ich den Wettbewerb um einen Besinnungsaufsatz gewinnen. Doch halt. Probleme intrikater Art melden sich sofort zur Stelle: Hat Gott bei Seinem Verschwinden aus der alten und dem Aufbruch in eine neue Welt den Sohn und die Gottesmutter Maria mitgenommen? Auch die Schar der Heiligen? Ich würde mal glatt behaupten: nein! All diese Figuren sind viel zu sehr dem Irdisch-Menschlichen verhaftet, als daß sie in einer neu zu erschaffenden Welt brauchbar sein könnten.

An so heiklen Spezialfragen bis ins Tezett herumzuknabbern, liegt mir eigentlich nicht, obwohl sie interessant sind – sie mir ins Gedächtnis rufen, das möchte ich allerdings schon, denn da wären noch die Probleme: Hat sich Gott in die Taubheit zurückgezogen und alles, was sich auf Erden zugetragen hat, schlicht vergessen? Hat Er? Hat Er nicht? Interessieren Ihn die hiesigen Belange nicht mehr? Dieses verstörende Problem entzieht sich meinen Mutmaßungen, es wäre ein Wildwasserthema, auf dem nur begnadete Kabbalisten entlangstromern könnten, die es heutzutage in potenter Form leider nicht mehr gibt. Immerhin war ich ja mal Philosoph oder tat zumindest so, als wäre ich einer, deshalb fühle ich mich in tumultreichen geistigen Gewässern immer noch ziemlich wohl und kann mit etwas Angeberei meine Restsubstanz vor dem endgültigen Zerfall retten.

Ach, herrje! Über wie viele theologische Klippen sind diese kabbalistischen Hasardeure in früheren Jahrhunderten gesprungen, mit was für Flügeln haben sie sich erhoben, um in die dünne Luft der Abstraktion bedeutsame Kreise einzuzeichnen, in denen sternenbewehrte Figuren mit Stäben stehen, umkränzt von Flämmchen. Und – wieder auf der Erde angelangt – mit was für winzigen, aber potenten Scheren haben diese Feinmechaniker an der gewohnten Gotteszuversicht herumgeschnitten, um mit den dabei gewonnenen Schnipseln geistig zu wirtschaften! Ein funkelndes Gebäude des gottdurchwirkten Kosmos nach dem anderen wurde in Worten und Illustrationen aufgeführt, natürlich mit Unterschieden, denn auch die Kabbalisten waren sich untereinander nicht grün. Es einte sie allerdings, daß sie die Gotteserkenntnis als Steigerung und Überwindung der Logik verstanden. Logik war zunächst bis zu einem hohen Grade wichtig, aber dann galt es, den Absprung in die erfüllte Schau zu wagen.

Für derart obskure Flugmanöver empfand ich in meinen letzten Jahren große Sympathie, obwohl es mir nie gelang, ganz und gar ernst zu nehmen, was mein Hirn mir dazu servierte. Fasziniert hat mich das Auf- und Niedersteigen von allerlei Wesen und Botschaften, gemäß der Vorstellung, wie die göttlichen Urworte ins Fleisch dringen und im besten Falle als Lobworte zu Gottes Ehren sich wieder emporschwingen können – ein bewundernswerter Vorgang, mit detailreichen Mutmaßungen zum Laufen gebracht von so manch lebhaftem Denker. Bei diesen Manövern wurden keine furztrockenen Gedankenbiskuits ausgefolgt, von denen sich die modernen Sprachwissenschaftler vornehmlich nähren.

Dazu fällt mir gleich ein Lieblingswort Franz Kafkas ein. Bei ihm wird alles mögliche *aufgefüttert*, ein herrlicher Begriff, der anzeigt, wie etwas durch Fütterung an Kraft gewinnt, um in die Höhe zu streben. Ich denke, daß die Kabbalisten imstande waren, ihre Gedanken mächtig aufzufüttern, um die schwindelerregende Hochzucht ihrer Spekulationen, das *Empyreum* als Wohnstatt Gottes, zu erreichen. Auch bei Dante spielt der erhabene Ort eine große Rolle, denn darin verbirgt sich Gott hinter einer Schwirrnis von Engeln, die eine im Kreis getriebene Rosette um Ihn herum am hohen Himmel bilden.

In solch gnadenreiche Höhe bin ich bisher leider nicht geraten, denn ich hänge immer noch über dem nahen Berliner Luftraum, was mir lächerlich vorkommt. Wenn schon tot, warum dann über Berlin hängenbleiben? Auch wenn die Stadt über Jahrzehnte hinweg meinen Lebensraum bildete, kommt mir das kleinlich vor, um nicht zu sagen *bäbbig*, wie es in Schwaben heißt und nichts anderes bedeutet als klebrig. Vom Axel-Springer-Hochhaus oder vom Fernsehturm am Alexanderplatz werden keine Winke ausgesandt, die anzeigen könnten, daß beim Höhersteigen die Materialität abnehmen und peu à peu einer geistigen Veredelung weichen würde. Im Grunde sind solche Bauten kleinliche Höhenschwindler, die vom *sensus anagogicus* nicht gepackt worden sind, der vom Irdischen zum Himmlischen leitet, vom Sinnlichen zum Intelligiblen und damit vom Zeitlichen zum Ewigen.

Der Kölner Dom oder die Kathedrale von Saint-Denis schaffen das schon eher, weil ihre Architektur dem ausgestreckten Zeigefinger Gottes entgegenwächst und man von ihren hinreißenden Glasfenstern mit Lehren versorgt wird, die aus Seiner Anwesenheit zu ziehen sind. Bisweilen durch Sonnenstrahlen als leuchtende Schmuckgebilde zum Leben erweckt, sinken sie mitsamt den heiligen und biblischen Modellfiguren alsbald wieder in den Dämmer zurück, um sich dem erquickenden Schlaf der Gerechten hinzugeben.

Wie gesagt, schön. Leider zu schön, um wahr zu sein. Denn es fragt sich, was ist mit mir? Leider ist das Erbauungswissen bisher nicht über mich gekommen. Ich möchte atmen, sprechen, verstanden werden, mich zeigen und nicht als fließende Abstraktion durch die Gegend ziehen, verbunden mit nichts und wieder nichts. Ich möchte an der Wärme wirklicher Menschen und an ihrem noch nicht verschlossenen Leben teilhaben. Liebend gern mit edlerem Wissen als dem, das mir früher zur Verfügung stand, gern auch mit einer weniger alltagsverbackenen Sprache als der, die früher in mir allzu häufig ausgebrütet wurde. Ich wollte mich ja nicht mehr in der Banalität meines einstigen Lebens verbarrikadieren, dessen Wände die Ödnis des Versagens ausschwitzten. Auch wollte ich frei sein vom ästhetischen Wahn, durch den das Engherzige hindurchschimmert.

Statt dessen? Mit Klängen kann man besser als mit Worten Höhe gewinnen. Seltene Töne scheinen mich zu umschweben, obwohl keine Instrumente in Sicht sind, die sie erzeugen könnten. Trotzdem bilden sich meine Luftohren ein, sie könnten sie hören. Ein penetrantes Des-Dur etwa, von dem der schwäbische Zampano Christian Friedrich Daniel Schubart einst behauptet hat, er sei ein *schielender Ton*. Lachen könne der Ton nicht, allenfalls lächeln, heulen auch nicht, allenfalls *das Weinen grimassieren*. Das Weinen grimassieren, das paßt! Obwohl ich gar nicht grimassieren kann, fühle ich mich so. Bin bloß noch ein Grimassenfex, der das Leben simuliert, während mich jetzt g-Moll-artige Klänge durchwandern, die laut Schubart für Mißvergnügen, Groll und Unlust stehen, für verunglückte Pläne und *mißmutiges Nagen am Gebiß*.

Ein wenig amüsiert mich das, denn an meinem Gebiß kann ich definitiv nicht mehr herumnagen. Meine Zähne waren übrigens tadellos, ordentlich gereiht, nicht allzu groß, nicht hervorstehend, hinter den Lippen gut geborgen. Machte ich den Mund auf, sah man sie kaum. Ein Pferdegebiß hatte ich jedenfalls nicht. Zähne her oder hin, da wäre noch zu erwähnen: f-Moll, der Schwermut-Ton, gut passend zu einer Leichenklage, gut passend zu mir, denn weh mir! – auch für diesen Ton hat der verrückte alte Schubart, dessen Schriften mich eine Zeitlang begleitet haben, ein tolles Wort gefunden, als er behauptete, darin tue sich die *grabverlangende Sehnsucht* kund. Einige Sätze Schubarts stehen mir jetzt noch vor Augen, als hätte ich sie auswendig gelernt. Absurd, wie mein Gedächtnis inzwischen funktioniert. Wieso kann ich mich an alle Vornamen von Schubart erinnern und dazu noch an den genauen Wortlaut einiger seiner Schriften? Früher hätte ich das niemals gekonnt. Noch absurder ist, daß ich mich weder an den Namen meiner Mutter noch an den meines Vaters erinnern kann, geschweige denn, daß ich meinen eigenen wüßte. Ist doch mehr als sonderbar, oder etwa nicht?

Auch wenn ich namenlos bleiben sollte, das Verlangen nach dem Grab habe ich bereits hinter mir. Alles, was habhaft an mir war, liegt ja schon drin, gärt und rottet häßlich, aber unbelästigt von Gefühlen oder gar Schmerz vor sich hin. Doch ich werde verfolgt, in meiner unfreiwilligen Wesensdrift werde ich von in die Schwärze zielenden Tönen verfolgt, etwa von fis-Moll, ein vom Groll getragener Finsterton, von dem Schubart behauptet hat, er zerre wie ein *bissiger Hund am Gewande*, und weil ihm nicht wohl sei, *schmachte er immer nach der Ruhe von A-Dur.* Das musikalische Einfallsmaterial macht mir zu schaffen, ich höre Weherufe darin atmen, die mich planlos im Unendlichen taumeln lassen, weil ich niemandem zu Hilfe eilen kann, mir selbst erst recht nicht.

Der Tiger im Zimmerpflanzenwald

Von meinen Verwandten ist mir nur der Name meiner Tante im Gedächtnis geblieben, wahrscheinlich, weil ich sie geliebt habe. Hin und wieder durfte ich als Kind bei ihr übernachten, was mir bei der Ankündigung durch meine Mutter um ein Haar jedesmal Freudenschreie entlockt hätte. Ich war aber bereits schlau genug, diese nur in meinem Inneren toben zu lassen, mag sein, daß mich manchmal ein paar unwillkürliche Hüpfer verrieten, aber normalerweise senkte ich brav den Kopf und ließ ein leises »Ist gut« hören, denn ich wußte haargenau, meiner Mutter durfte ich nicht zeigen, wie sehr ich die Tante liebte – sonst hätte sie meine Besuche bei ihrer Schwester konsequent verhindert.

Tante Gerda war fromm, was meine Mutter nicht war. Manchmal erzählte mir die Tante als Gutenachtgeschichte ein bißchen was aus der Bibel, meistens wählte sie eine Passage aus, in der ein Tier vorkam. Ihr war klar, daß sie mich damit sofort am Wickel hatte. Vom Einzug Jesu in Jerusalem konnte ich gar nicht genug kriegen. Wobei mich am meisten der Esel interessierte. Jesus hockte eben drauf und benahm sich vorbildlich, weil er ihn nicht schlug. Ich stellte mir das leise Getrappel der Hufe auf den Palmblättern vor, sah den langohrigen Kopf mit den schönen großen Augen nicken und war mir sicher, daß Jesus bestimmt nur seine sanfte Stimme brauchte, um den Esel anzutreiben, denn der gehorchte ihm aufs Wort. Er war ja ein besonders nobler Esel.

Hätte meine Tante von ihm behauptet, er könne sprechen, hätte ich das sofort geglaubt. Ich war ja auch in der Lage, mit meinem Tiger zu sprechen, der verborgen zwischen ihren Zimmerpflanzen lebte. Und der Tiger gab Antwort. Das klang zwar etwas raunziger und rauher als das, was der Esel von sich

gegeben hätte, denn mein Tiger sprach mit tiefer, leicht ange-
kratzter Stimme, als wäre er ein Raucher, auf keinen Fall ließ
er ein brünstiges Iah-Geschrei ertönen. Damals hatte ich
diese Laute allerdings noch nicht gehört, denn während meiner Kindertage bin ich Eseln bloß in der Wilhelma begegnet,
und die verhielten sich ruhig. Auch zwei Tiger konnte ich dort
beobachten. Der eine schien zu schlafen, der andere hat mich
beeindruckt wie kein anderes Tier zuvor. Seine geballte Kraft,
das zornige Hin- und Herlaufen, die umwerfende Schönheit
des Tieres zogen mich mächtig in seinen Bann. Natürlich lo-
derte in mir sofort der Wunsch auf, eines Tages Tigerbändiger
zu werden, allerdings kein böser, sondern ein guter, der auf die
Peitsche verzichten konnte, weil er sich von Anfang an so perfekt mit seinem Lieblingstier verstand, daß dieses ihm nicht
gefährlich werden konnte. Friedlich und ruhig wie Jesus auf
seinem Esel hätte ich auf meinem Tiger reiten können. Auf
keinen Fall hätte ich ihn in einen Käfig gesperrt, das war ja
abscheulich und im übrigen gar nicht nötig, denn das große
Tier folgte mir wie ein gut erzogener Haushund, ließ sich von
mir streicheln, ja, ich durfte sogar mit meinen Fingern in sein
Gebiß greifen, ohne Gefahr, mich zu verletzen. Am schönsten
war die Vorstellung, daß wir zusammen ein Schläfchen machten, ich an seinen Bauch gekuschelt, während der Tiger eine
Tatze über mich legte und damit der ganzen Welt bewies, daß
ich sein einziger Freund war, den er im Ernstfall mit aller
Macht verteidigen würde. Dabei ersparte ich mir die Frage,
wie ich all das Fleisch hätte beschaffen sollen, das der Tiger
Tag für Tag vertilgte. Kleinliche Probleme sind das, um die
sich ein Kinderherz nicht zu kümmern braucht.

Eines Abends erzählte mir meine Tante die Geschichte von
Daniel in der Löwengrube, auf die ich nicht ganz bibelkon-
form reagierte, weil mir der Löwe leid tat und es mir viel lieber gewesen wäre, wenn er Daniel gefressen hätte. Schlußend-

lich erzählte ich ihr davon, daß zwischen ihren Pflanzen im Wohnzimmer ein Tiger hauste. Die Tante hob erstaunt die Augenbrauen, war aber keineswegs bestürzt, was mich sehr beruhigte, denn einen Moment lang hatte ich befürchtet, sie würde vor Schreck tot umfallen. Sie gab mir ihr Indianerehrenwort, meiner Mutter nichts davon zu erzählen, woran sie sich auch gehalten hat, zumindest während meiner Kindertage.

Die Tante lobte mich für meinen neuen Freund. Nur sehr selten sei es vorgekommen, daß sich ein Tiger einen kleinen Jungen als Begleiter erwählt hätte, das müsse ein ganz besonderer, sehr tapferer Junge sein. Und als sie mir den Gutenachtkuß gab, sagte sie: »Dein Tiger und ich, wir haben dich lieb und passen gut auf, daß dir nichts Schreckliches passiert.« Vermutlich hat die Episode mit dem Tiger tiefe Spuren in mir hinterlassen, denn sobald ich mich in den Erwachsenenjahren mit Gott und dem ewigen Leben beschäftigte, tauchte automatisch der Tiger in meinen Gedanken auf. Es blieb mir fremd, warum sich die Erlösung nur auf die Menschen konzentrieren sollte und nicht auch auf die Tiere. Zwar sind auf vielen paradiesischen Abbildungen der früheren Jahrhunderte schöne Tiere im trauten Verein mit den Menschen zu sehen, aber die Bibel wendet darauf nur wenige Zeilen. Ausbuchstabiert hat sie die Möglichkeiten jedenfalls nicht, wie es um das innige Verhältnis zwischen Menschen, Tieren und Pflanzen bestellt sein könnte, wenn diese sich in friedlicher Schau einander zuneigten und verstünden, ohne sich töten zu müssen.

Wie sehr das Glücklichsein mit Tieren in Verbindung steht, zeigten mir zwei Bücher, die ich las, als ich in der dritten Klasse war: *Die Glücklichen Inseln hinter dem Winde* von James Krüss. Auf diese Inseln hat es eine kleine Reisegesellschaft verschlagen; das Grüppchen wird gleich bei seiner Ankunft von Tieren und friedfertigen Menschen belehrt. Man lebt hier abgeschieden von der normalen Welt, geht ungehindert seinem Spleen und seinen Vergnügungen nach, friedfertig, versteht sich. Da lebt die uralte Schildkröte Emilie, die extrem gedehnt spricht, ein weinender Geier kann mit dem Heulen gar nicht aufhören, die kluge Maus Philine reitet auf einem alten Tiger, und dem Löwen Abdullah wird beigebracht, darauf zu verzichten, Gazellen zu fressen. Pottwale biegen und drehen sich zur *Wassermusik* von Georg Friedrich Händel, während der Komponist sich bereit erklärt, drei Möwen Unterricht im Singen zu erteilen. Damit wird angedeutet, daß es sich bei der Abgeschiedenheit um Inseln handeln muß, die von Verstorbenen bewohnt werden.

Mir kam damals nicht in den Sinn, die beiden meerumspülten Orte beheimateten tote Menschen und Tiere, die in verschiedenen Graden bereits geläutert wären. Aber ich spürte das Unheimliche, das von den Inseln ausging, und es zog mich an. In der Grundschule bin ich ein ziemlich friedliebender Bub gewesen, in Gemeinschaft mit meinem Tiger definitiv ein Kandidat für die Glücklichen Inseln. Aber das änderte sich gründlich auf dem Gymnasium, als ich dreizehn wurde. Fortan legte ich mich gern mal mit Stärkeren an und prügelte auf sie ein. In meinen Tagträumen befanden sich Pistolen und Messer in meinen Händen, mit denen ich die Kerle niedermachte. Ich denke, die eigentlichen Kandidaten für meine Aggressionen waren die Eltern, aber an die Mutter traute ich mich nicht ran, und den Vater bekam ich nicht vor die Flinte. Innerlich war ich ständig am Toben, dann wieder fühlte sich alles so öde an, besonders, wenn ich meiner Mutter beim Geschirrspülen helfen mußte, da kam ich mir vor wie die einzige Zimmerpflanze, die bei uns zu Hause wuchs, ein Gummibaum, dessen Blätter von ihr regelmäßig mit einem Schwamm abgewaschen wurden. Bei diesem Anblick durchfuhr mich ein Schauder, kein Schauer des Glücks, sondern der Abscheu.

Die Pflanze war zäh. Es nützte nichts, daß ich ihr den Tod wünschte, mir zum Trotz lebte sie ungerührt weiter, trotz meiner bösen Energien.

Ansonsten gab es bei uns weder Pflanzen noch Tiere. Nicht mal 'nen Hamster hat mir die Mutter gegönnt. Im Wohnzimmer meines Schulkameraden Freddie stand ein großes Aquarium, das ich bewunderte, als ich es zum ersten Mal sah. Schon beim zweiten Besuch interessierte es mich kaum mehr. Dafür habe ich später einige kuriose Traktate in die Hand bekommen – Gerhard hatte eine kleine Sammlung von Schriften mit verrückten Titeln und extremen Druckfehlern zusammengetragen. Er besaß ein religiös gewässertes Büchlein für Kinder, und das hieß: *Der kleine Aquarienliebhaber, ein Handtuch von Walter Fischbein.* Dessen Aquarium mußte man sich ziemlich groß vorstellen, aus ihm ragten Berge und Hochebenen hervor, auf denen die Menschen siedelten. Hin und wieder begaben sie sich ins Wasser, dann fischte Gott nach ihnen. Man fragt sich natürlich, ob sie alle umschlungen mit einem Handtuch ins Wasser stiegen oder ob vielleicht doch nur ein lehrreiches Bilderbuch damit gemeint war.

Außerdem zeigte mir der Freund ein esoterisches Traktätchen aus den zwanziger Jahren, und zwar den *Gotteseimer,* ein schmales, aber dennoch gewichtiges kleines Werk, das ein später Nachfahre der christlichen Kabbalisten namens Hermann Frankenhauer verfaßt hat. Es ließ den einenden Gott über eine gewaltige Masse Mensch walten, von denen er die meisten verstieß. Insofern hatte die Sache mit dem Eimer durchaus eine gewisse Berechtigung. Den Vogel schoß jedoch eine Broschüre ab, die unter dem Segel des *Hocheiligen Präputium* rasch Fahrt aufnahm, geschrieben von einem etwas gehetzt wirkenden Jesuitenpater namens Gernot Gabler.

Ein anderes Buch ging auf mein Konto. Darin wimmelt es allerdings nicht von Druckfehlern. Und es ist auch nicht wirklich verrückt, sondern nur ein bißchen sonderbar. Als ich es ihm zeigte, kaufte Gerhard es sofort für sich selbst. Es heißt *Hitler, Steiner, Schreber – Gäste aus einer anderen Welt* und ist in einem obskuren Verlag erschienen, geschrieben von einem Neurologen und Psychiater namens Wolfgang Treher. Gleich, wenn man es aufschlägt, sieht man Adolf Hitler, der den unteren Zipfel einer großen Nazifahne in der Hand hält, und darunter steht der Kommentar des Autors: *Adolf melkt die Blutfahne.* Das Buch ist eine wilde Mischung aus Spekulationen, die übers Ziel hinausschießen, und echten Einsichten, die die aggressiv pathogene Struktur so mancher Patienten, die eines esoterischen Zirkelgründers und eines blutigen Diktators, miteinander in Verbindung bringen.

Unsere Freunde verstanden damals nicht, daß Gerhard und ich uns mit solch feuriger Hingabe diesem verschrobenen Buch widmeten. Es war psychoanalytisch nicht hasenrein, auch nicht bei Suhrkamp oder einem anderen angesehenen Verlag erschienen und damit obsolet. Zwischen Gerhard und mir festigte es die Freundschaft. Offenkundig sahen wir mit derselben Neugier in die Welt und schreckten nicht davor zurück, uns einer Veröffentlichung zu widmen, der das Gütesiegel des Intellektuellen versagt worden war. Gemeinsam fühlten wir uns frech und frei, spotteten über die abstrusen Redewendungen der Adorno-Anhänger mit ihrer Marotte des nachgestellten Reflexivpronomens, womit sie den Meister nachahmten. Einmal, als wir einen besonders feurigen Adorniten vor die Flinte bekamen, senkte Gerhard die Stimme, hob den Zeigefinger und sagte zu mir: »Und damit ist unser guter Mann mal wieder in seiner ureigenen Frankfurter Himbe-Nimbe-Wumbe-Welt gelandet.« Ich machte mir schier in die Hosen vor Lachen, denn das verstand natürlich keiner außer mir. Die Wortschöpfung stammte aus dem Buch von Treher, der darin eine verrückte Frau zitiert, die sich in ihrem

Zimmerchen in einer eigenen Welt verbarrikadiert hatte, in der es ganz, ganz schwierig und überaus besonders zuging.

Uns verband viel. Gerhard und ich hatten drei Feinde: die Soziologie, in der auf bürokratische Weise immer mehr von der Gesellschaft gefaselt wurde, die Kommunikationswissenschaft und die Gender Studies. Dem entsprechend zeigte sich die Trias der Dummheit im häufigen Gebrauch der Wörter *Gesellschaft*, *Kommunikation* und *Gender*. Alles, was wir verachteten, war darin enthalten – der Ruin des freiheitlichen Denkens, die Verzwergung des Menschen unter der Fuchtel eines wichtigtuerischen Plapperlapapp. Hatten wir einen Idioten vor uns, der diesem Schema entsprach, gaben wir uns keine Mühe mehr, ihm zu widersprechen, sondern verdrehten die Augen, trommelten mit den Fingern auf den Tisch und seufzten. Gefragt, ob wir krank seien, antworteten wir brav, wir litten an der grassierenden Stultiferatitis. Ach, Gerhard, was immer zwischen uns gewesen sein mag, womöglich Verrat, ich vermisse dich trotzdem!

Jede Geschichte bekommt erst von
ihrem Ende her ihren Sinn

Auf diese Weisheit habe ich immer vertraut. Aber jetzt, wo
mein Ende schon gekommen ist und ich immer noch in der
Gegend herumdümpele, bin ich im Zweifel, ob das ein ge-
scheites Motto war, denn mein absolutes Ende ist nicht in
Sicht. Die Geduld, darauf zu warten, bringe ich nicht mehr
auf. Zwar zittert die Sinnfrage noch ein wenig in mir, aber
sie schwächt sich mehr und mehr ab. Eine Antwort, die ich
so sehnlich erwartet habe – die Verheißung der Erlösung würde sich erfüllen –, sie bleibt und bleibt aus. Ich will wieder zurück. Stante pede zurück!

Wie sehr ich mich nach dem Leben sehne, weil von oben
nichts zu erwarten ist. Zurück will ich in mein Leben, es
mag ja unvollkommen gewesen sein, aber niemals so öde wie
die Einsamkeit, der ich hier ausgesetzt bin. Ein pneumatischer
Leib, den niemand zu sehen bekommt und der nichts ertasten kann – da mag er so feinstofflich und damit erhaben sein,
wie er will –, ein solcher Leib taugt nichts, solange er einsam
herumtrudelt und von nirgendwoher eine Antwort erhält. Ich
wurde ja nicht im Nu verwandelt, etwa zu den Tönen einer
Posaune, um in der Glückseligkeit zu landen. In die Hölle ver-
stoßen worden bin ich aber auch nicht, da hätte ich wenigstens die Schufte und Mörder zu meinen Kameraden.

Es zeigt sich keine Kraft der neuen Wesensgebung, die
mich erlösen könnte. Kein Hauch Gottes erquickt mich und
bläst mir neuen Atem ein. Derzeit ist es sogar windstill. Die
Weisheit Gottes mag in weit entfernten kosmischen Winden
geborgen sein, diesen haben die Kabbalisten viel Aufmerksamkeit geschenkt, weil sie darin den göttlichen Atem als Trei-
ber vermuteten. Ich habe da meine Zweifel. Die Stürme, die

um den Mars wehen, lassen jedenfalls nicht erkennen, daß in ihnen Gott in seiner Herrlichkeit und mit tausenderlei schönen Antworten im Gepäck um den öden Planeten braust.

Warum – warum kommt mir ausgerechnet jetzt, wo ich gerade zum Mars aufgeschaut habe, einer meiner wiederkehrenden Alpträume in den Sinn, aus dem ich in jungen Jahren immer schweißgebadet aufgewacht bin? Da ist eine dreckige Ziegelsteinmauer. Mit dem Gesicht zur Wand steht eine Reihe nackter Männer, ich stecke als kleines Kind mitten zwischen ihnen, bin auch nackt, reiche den Männern, die neben mir stehen, aber nur bis an die Knie. In unseren Rücken hat sich ein Erschießungskommando mit angelegten Gewehren aufgebaut. Es knallt. Ein Mann nach dem anderen fällt tot aufs Gesicht. Jetzt ist mein Nebenmann zur Linken dran. Ich schreie und wache auf. Wurde ich wieder und wieder gegen meinen Willen in den Tod gelockt? Aber wer schießt da? Zu welchem Regime gehören die Männer? Es können doch nicht Todesschützen ohne Auftrag sein. Und die Reihe der Nackten, in die ich gehöre, sind das die Unschuldslämmer?

Im nachhinein hatte ich einige Male geglaubt, über unserer Reihe habe ein Spruchband mit den Worten gehangen: *Gott erniedrigt sich, indem Er Mensch und Sein Wort Fleisch wird.* Aber das bezog sich auf Jesus, der die menschliche Tragik mitsamt der Sterblichkeit freiwillig annahm. Dabei mußte ich immer an die schlaffen Männerhintern der Erschossenen und an meinen Kinderpopo denken. Ich bin mir inzwischen nicht mehr sicher, ob das nicht eine Zutat des Wachwerdens im nachhinein war, denn ich finde keinen rechten Zusammenhang, der zu mir als Kind und den anderen Hingerichteten passen könnte. Keiner von uns war Jesus, und der wurde auch nicht erschossen.

Aber wer könnte mein sogenanntes Ich gewesen sein? Das Kinder-Ich ist ein völlig anderes als das Erwachsenen-Ich. Habe ich mich später irgendwie selbst erfunden, um unter falschem Namen segeln zu können? Vielleicht bin ich deshalb zur Strafe an den Kosmos übergeben worden, in dem der Name weniger als Schall und Rauch ist. Fast will es mir so vorkommen, als hätte ich unentwegt aus der Hülle falscher Namen heraus gesprochen. Im Namen der Philosophie, im Namen meines Freundes Gerhard, sogar im Namen der verteufelt ungeliebten Mutter. Bin ich ein Hochstapler, eine vermurkste Hofschranze meiner selbst?

Aufbegehren will ich, loslegen gegen all den Unsinn und gegen das Wattige, das mich umgibt, gegen dieses Hin- und Hergezogenwerden, mal im Trüben, mal im Klaren. Vielleicht klappt es ja mit Hilfe von wilden Metren. Was? Wie? Jawohl, mit zerbrochenen Reimschemata, die noch ein wenig Ohrenschmeichelei betreiben und in der Zerklüftung den Aufstand gegen Gott wagen. *Einst* (oh, wie gewichtig wirft sich dieses Wörtlein ins Getümmel), einst gaben die Versmaße den sprachlichen Prunkgewändern ihr Rüstzeug (hoho, das Schlaumeierchen will mal wieder damit protzen, was so alles in seinem Hirn rumfurzt), die Versmaße lieferten Kette und Schluß, hinter denen sich die antiken Götter versteckten, um sich damit in die Unsterblichkeit zu katapultieren (all diese Protz- und Kotzgötter mit ihren ungezügelten Trieben). Auch sie versuchten mit allen Mitteln, dem Tod zu entgehen. Wer hat mal so schön gesagt, auf ihren Metren reitend hätten sie den Himmel erobert? Stammt jedenfalls nicht von mir, das Schlaumeierchen weiß nämlich nur, daß es weder Gott noch Dichter ist und in seiner Weicheiverfassung keineswegs das Zeug dazu hätte, wirkungsvoll gegen die Widrigkeiten des Todes anzukämpfen. Doch wer bitteschön oder bitteschön was könnte gegen den jüdisch-christlichen Gott anrennen, wenn nicht eine in Metren gefaßte Kampfsprache, die Höhererseits Schwindel erzeugte? Sag schon: was?!

Abgesehen davon, daß ich kein Dichter bin und nicht im komödienhaften Glorienschein meiner eigenen Bedeutung einherwandle, würde es mir auch nicht helfen, wenn ich einer gewesen wäre, denn die moderne Poesie hat sich längst der eisernen Zwingkraft der Form und damit ihrer Schlagkraft beraubt. Das Streugut von sich wichtig nehmenden Zeilen, schwergewichtigen Zeilen, die einsam in der Leere hängen, kann gegen die schöpferische Sprachmacht Gottes nicht das Geringste bewirken, dessen Worte sogar ins Fleisch niederstiegen und es damit ins Leben stießen (haha, da lacht der alte Schwede, wie soll das denn gegangen sein), nur, um hohnlachend über Blut, Sehnen, Knochen und das ängstlich schlagende Herz den Tod zu verhängen. Wenn, wenn, wenn. Wenn es Ihn gibt und Er – täterätä, tatitata – jedes Rätsel lösen kann, dann auch die hochkomplizierte Frage: Warum ist die Banane krumm?

Schon gut, laß den Scheiß, komm wieder runter von deinem lächerlichen Streitroß, Er hat's gegeben, Er hat's genommen, Er hat dir deine Banane geklaut. Werd mit Ihm oder ohne Ihn selig, aber hör mit dem Geschwafel auf. Obwohl, hinter dem Geschwafel um die Bedeutung der Metren steckt vielleicht keine so dumme Idee. Sie scheinen inzwischen erschöpft zu sein, verblaßt, ausgedünnt. Immer hat es der versammelten Kraft der Form bedurft, um sich dem Göttlichen zu nähern. Zumindest in der Antike. Aber auch die Lieder von Paul Gerhard sind so liebreich und schön, daß sie Gott erreichen müßten, falls Er sich uns noch nicht radikal entzogen haben sollte. Inzwischen ist Er wahrscheinlich mitsamt Sohn und Heiligem Geist im Konjunktiv weggedriftet. »Wech is wech«, sagte Tante Gerda, wenn sie meinen blöden Vater meinte. Weg isser so oder so, das hat mein Gedankenkumpan Ernst Jandl präzis erfaßt, als er schrieb: *Käme Herr Jesus wäre er ihr Gast.* Gewitzter kann man das Dilemma nicht auf den

Punkt bringen. Und man könnte es natürlich ausbauen. Hockte Adam auf seinem himmlischen Wolkensitz und empfinge seinen späten Nachfahren – mich! höchstpersönlich mich! wen sonst –, flutete zwischen uns die adamitische Ursprache hin und her. Lauter letzte Worte, orlaut welzte torte, am ewigen Tag, in ewiger Nacht.

Mein Wissensdurst würde durch den Urvater gestillt. Herrschte da oben die Lingua Adamica, sähe ich vom Himmel aus allen geschaffenen Dingen und Wesen auf den Grund, ohne Mikroskop, ohne Scheibchenschnitte ins tote Gewebe oder Einsperrung in ein langgestrecktes Gehäus, in dem Geräusche ertönen und ein Schiebeschlitten hin- und herfährt, mit dessen Hilfe die Leibspuren gedeutet werden, die von der Resonanz der klöpfelnden, pochenden, sirrenden, brummenden Geräusche aufgezeichnet wurden. Oha, schiebeschlittelst du dich jetzt vom ganz ganz Großen ins ganz ganz Kleine runter? Sei's, wie's sei. Moderne Technik her oder hin, vielleicht hätte ich mit dem im Himmel zu neuen Ehren gekommenen Adam so oder so meine Probleme.

Laut dem Kabbalisten Robert Fludd (dem man natürlich aufs Wort glauben muß) hat der himmlische Adam, dessen Körper einst aus rötlicher Erde geknetet worden war, da oben wieder seine rote Farbe angenommen und glüht nun wie ein Rubin. Was mir zu denken gibt. Will man als unbedeutender Strawanzel wirklich mit seinem glühenden Urvater sprechen, der eher Assoziationen an die Hölle weckt als an den Himmel?

Wir sind allein. Ich bin allein. Zarte Reflexe einer größeren Macht, die imstande wären, mich zu behüten, geben sich nicht zu erkennen. Zeigen sie sich etwa nur dem Gläubigen, mir, dem alten Zweifler, der alle wichtigen Ideen immer verkaspert hat, aber nicht? Wie leer ich mich fühle. Auch das Weltall scheint in seiner unermeßlichen Weite leer zu sein, trotz der uns nahen Gestirne, die ich sehen kann. Vielleicht schallt in der unermeßlichen Dehnung, die das All fortlaufend betreibt, ein für unsere Ohren und Apparaturen nicht vernehmbarer Dämonenhohn, der uns verlästert, der die Selbstexplikation Gottes – *Ich bin, der ich bin* oder *Ich werde sein, der ich sein werde* – unendlich wiederholt und damit ins Absurde treibt. Vielleicht in sämtlichen Sprachen der Erde und in einer Vielzahl an Übersetzungen, die es von der rätselhaften Aussage gibt. Die andauernde Wiederholung des Satzes, von dem jetzt meine verschrumpelten Ohren dröhnen, bringt mich zur Raserei. Ich! Der Zwerg! Bin auch wichtig! Warum verdammt noch mal hört mich keiner und bestätigt mir, daß ich wichtig bin?! Heißt Moral, heißt Gerechtigkeit ab jetzt nur noch: schweigen, schweigen, schweigen, um all die Brandherde zu ersticken, die in mir, die in jedem Menschen toben? Bösartige Wahrheiten gibt's zuhauf, die alle erstickt sein wollen. Im wogenden Gemurmel mondloser Nächte könnten sie zur Ruhe kommen.

Kann sein, daß das All bestrebt ist, ins Dunkel des göttlichen Anfangs zurückzukehren, damit neues Licht werde, durch welches ein für allemal allen alles einleuchtet. Für uns, für mich bedeutet das nichts Gutes. Möglicherweise werden vom Rückzug Gottes von der Erde und vom Neubeginn anderswo frische Geschöpfe durchglüht und ins Leben gerufen, die Gott liebhat. Derer Er sich freundlich annimmt, weil Er von den Scherereien, die Ihm die Nachfahren von Adam und Eva bereitet haben, endgültig die Nase voll hat. Vielleicht hat Er sogar Seinen Sohn in der alten vergehenden Welt zurückgelassen, und vom Heiligen Geist ist nicht viel mehr übrig als ein wenig dumpfe Luft. Wenn alles neu beginnt, braucht Gott die Trinität nicht mehr.

Fernstehend bleibt alles. Wenn sich was bewegt, bleibt es wegweichend fern und will sich nicht zeigen. Aber wie komme ich ausgerechnet jetzt auf den *Ledermenschen?* Ganz nah an ihn heran? Wegen der dumpfen Luft? Der unheimliche Kerl ist einen Kamin hochgeklettert, um darin mit lieblicher Stimme all seine Sünden zu bekennen. Damit rührt er seine Zuhörer, die bewegungslos im Zimmer herumstehen und ihm andächtig lauschen. Der Ledermensch stammt aus dem *Kometen* von Jean Paul, einem meiner Lieblinge, dessen zarte Mühen, mit Hilfe der Schrift in der jenseitigen Welt Fuß zu fassen, mich faszinieren, weil sie fruchtlos waren. Intensiv, aber fruchtlos.

Mit der Trinität hat der bedauernswerte Ledermensch allerdings nicht das Geringste zu tun. Doch weil er so verzweifelt spektakelt und herumspukt, ist in mir gerade die Idee herumgeschossen, der Heilige Geist könnte sich inzwischen auf sämtliche Fabrik- und Krematoriumschlote der Erde verteilt haben, darin zwar keine eigenen Verfehlungen bekennend, aber in endloser Folge die Sünden der Menschen aufzählend, die sich während der Jahrhunderte angesammelt haben, und sie als Rauch gen Himmel schicken.

Wenn's zu was gut wäre, würde ich auch in einem Kamin rumhängen, um meine Sünden zu bekennen. Verzweifelt bin ich wie nie zuvor, gleichzeitig hängt mir alles zum Hals raus. Schwachsinn! Aus einem nicht mehr vorhandenen Hals soll was raushängen, was es eh nicht gibt. Nur zu gern würde ich mit sehnsüchtigen Wunderaugen nach oben schauen, von aller Sündenlast befreit, der kommenden Seligkeit gewiß. Möchte bitte ein Naivlein sein, ein Gutherz, das glaubt. Doch der Himmel ist mir verhängt. An ihm zeigt sich derzeit eine schmale Mondsichel, vor der dunkle Drohwolken in rascher Fahrt vorüberziehen. ....
...............○.................◎.................🙦...🙧.........
........................)...................《...............
...🙦...🙧.................○.................◎.................
.................◎.................○.............《........

..........○........〕..........☙...☙.............◎..............
....◎..............☙...☙.................《..........○........
.............◎...............................〕....○.........☙...☙..........
.......○.........《............☙...☙..............◎..........
..........☙...☙.........○.............. Wieder bist du wach
und in die vermaledeite Selbstbezogenheit gerissen .... als
schwankendes Schwappwesen .... von keinem Hauch der
göttlichen Liebe angeblasen .... ein kümmerliches Etwas .... das als flottierende Wesenheit .... keinerlei Triumphzeichen seiner selbst aufpflanzen kann .... weil es als
zerknittertes Ich .... das sich zum Schein noch ein wenig
lebfrisch geriert, im Ungefähren trudelt .... in einem nich-
tigen Zuhandensein .... in dem keine Aufforderung von
irgendwoher ergeht .... wo niemand spricht .... wo kein
do not go gentle into that good night von einem liebreichen
Freund oder Verwandten erklingt .... und sich nicht mal
auf den geheimen Flüsterwegen der Transzendenz ein Anruf-
verstehen von göttlicher Seite zu hören gibt .... keinerlei
Antwort .... nein .... nichts .... obwohl du wieder
und wieder fühlen mußt .... wie ein wortloser Drohfinger
in deine Luftmaschen sticht .... dein dürftiges Wortkleid
zerfetzt .... damit du dir selbst immer fremder wirst ....
und was von dir übrig ist .... unaufhörlich das Ticken der
Schuldenuhr hören muß .... die dir im bösen Takt den Weg
zu deinen Sünden weist .... damit du ausgekrümelt vom
letzten bißchen Verstand deine Reste dem ungeweihten Brot-
gefleddere übergibst .... während sich über dir der Actus
tragicus vollzieht und seine Schattenflecken über dich breitet .... während alles zu trudeln beginnt .... in ein sumpfiges Ungefähr hinein .... nur immer tiefer hinein ....
wo sich das Sargproblem auflöst .... weil keine Trauerrede
und kein Schlußplädoyer es erklären können .... nicht
hier .... nicht jetzt .... weil es sinnlos ist .... im Gewir-

re das Bodenlose dingfest machen zu wollen .... denk nur an die *Fingers of fate* .... denk an das Fracksausen .... fürchterlich verhängt über dein ruheloses Verharren .... ein Zustand .... aus dem dir nichts heraushelfen kann .... kein Kraftlachen .... kein Trauertrott .... weil alles in dir verludert und verdorben ist .... und keine einzige Frageangel von hoher Warte aus herabgeworfen wird .... die deine Sünden an den Haken nimmt .... auch wenn du beflissener Trottel .... nach einem Köder schnappst und schnappst .... den es nicht gibt .... weil der Schlamassel .... den du dir selber eingebrockt hast .... mit Besserwisserei nicht zu durchdringen ist .... weil ein Philosophiezwerg nun mal nicht die Kraft hat .... sich der göttlichen Weisheit .... auch nur um einen Millimeter zu nähern .... denn du bist blöder als *Forget Foundation* mit deinem Rumgesirmel .... der Gedankenfummelei .... die den eigenen Drohjubel im Widerhall aus der Ferne zu vernehmen meint .... aber nicht die Vox coelestis.

Halt! Schluß! Hör auf, in deinem alten Wortbrei rumzustöbern, um einen Sinn darin zu finden. Schweig! Stirb! Stirb ganz. ....☾........................
................○.............✍... ✎........◎...............
......☾....☽.........◎ ....✍... ✎....
....○......☽.............◎ ....☾................
..........✍... ✎..........☾............☽..........○...........
.... Ich kann nicht .... muß mich wieder versammeln .... muß weitermachen mit dem Einsammeln .... kann nicht sang- und klanglos vorbeiziehen .... weil ich an den Wörtern hänge .... weil ich Aufschluß über das Verhängnis will .... auch wenn mich das Nichts bereits umhüllt wie ein Ganzkörperanzug .... kann ich nicht von der Sinnsuche lassen .... auch wenn ich immer mehr zur Heulsuse werde .... weil kein Beweisaufgebot .... keines für

mich .... keines wider mich .... bisher in Erscheinung trat .... weil meine Nervenanhänge verwaist sind .... weil ich hingemacht bin und nicht weg kann .... weil sich der Grenzübertritt hinauszögert .... obwohl *Tonight my bag is packed* .... ich hock in einem leeren Schauraum .... kronenlos .... ärgergetrieben insgeheim .... ein scharfgemachtes Wimmelbild aus lauter tanzenden Neutrinos .... die in keinem Mare Tranquillitatis zur Ruhe kommen können .... ein Totengeher bin ich .... einer mit leichtem Gepäck .... der sich weigert .... stumm im Gestöber zu verlöschen .... dessen innige Anteilnahme an allem .... was war .... nicht erloschen ist .... weil er zum rätselhaften Schauobjekt seiner selbst wurde .... mitsamt Zeilenverhäkelungen und Strichentgleisungen innig nach den Worten Gottes suchend .... damit er von der Selbstverdreckung loskommt und wenigstens einen Finger in die Seitenwunde legen darf .... damit ein Pflanzzeichen ihn wieder aufrichtet und er als Wandelexistenz sein Totgewicht nicht mehr spürt .... auf daß er im Blendlicht Gottes aus seinem Sündensumpf sich erheben darf und von der Bangigkeit erlöst werde .... aber bitte bitte nicht in neuerlicher Geworfenheit verkomme als lächerliches Objekt klein a .... bloß das nicht .... bin immer noch da als ein Ich .... das möge bitte zählen .... es möge anders kommen .... eine frische Einsicht möge mich überwältigen .... deren Dauerwucht mein ängstlich pochendes Herz von allen Trugschlüssen befreit .... eine .... die den Himmel erhellt .... damit meine Restsubstanz in Traulichkeit badet .... und kein einziges Indianerehrenwort mehr gegeben werden muß .... weil alles ohne mein Zutun .... in Schönheit und Wahrheit einander findet.

Warum reißt der Himmel jetzt auf? Es ist doch mitten in der Nacht. Reißt auf in blendender Helle. In Sturzbächen fließt das Licht zu mir herab. Kein gewöhnliches Licht. Eines, in dem goldene Stäubchen zu tanzen scheinen. Und da oben, was sind das für Geschwader? In einer rauschenden Schwirrnis begriffen, die mich zu ihnen hinaufzieht? Sind es die Engel, die um den darin verborgenen Gott kreisen? Ihre Gesänge sind lieblich. Betörender als jede menschliche Stimme sie erzeugen könnte. Berückender als die Stimme einer verhundertfachten Maria Callas, weil die Engel das Sichselbstgleiche miteinander aussingen dürfen. Ist es soweit? Ist es mir endlich vergönnt, auch in Verzückung zu geraten? Darf ich frei sein? Ist es mir erlaubt, mich emporzuschwingen, um der großen Schau teilhaftig zu werden, badend in Seligkeit? Meine kluge Tante Gerda würde zur Vorsicht raten. Ich muß hören, wie sie mich mahnt: »Des kommt oft anders, als mer denkt. Wenn's kommt, wie's kommt, sagt mer sich: so, jetzt isch der Kittel gflickt, ond des wär's gwese!«

Aber Gerda ist längst tot. Als tote Tante hat sie offenbar kaum Einfluß auf ihren toten Neffen. Um mich herum zirkuliert nicht allein die Schwirrnis, ich bade nicht nur in Lobpreis und liebreichem Gesang. Es ertönt eine Stimme, eine gewaltige. Hör ich wirklich, daß sie meinen Namen ruft, oder haut der Donner drein? Sie ruft: *Wilhelm Görtz!* Ruft: *Da!* Und noch mal: *Da!* Als wachse aus der Stimme ein Arm, eine Hand und ein ausgestreckter Zeigefinger heraus, der nach unten deutet. Und nun zum dritten Mal: *Da!*

Zack! ist alles scharfgestellt. Bin oben. In der Mommsenstraße. Wie schon so oft. Der volle Mond leuchtet über mir, es blitzen die Sterne am Himmel. Schön, alles sehr, sehr schön. Trage ein grünbeige gemustertes Hemd und helle Sommerhosen. Mein Lieblingshemd. Steht dir gut, hat Marie mehr als einmal zu mir gesagt. Bin im vierten Stock, in der Wohnung von Gerhard. Allein stehe ich auf seinem Balkon. Schaue hinauf, schaue hinunter, schaue hinauf. Warum so allein? Nicht ganz allein. Da blühen weiße Ranunkeln zwischen roten Geranien. Ihre gefüllten Halbkugeln gerieren sich wie ein Abbild der Schwirrnis der Engel, als weigerten sie sich, ein ordinärer Blumenschmuck zu sein. Auf einer der Blüten sitzt eine nach draußen entwichene Stubenfliege, die ihre Flügel bürstet. Ich sage nichts, summe bloß wie ein Schwachsinniger ein bissel vor mich hin und wiege den Kopf hin und her. Gerhard macht sich hinten am Herd zu schaffen, weil er für uns beide was kochen will. Von der Küche her aus dem langen Gang höre ich seine Schritte näher kommen. Wahrscheinlich trägt er unsere Teller ins Wohnzimmer. Stellt den Campari auf einen umgedrehten Blumentopf. Erstes Bein schon über einer der Ranunkeln und über dem Geländer. Hab sie kaputt gemacht. Zweites Bein über andere Ranunkel. Mach sie kaputt. Fühl den Rost vom Eisen an der Hand. Lösen fällt allerdings schwer. Aber ich schaff's. Mit dem Campari Soda in der zum Toast erhobenen Linken, merkwürdig korrekt gehalten, als dürfe nichts verschütt gehen. Obwohl das rote Zeugs schon über den Glasrand schwappt. Höre noch Gerhard, wie er brüllt.

Danksagung

Jürgen Trinkewitz hat mich exzellent beraten, insbesondere bezüglich der Passagen, die der Musik gewidmet sind. Eines späten Abends gab er für mich ein Orgelkonzert in der Kirche, für die er tätig ist. So manch vergnügliches Gespräch mit ihm hat mich inspiriert und mir zu neuen Kapiteln verholfen.

Nützlich war auch ein vierbändiges Werk über die *Geschichte der christlichen Kabbala* von Wilhelm Schmidt-Biggemann, erschienen in der Reihe »Clavis Pansophiae« des Verlages frommann-holzboog, Stuttgart-Bad Cannstatt 2012.